SAG ES STÄRKER!

Dr. Albert Thiele ist einer der führenden Dialektik- und Präsentationstrainer im deutschsprachigen Raum. Er ist Geschäftsführer der Unternehmensberatung »Advanced Training« mit Sitz in Düsseldorf. Er studierte Wirtschaftswissenschaft und Psychologie in Münster und Köln und promovierte zum Thema »Optimierung betriebsbezogener Führungskräfte-Weiterbildung«. Seine Arbeitsschwerpunkte sind Argumentieren in Stresssituationen, Verhandlungstraining, Medienberatung, Hörfunk- und Fernsehtrainings, Präsentationstechnik und Rhetorik sowie interkulturelle Trainings.

Zusammen mit bekannten TV-Journalisten wie Ulrich Kienzle und Helmut Rehmsen trainiert er im Rahmen der Medientrainings Vorstände und Sprecher der deutschen Wirtschaft für Auftritte vor Kamera und großem Publikum.

www.albertthiele.de
Dr.Thiele@t-online.de

Albert Thiele

SAG ES **STÄRKER!**

Das Trainingsprogramm für den verbalen
Schlagabtausch

Campus Verlag
Frankfurt/New York

ISBN 978-3-593-39676-7

Umschlaggestaltung: total italic, Amsterdam und Berlin
Satz: Fotosatz L. Huhn, Linsengericht
Gesetzt aus: Minion Pro und der Neuen Helvetica
Druck und Bindung: Beltz Bad Langensalza
Printed in Germany

Dieses Buch ist auch als E-Book erschienen.
www.campus.de

Inhalt

TEIL 3:
IHR TRAININGSPROGRAMM FÜR DEN TRANSFER

Vorwort

In Zeiten von Veränderungsprozessen und Umstrukturierungen, von Fusionen und Standortverlagerungen, von Kostensenkung und Personalabbau kommt es häufig zu Auseinandersetzungen, bei denen Partnerschaftlichkeit und Fairness auf der Strecke bleiben. Die Beteiligten kämpfen mit harten Bandagen. Dominanzrituale haben Konjunktur, Machtspiele prägen den Diskurs. Je schwieriger die Zeiten und je umkämpfter die Themen, desto größer der Anteil unfairer Tricks und Winkelzüge. Wie können Sie sich bestmöglich gegen aggressive und manipulative Taktiken schützen? Wie können Sie stärker argumentieren? Das ist das zentrale Thema dieses Buches und aktueller denn je.

Im Mittelpunkt dieses Ratgebers stehen Strategien, mit denen Sie harte Kampfdialektik, bösartige Machtspiele und verdeckte Manipulation erkennen und wirksam kontern können. Damit ist *Sag es stärker* eine Ergänzung und Weiterführung zu meinem Titel *Argumentieren unter Stress* aus dem Jahr 2006. Es sind vor allem solche unfairen und manipulativen Taktiken berücksichtigt, die Führungs- und Fachkräfte in unseren Seminaren und Coachings als besonders schwierig, stressig und psychologisch belastend beschrieben haben und die in der Literatur bisher unzureichend behandelt wurden.

Dieses Buch wendet sich an Führungs- und Fachkräfte, die manipulative Taktiken schneller durchschauen wollen und den Wunsch haben, überlegen und souverän mit potenziellen Aggressoren und nervigen Zeitgenossen umzugehen. Das bietet Ihnen der Ratgeber:

- Sie lernen eine vierstufige Konterstrategie kennen, die es Ihnen erlaubt, bei allen Varianten persönlicher Angriffe flexibel und angemessen zu deeskalieren. Die Erfolgsgarantie: Ein breites Spektrum an Brückensätzen.
- Er zeigt Ihnen, wie Sie mit Alphatieren auf Augenhöhe bleiben und durch offensive Argumentation die Initiative übernehmen.

- Sie profitieren von aktuellen Erkenntnissen der Hirnforschung, um im verbalen Schlagabtausch souverän und gelassen zu bleiben, Botschaften beim Zuhörer zu verankern und das eigene Argumentationsverhalten sowie die zugrunde liegenden Einstellungen wirksam zu verändern.
- Ein praxisnahes Trainingsprogramm bereitet die erfolgreiche Anwendung der Strategien im Alltag vor.

Wie bei den Kampfkünsten geht es auch bei der Kunst der Argumentation (Dialektik) darum, sich zunächst das relevante Know-how anzueignen, es durch stetiges Üben zu festigen und dann in gekonnter Weise anzuwenden und weiterzuentwickeln.

Wer Willenskraft und Begeisterung mitbringt, kann es bei der Vervollkommnung seiner Dialektik zum »schwarzen Gürtel«, dem höchsten Grad der Meisterschaft, bringen. Lassen Sie sich durch die Lektüre dieses Buches und die vielfältigen Übungsangebote dazu inspirieren, sich diesem Ziel Schritt für Schritt zu nähern.

Die Kunst des Argumentierens verlangt aber weit mehr als die Anwendung von Techniken. Deshalb werden auch die innere Haltung, das äußere Auftreten sowie alle übrigen informationsbegleitenden Botschaften berücksichtigt, die das Selbstbewusstsein und die Ausstrahlung von Souveränität maßgeblich beeinflussen.

Im einleitenden Kapitel geht es um die Präzisierung der Grundbegriffe »Kampfdialektik« und »Manipulation« sowie um die Erkenntnis der Hirnforschung, welche Dosis Stress optimal ist für starkes und gelassenes Argumentieren.

Im Teil 1 des Buches lernen Sie grundlegende persönliche Voraussetzungen für den verbalen Schlagabtausch kennen. Mithilfe dieses Schutzprogramms gelingt es Ihnen, alle Varianten unfairer Angriffe emotional auf Distanz zu halten und das Heft selbst in die Hand zu nehmen. Das Basiswissen erleichtert es Ihnen zudem, in Ihrer sachlich orientierten Überzeugungsarbeit eine gute Figur zu machen.

Teil 2 erörtert im Einzelnen, welche unfairen Mittel für Kampfdialektik und Manipulation typisch sind und wie Sie sich konkret damit auseinandersetzen können. Sie lernen Strategien kennen, mit denen Sie offene Angriffe auf Ihre Person, auf Ihre Argumentation und auf Ihre Formulierungen parieren können.

Anschließend geht es um verbale und nonverbale Kampf- und Dominanz-gebärden in der Managerkommunikation. Sie erfahren, welche Reaktionen bei verbalen Machtspielen Erfolg versprechen und welches Maß an Dominanz für den Führungserfolg vertretbar ist.

Die folgenden Kapitel behandeln verdeckte manipulative Taktiken. Sie finden Ratschläge, was Sie tun können, wenn jemand blufft oder blendet, und wie Sie sich gegen Mitarbeiter, Kollegen und Vorgesetzte zur Wehr setzen, die Sie durch verdeckte Angriffe und Psychotricks kleinhalten, beschädigen oder übervorteilen wollen.

Das Schlusskapitel dieses Teils stellt Ihnen Reaktionsmöglichkeiten für den Umgang mit Moralaposteln, Rechthabern und anderen anstrengenden Zeitgenossen vor, die Ihnen durch ihr Verhalten auf die Nerven gehen.

Teil 3 des Buches enthält Empfehlungen für Ihr persönliches Trainingspro-gramm. Ziel ist es, die Abwehr kampfdialektischer und manipulativer Angriffe zu üben und Ihre Fähigkeit zur offensiven Argumentation zu verbessern. Sie finden hier eine differenzierte Zusammenstellung von Brückensätzen und schlagfertigen Formulierungen sowie Lösungsvorschläge zu den Übungen des Buches. Der Ratgeber *Sag es stärker* und mein früheres Buch *Argumentieren unter Stress* ergänzen sich und bieten zusammen einen umfassenden Schutz von unfairen Zeitgenossen und Manipulatoren. Beide Bücher stützen sich auf kommunikative und rhetorische Grundlagen. Unvermeidliche inhaltliche Überschneidungen habe ich auf ein Mindestmaß beschränkt, indem die be-treffenden Stellen kurz gehalten und durch neue Erkenntnisse und Erfahrungen angereichert wurden.

Drei Hinweise zum besseren Verständnis der Ausführungen:

- Dieser Ratgeber konzentriert sich auf diejenigen Szenarien, die in der beruf-lichen Praxis besonders häufig sind und für die es an tauglichen Strategien zur Deeskalation mangelt.
- Das Buch ist modular aufgebaut. Sie können sich daher bei Bedarf einzelne Kapitel ohne Rücksicht auf die Reihenfolge herausgreifen und durcharbeiten.
- Um die Lesbarkeit zu verbessern, ist durchgängig die männliche Sprach-form gewählt (Manager, Mitarbeiter, Zuhörer usw.), mit der stets beide Geschlechter gemeint sind.

Mein Dank gilt den Journalisten Michael Bechtel und Tim Farin, die wesent-lich zur Verbesserung von Lesbarkeit und Stil des Buches beigetragen haben. Bei meinem Trainerkollegen Bernd Gerbecks bedanke ich mich für seine Anregungen zum 4-I-Modell und zu den Praxisbeispielen. Schließlich geht mein Dank an den Journalisten Florian Vollmers und alle Mitglieder des Trainerteams für die zahlreichen Verbesserungsvorschläge im Detail. Zu guter Letzt gilt mein besonderer Dank meiner Lektorin Juliane Wagner.

Ich wünsche Ihnen viel Freude beim Lesen dieses Ratgebers!
Düsseldorf, September 2012
Dr. Albert Thiele

Offene und verdeckte Angriffe im Alltag

Sicher kennen Sie unangenehme, stressige und nervige Situationen in der täglichen Kommunikation. Im beruflichen Alltag sind das oft Auseinandersetzungen mit Zeitgenossen, die wir als schwierig empfinden. Denken Sie an dominante, cholerische und aggressive Gesprächspartner, denken Sie an nervtötende Besserwisser und Vielredner, denken Sie an rhetorisch versierte Blender, die schwer zu durchschauen sind. Darüber hinaus gibt es Reizthemen oder bestimmte Verhaltensweisen, die uns in Rage bringen können. Das beginnt bei Angriffen mit manipulierenden Fragen, geht über extreme emotionale Szenarien, Verunsicherung durch herabsetzende Killerphrasen und Rechthaberei bis hin zu Techniken der psychologischen »Kriegsführung«.

Die meisten dieser Taktiken sind relativ schnell zu erkennen. Schwieriger ist es, wenn manipulative Spielarten mit verdeckten Mitteln wie Täuschung und Irreführung verwendet werden, um sich durchzusetzen. Sie sind deshalb gefährlicher, weil sie auf den ersten Blick nicht zu durchschauen sind, was die Verteidigung erschwert.

Typische Muster in der Kommunikation

Aus meiner langjährigen Arbeit als Managementtrainer und Coach weiß ich, dass viele von Ihnen bei unfairen Angriffen, Manipulationen und Psychotricks an diese und ähnliche Situationen denken:

1. Angriffe auf Ihre Person: Der Angreifer will Ihre Glaubwürdigkeit, Kompetenz oder Reputation erschüttern. Das äußert sich in Formulierungen wie: »Das glauben Sie doch selbst nicht, was Sie da sagen«, »Selten habe ich ein so dummes Zeug gehört«, »Sie sind ein Erbsenzähler«.

Eine extreme Form von Angriffen auf Ihre Person liegt vor, wenn cholerische

Wutattacken mit Drohungen gekoppelt werden, zum Beispiel: »Und wenn Sie das nicht so machen, wie ich es will, wird das drastische Konsequenzen für Sie haben.« Was können Sie tun, um sich in derartigen Situationen nicht emotionalisieren zu lassen?

2. Dominanz in Besprechungen und Diskussionen: Dominante Alphatiere nehmen sich häufig das Recht, in Gesprächen ungefragt dazwischenzufunken – aus taktischen Gründen, bei vermeintlich schwachen Argumenten oder bei längeren Wortbeiträgen der Gegenseite. Sie setzen Killerphrasen ein (»Das läuft in der Praxis nicht« oder »Sie sind ein begabter Theoretiker«), stellen kritische Fragen (»Was soll das bringen?« oder »Wo liegt der Mehrwert für uns?«) oder werten gegnerische Argumente ab durch Formulierungen wie: »Ihre Ausführungen betreffen eher einen Randaspekt«, »Wo es zukünftig langgeht, bestimme immer noch ich«.
Wie würden Sie auf solche Dominanzfloskeln reagieren?

3. Stresstests: Wer neu in einem Unternehmen oder einer Position ist, wird von seinen Kollegen häufig einer Feuerprobe unterzogen. Die Etablierten wollen wissen, wie der Neue tickt: Ist er nur nett oder hat er auch Biss? Hat er überhaupt Branchenkenntnis? Wie vertraut sind ihm die Details der Produktpalette? Wie können Sie solche Stresstests unbeschadet überstehen?

4. Täuschungen und Halbwahrheiten: Ihr Gegenüber beeindruckt durch sicheres Auftreten und geschliffene Rhetorik. Er zieht alle manipulativen Register, um Sie für sein Angebot zu gewinnen. Auf den ersten Blick würden Sie nicht vermuten, einem Blender und Manipulator gegenüberzusitzen. Wie können Sie sich dagegen wappnen, einem Gesprächspartner auf den Leim zu gehen, der sympathisches Auftreten verknüpft mit fingierten Beweismitteln, mit Halbwahrheiten und Täuschungen?

5. Rechthaberei: Jeder kennt in der täglichen Kommunikation Zeitgenossen, die offenbar ein »Ich habe Recht«-Gen besitzen – egal, ob sie über Klimawandel, die Eurokrise oder das beste Restaurant im Stadtzentrum diskutieren. Rechthaber stigmatisieren häufig andere Meinungen mit Formulierungen wie »Du hast keine Ahnung«, »Du musst dich mal sachkundig machen«, »Totaler Blödsinn, was du da von dir gibst«. Wie würden Sie mit dieser Art von Kampfdialektik umgehen?

14

6. Kampf um die Rangordnung in Diskussionen: Dieser läuft unterschwellig in jeder Besprechung und in jeder Verhandlung ab. Durch positive Aktivität können Sie den eigenen Status fördern und Kompetenzsignale setzen. Eine Seminarteilnehmerin, die oft an männerdominierten Meetings teilnimmt, formulierte Ihren Lernwunsch einmal so: »Was kann ich tun, um zu Wort zu kommen und mein Wort zu behaupten? Was kann ich tun, damit mein Argument von der Gruppe weiterverfolgt wird? Was muss ich beachten, um mir auch bei Statushöheren Respekt zu verschaffen?« Welche Möglichkeiten haben Sie, um den eigenen Rang zu behaupten und zu verbessern?

7. Nervige Moralapostel: Ein Aktivist zielt darauf, Sie durch das folgende moralisierende Statement in eine Rechtfertigungsposition zu bringen: »Es ist ethisch nicht in Ordnung, dass in Afrika täglich Tausende von Kindern elendig krepieren, weil das Geld fehlt, während Sie als hochbezahlter Manager dieses teure Auto fahren, ein exklusives Haus in bester Lage besitzen und die teure erste Klasse bei Langstreckenflügen nutzen. Ist es nicht höchste Zeit, die materiellen Ansprüche zugunsten der Ärmsten der Armen zu reduzieren?« Wie würden Sie die moralische Anklage in einen sachlichen Diskurs überführen?

Das sind typische Muster von Kommunikation, die uns im Alltag oft ärgern. Strategien zum Umgang mit diesen und ähnlichen Situationen werden im Teil 2 des Buches entwickelt. Zum besseren Verständnis möchte ich zunächst zwei Schlüsselbegriffe präzisieren, die in den folgenden Kapiteln immer wieder auftauchen: Kampfdialektik und Manipulation.

Was heißt Kampfdialektik?

»Kampfdialektik« ist die Kunst, im verbalen Schlagabtausch mit allen Mitteln Recht zu bekommen und die eigene Meinung durchzusetzen – auch unter Einsatz boshafter und ethisch bedenklicher Taktiken. Leitsätze kampfdialektischer Machtspiele sind: »Ich habe Recht und du hast Unrecht. Ich werde dir zeigen, dass meine Sicht der Dinge überlegen ist. Ich werde die Schwachstellen und Unzulänglichkeiten deiner Argumentation schonungslos aufzeigen.«

Der Kampfdialektiker will Sie in Rede und Gegenrede schlecht aussehen lassen, Ihre Souveränität beschädigen und Sie in eine unterlegene Position manövrieren. Die Verbalattacken sollen Sie unter Druck setzen, damit Sie die Kontrolle verlieren, Fehler machen und Ihre eigenen Interessen nicht mehr wirkungsvoll verfolgen können. All dies bringt den Angreifer in eine komfortable Lage: Er beherrscht die Situation und hat leichteres Spiel mit Ihnen.

Zum Repertoire der Kampfdialektik gehören zum Beispiel diese unfairen Taktiken:

- bösartige und verletzende Angriffe auf die Person;
- pauschale Abwertung und Stigmatisierung der gegnerischen Argumente sowie einseitige und übersteigerte Kritik;
- inszenierte Wutausbrüche, Drohungen und taktische Emotionalisierung der Diskussion als Mittel der psychologischen Einflussnahme;
- kritisches Fragen, um den Gesprächspartner in Beweisnot zu bringen und zu verunsichern;
- Regelverletzungen und Störungen, um den sachbezogenen Diskurs zu behindern oder zu blockieren.

So wie die Kampfdialektik hatte schon die Sophistik der griechischen Antike das Ziel, in der rhetorischen Auseinandersetzung die eigene Machtposition zu erhalten. Die Eristik (unfaire Dialektik) wurde als Kunst des Streitgesprächs und des Disputierens entwickelt mit dem Ziel, im Disput auch dann Recht zu behalten und zu gewinnen, wenn man objektiv die schwächeren Sachargumente hatte oder im Unrecht war.

Während die Kampfdialektik alles dem persönlichen Augenblickserfolg unterordnet, geht es in der Frieddialektik (faire Dialektik) um die Kunst, andere zu überzeugen, Sachprobleme im Dialog zu lösen und die Wahrheit im Diskurs zu finden. Die Beteiligten gehen fair miteinander um, das heißt, sie argumentieren sachbezogen und zielgerichtet, legen eine konstruktive und partnerschaftliche Grundhaltung an den Tag und gehen mit anderen Meinungen wertschätzend um.

Was heißt Manipulation?

Unter »Manipulation« verstehen wir die bewusste und gezielte Beeinflussung oder Lenkung von Menschen. In der täglichen Kommunikation wird dieser Begriff überwiegend negativ verwendet. Wer manipuliert, will im Allgemeinen die eigenen Interessen und Ziele durchsetzen. Der unfaire Akteur akzeptiert Nachteile für den Manipulierten bewusst oder führt sie gezielt herbei, er nimmt billigend in Kauf, dass die Entscheidungsfreiheit des Gegenübers durch seine manipulative Handlung eingeschränkt wird.

Manipulative Tricks und Winkelzüge werden verdeckt eingesetzt und sind daher oft nur schwer zu durchschauen. Denken Sie etwa an Gesprächspartner, die

- schwache Argumente durch Halbwahrheiten, irreführende Zahlen oder durch andere fingierte Beweismittel künstlich verstärken;
- andere Menschen durch gezielte Appelle an Gefühle und Werthaltungen unter Druck setzen;
- nonverbale Mittel der Beeinflussung wie Droh- und Dominanzgebärden einsetzen, um beim Gegenüber Unterlegenheitsgefühle zu erzeugen;
- durch Bluffen und Blenden versuchen, die eigene Kompetenz und Autorität größer erscheinen zu lassen, als sie ist;
- den eigenen Sympathiewert fördern wollen durch (vermeintliche) Gemeinsamkeiten mit dem Gegenüber.

Im Folgenden wird der Begriff Manipulation so weit gefasst, dass er die Gesamtheit der unfairen Methoden zur Beeinflussung und Lenkung von Menschen umgreift. Dazu werden hinterhältige Spielarten der Kampfdialektik ebenso gezählt wie Psychotricks und Machtspiele, die hinter den Kulissen stattfinden.

Die manipulativen Methoden haben ein gemeinsames Ziel: Sie wollen die Gefühlslage des Angegriffenen beeinflussen. Die emotionalen Zentren im Gehirn des Widersachers werden gezielt angesprochen, um dort bestimmte emotionale Reaktionen zu provozieren.

So gibt es »Spiele mit gezinkten Karten«, die beim Opfer positive Gefühle wecken sollen. Denken Sie an vergiftetes Lob oder an manipulative Präsente, die beim Beschenkten ein Gefühl der Verpflichtung erzeugen sollen.

Die meisten Manipulationstechniken sind darauf gerichtet, den Angegriffenen unter Druck oder in eine Stresssituation zu bringen. Dieser soll die Kontrolle verlieren, in die Defensive geraten und Fehler machen.

Inwieweit Mittel der Kampfdialektik und Manipulation ihre Ziele erreichen, hängt zum einen von der Persönlichkeit des Angegriffenen und seiner psychischen Disposition ab, also davon, ob er eher ängstlich oder eher stressresistent ist. Hinzu kommt die Frage, über welches dialektische Repertoire und welche kommunikativen Fähigkeiten der Angegriffene verfügt. Vor allem aber geht es um das Bewusstsein für diese Vorgänge. Wer manipulative Attacken frühzeitig wittert, wird sich besser schützen können. Dieses Buch hilft Ihnen dabei, diese Winkelzüge zu erkennen und Schaden möglichst abzuwenden.

Unfaire Aktionen bergen ein hohes Risiko

Manipulative und eristische Taktiken mögen zwar kurzfristig Erfolg bringen. Sie bergen aber auch erhebliche Risiken – für die emotionale Beziehung zum Gegenüber genauso wie für die eigene Reputation. Was bringt es Ihnen, wenn Sie einen Menschen zum Beispiel durch herabsetzende Floskeln oder schlagfertige Attacken in einem Meeting demütigen oder zum Schweigen bringen? Der Augenblickserfolg mag sich zunächst anfühlen wie ein Triumph; oft erweist er sich jedoch schnell als teuer erkauft. Denn Sie haben sich einen Feind gemacht, der die Faust in der Tasche ballt, auf Vergeltung sinnt und zu einem negativen Multiplikator wird. Auch bei den Zeugen einer solchen Szene sammelt der Aggressor kaum Sympathien.

Wer gewinnen will, sollte lernen, auf den Sieg zu verzichten! Denn: Wenn du immer siegst, wirst du verlieren – und zwar deine Mitmenschen und deine Kollegen. (vgl. Lay 2003)

In der Regel lohnt es sich nicht, das Selbstwertgefühl eines Teammitglieds anzugreifen. Besser fahren Sie mit einer Überlegenheit, die den anderen das Gesicht wahren lässt.

In diesem Sinne ist Dialektik die Kunst zu gewinnen, ohne zu siegen. Wer das Repertoire der Kampfdialektik beherrscht, wäre womöglich in der Lage zu siegen. Aber wer auf Fairness setzt, verzichtet darauf, den anderen kleinzumachen und zu deklassieren, um sich nicht ohne Not Feinde zu schaffen. Zweifellos ist diese Strategie für die eigene Reputation die bessere Variante.

Wer subtile Manipulationstechniken einsetzt, sollte zudem bedenken, dass ein Vertrauensverlust unvermeidbar ist, wenn das Gegenüber die manipulative Spielart durchschaut. Die Beziehung wird belastet oder gar zerstört. Wenn Sie ein vertrauensvolles Miteinander aufbauen wollen, ist dies nicht vereinbar mit hinterhältigen Taktiken. Im Gegenteil: Wer so übervorteilt wurde, verbindet Frustration, Ärger und Enttäuschung nachhaltig mit dem Verursacher.

Darüber hinaus führt der regelmäßige Einsatz manipulativer Techniken auf Dauer dazu, dass Souveränität und Gelassenheit leiden. Es geht zwangsläufig mit beträchtlichen »kognitiven Dissonanzen« einher, wenn jemand im beruflichen Alltag – etwa in Mitarbeitergesprächen oder im Kundenkontakt – ständig von fairem und partnerschaftlichem Dialog spricht und gleichzeitig ethisch bedenkliche manipulative Werkzeuge einsetzt, um seine Ziele zu erreichen.

Leidenschaftlich argumentieren im Interesse der Sache

In kontroversen Auseinandersetzungen soll es durchaus leidenschaftlich, engagiert und kämpferisch zugehen. Solange der Schlagabtausch nicht abgleitet in Polemik und Unfairness, können auch starke Emotionen im Spiel sein. Dies ist sozusagen die harte Variante der Frieddialektik. Fair ist eine Argumentationstaktik dann, wenn man die gleiche Taktik auch seinem Gegenüber zubilligen würde.

Das Gebot der Fairness ist durchaus vereinbar mit harten Angriffen auf die gegnerische Position. Nehmen Sie kontrovers geführte politische Debatten, wo Angriff und Abwehr, wo Speer und Schutzschild zur Grundausstattung der Redner gehören. Auch Humor und Schlagfertigkeit zählen zu den rhetorischen Stilmitteln. Dabei muss jeder Redner selbst die Entscheidung treffen, wie weit er bei den Angriffen der gegnerischen Position gehen will. Es fällt leichter, Ratio und Emotionen im Diskurs auszubalancieren, wenn Sie sich an dem Grundsatz orientieren, den Roger Fisher und andere (2009) in *Das Harvard-Konzept* propagieren: Vertritt konsequent und mutig deine Argumente und beachte gleichzeitig die emotionalen Bedürfnisse der Beteiligten. Ihre Chancen hierfür stehen gut, wenn Sie auch in schwierigen Situationen gelassen bleiben.

Wenn Sie nach einem Entscheidungskriterium suchen, was zulässig ist und was nicht: Fragen Sie sich einfach, ob Sie einverstanden wären, wenn Ihr Gegenüber diese Taktik Ihnen gegenüber anwendet.

Wichtig für den Erfolg: Die richtige Dosis Stress

Der Angegriffene erlebt unredliche Attacken vor allem dann als stressig und bedrohlich, wenn er wenig Selbstvertrauen hat, die zugrunde liegenden Taktiken nicht durchschaut und die eigenen rhetorischen Fähigkeiten für die erfolgreiche Bewältigung dieser Situation als unzureichend einschätzt.

Vorsicht: Kontrollverlust durch Stressreaktion

Sie sind besser gewappnet gegen Kampfdialektik und Manipulation, wenn Sie die psychologischen Mechanismen erkennen und verstehen, die Sie unter Druck setzen oder gar mundtot machen sollen. Was läuft in unserem Gehirn ab, wenn wir zum Ziel einer boshaften, dominanten oder cholerischen Attacke werden?

Abbildung 1 veranschaulicht den Zusammenhang zwischen Souveränität und Stresslevel.

Die horizontale Achse bildet das subjektiv erlebte Stress- oder Erregungsniveau auf einer Skala von 0 bis 10 ab. Die rechte Seite der Glockenkurve zeigt, dass bei einem erhöhten Stressniveau die Souveränität sinkt. Die linke Seite zeigt, dass eine geringe Anspannung mit entprechend wenig Stress ebenfalls zulasten der Souveränität geht. An einem Beispiel heißt das: Müde oder körperlich angeschlagene Mitarbeiter argumentieren mit wenig Engagement und Begeisterung, was bei den Zuhörern einen unsicheren und gehemmten Eindruck hinterlässt.

Ein mittlerer Stresslevel (grau hinterlegter Bereich) bietet die besten Voraussetzungen für Souveränität und Gelassenheit. Die Hirnforschung geht davon aus, dass ein mittleres Erregungsniveau für Bestleistungen optimal ist. Hier haben Sie die richtige Dosis Stress, um aufmerksam und präsent zu sein, gekonnt zu argumentieren und unfaire Angriffe überlegt abzuwehren.

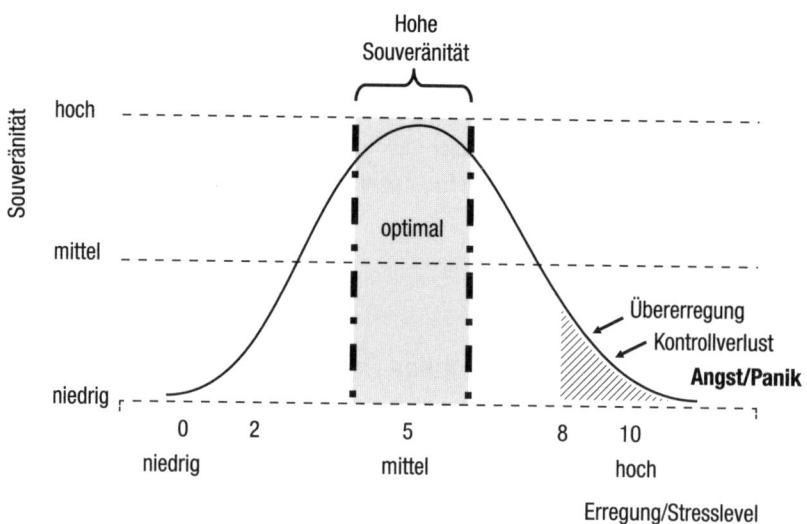

Abb. 1: Abhängigkeit von Stresslevel und Souveränität

Gefährlich wird es, wenn Sie auf unfaire Angriffe, Reizthemen oder andere manipulative Taktiken sehr schnell und unreflektiert anspringen und dadurch in einen erhöhten Erregungszustand (Stressreaktion) geraten. Ein Stressniveau von 8 bis 10 (schraffierter Bereich) hat zur Konsequenz, dass Sie sich in die Enge getrieben fühlen und die Kontrolle verlieren.

Beispiel: Als Personalentwickler präsentieren Sie vor dem Führungskreis Ihres Unternehmens ein neues Coaching-Konzept. Die ersten Minuten laufen wie geplant. Die Zuhörer folgen Ihnen aufmerksam. Sie haben ein gutes Gefühl. Sie agieren im optimalen Bereich. Wie aus heiterem Himmel startet der dominante Vertriebsleiter plötzlich einen Angriff: »Totaler Schwachsinn, Ihr sogenanntes Coaching-Konzept. Das ist ein einziger Zeitfresser für meine Vertriebsmannschaft. Ich ziehe da nicht mit.« Jetzt ist die Gefahr groß, dass Sie in eine Stressreaktion (Stresslevel 8 bis 10) katapultiert werden, die Kontrolle verlieren und in psychologischen Nebel geraten.

Persönliches Stressmanagement zielt darauf, zu schnelles Anspringen auf Reizthemen oder Angriffe zu vermeiden und nicht in eine Stressreaktion zu geraten. Details hier finden Sie in Teil 1 des Buches, im Abschnitt »Selbstvertrauen und Stressresistenz«.

Wie kommt es zu dieser Reaktion im Gehirn?

Die Killerphrase »totaler Schwachsinn« kann zusammen mit der dominanten Attitüde des Vertriebsleiters dazu führen, dass Ihrem emotionalen Gehirn eine Bedrohung gemeldet wird. Achtung: Gefahr! In Bruchteilen von Sekunden löst das limbische System eine Kaskade von Reaktionen aus: Der Puls rast, der Atem wird flacher, das Sprechtempo steigt, die Stimme rutscht nach oben; wir geraten ins Schwitzen, während die Gestik fahrig wird und die Mimik Unsicherheit signalisiert. Wir alle kennen diese Reaktionen, die vom Hirnstamm aus gesteuert, aber vom limbischen System angestoßen werden.

Bei dem Programm »Gefahr im Verzug« stellen sich automatisch diese Angstreaktionen ein. Unser Frontal- oder Denkhirn ist dann blockiert. Wir sind nicht mehr in der Lage, ein denk- oder handlungsleitendes Muster abzurufen. Verursacht wird dieser Prozess durch Stresshormone, die in bedrohlichen Situationen ausgeschüttet werden und unseren Körper überschwemmen.

Dieser Reiz-Reaktions-Mechanismus ist stark, wirkt aber nicht zwangsläufig.

Wir wären ihm nur dann ausgeliefert, wenn wir kein Denkhirn hätten, das Ereignisse der Umwelt einordnen, interpretieren und bewerten kann. Darin liegt die besondere Abwehrchance: Wir können eine Stressreaktion auf die verbale Attacke vermeiden, indem wir auf Distanz gehen und unsere Bewertung der Situation ändern.

Diese Umwertung des vermeintlich gefährlichen Angriffs könnte etwa in diese Richtung gehen: »Der Vertriebsleiter hat offenbar noch Einwände oder kritische Fragen. Durch Rückfragen kann ich diese in Erfahrung bringen.« Eine andere Option der Umwertung: »Er favorisiert offenbar eine andere Lösung. Ich muss den besonderen Nutzen meines Vorschlags noch deutlicher herausstellen.«

Durch diese Veränderung der Bewertung – weg von der Gefahr hin zu sachgerechtem Dialog – hemmt der Cortex die angstauslösenden Reaktionen, er nimmt also Einfluss auf die biochemischen Vorgänge im Gehirn.

Wir sind durch eine kognitive Umbewertung eines verbalen Angriffs prinzipiell in der Lage, die von den älteren Bereichen des Gehirns in Gang gesetzten Reaktionen anzuhalten und vielleicht sogar in positives Interesse umzuwandeln. Dieses würde sich darin zeigen, dass man durch Rückfragen den echten Grund für die Killerphrase in Erfahrung bringt oder es spannend findet, eine Technik der Deeskalation auszuprobieren. Durch eine positive Interpretation des Angriffs werden – wie Gerald Hüther es in *Was wir sind und was wir sein könnten* (2011) ausdrückt – vom limbischen System »all jene Reaktionen vom Hirnstamm aus zu einer konzertierten Aktion gebündelt, die mit Aufmerksamkeit, innerer Beruhigung, Neugier und Befriedigung einhergehen«.

> Eine wichtige Erkenntnis für das persönliche Stressmanagement lautet: Durch Aktionen und Reaktionen in den höheren Bereichen des Gehirns sind wir in der Lage, die in den älteren Regionen des Gehirns ablaufenden Prozesse zu lenken und zu steuern.

Erkennen Sie Ihre wunden Punkte

Erfahrene Manipulatoren sind Meister darin, ihre destruktiven Strategien präzise auf ihre Opfer zuzuschneiden. Dabei geht es ihnen darum, den Gegner an seinem wundesten Punkt, an seiner Achillesferse anzugreifen. Solche »Fenster der Verwundbarkeit« sind Themen, mit denen wir uns stark identifizieren, die uns betroffen machen, die mit unserer persönlichen Lebenserfahrung oder unseren Überzeugungen zu tun haben. Manipulatoren analysieren bereits im

Vorfeld ihre Gesprächspartner auf der Suche nach dem richtigen Auslöser, den geeigneten Reizwörtern oder sensiblen Themen, um den anderen auf die Palme zu bringen und zu emotionalisieren.

Zu den wunden Punkten, die am häufigsten attackiert werden, zählen die folgenden.

Hohes berufliches Engagement: Ein Manager identifiziert sich zu 100 Prozent mit seinem Unternehmensbereich, einem Projekt oder der Unternehmensphilosophie. Auf eine kritische Bemerkung springt er sofort an, um mit Zähnen und Klauen »sein Kind« zu verteidigen.

Schwachpunkte in der persönlichen Biografie: Jeder Mensch hat wunde Punkte, die mit seinen persönlichen, häufig schmerzhaften Lebenserfahrungen zu tun haben. Das können zum Beispiel Misserfolge in der Vergangenheit sein, Arbeitslosigkeit, finanzielle Probleme, verfehlte Karriereziele, Scheidung oder körperliche Gebrechen. Jedes dieser Themen ist emotional stark aufgeladen. Der Manipulator braucht nur überraschend eines dieser Reizthemen anzusprechen, um sein Opfer aus der Fassung zu bringen oder unter Druck zu setzen.

Abwertung durch stigmatisierende Allgemeinplätze: Manipulatoren setzen negativ besetzte, stigmatisierende Begriffe gezielt ein, um die Person des Gegenübers pauschal abzuwerten oder ein bestimmtes Argument anzugreifen. Da werden Controller als »Erbsenzähler« und »kleinkarierte Charaktere« bezeichnet, Vertriebsleute erhalten das Label »Selbstdarsteller mit wenig Fachkompetenz«, Banker werden als »korrupt und käuflich« und Politiker pauschal mit den Eigenschaften »machtbesessen und unglaubwürdig« stigmatisiert. Auch Ideen und Vorschläge können insgesamt verurteilt werden, was sich dann wie folgt anhört: »Six Sigma gehört zu den kurzlebigen Modeerscheinungen, für die in der Wirtschaft viel Geld verbrannt wird.« Oder: »Ihre Rollenspiele in Seminaren sind Sandkastenspiele, die mit der Realität in unserem Unternehmen nichts zu tun haben.« Oder: »Sie gehören auch zu den Gutmenschen, die naive und realitätsferne Vorschläge machen.«

Persönlichkeitsmerkmale: Der Manipulator weiß von bestimmten Eigenschaften seines Opfers, die er als »Schwächeknöpfe« drückt. Bei sensiblen und ängstlichen Gesprächspartnern reichen schon kritische Fragen, Warnungen oder Hinweise auf »dramatischen Konsequenzen«, um eine starke Verunsicherung zu erzeugen. Neigt das Opfer etwa zum Perfektionismus, wird das »Haar in der Suppe« gesucht, um den anderen in Stress zu versetzen.

Die fachliche Kompetenz: Um die fachliche Argumentation des Gegenübers zu erschüttern, erinnern Manipulatoren – mehr oder weniger direkt – an berufliche Misserfolge der Vergangenheit, an die lange Studienzeit von fast 20 Semestern oder an mangelnde Erfahrungen in einem bestimmten Fachgebiet.

Moralische Glaubwürdigkeit: Der Manipulator kann auch die Glaubwürdigkeit des Opfers angreifen, indem er – je nach Thema und Kontext – dem Angegriffenen mangelnde Fairness, mangelndes Umweltbewusstsein oder fehlendes Gerechtigkeits- oder Mitgefühl für andere Menschen unterstellt. Da moralisches, soziales und nachhaltiges Handeln insbesondere im Unternehmertum zu Schlüsselthemen geworden sind, kann er in der Regel auf eine sensible Reaktion hoffen.

Übung 1: Wunde Punkte

Nehmen Sie sich einige Minuten Zeit, um zwei Fragen, am besten schriftlich, zu beantworten:

1. Welches sind Ihre wunden Punkte, die ein Manipulator als Ausgangspunkt für seine Angriffe nehmen könnte?
2. Welche Zeitgenossen bringen Sie im Alltag in Rage? Welche Knöpfe drücken sie dabei?

Was Sie tun können, um sich zu schützen, erfahren Sie in den folgenden Kapiteln. Bevor wir Konterstrategien gegen die speziellen Spielarten der Kampfdialektik und Manipulation vorstellen, lernen Sie in Teil 1 allgemeine Grundlagen zur dialektischen Selbstverteidigung und zur souveränen, offensiven Argumentation kennen.

Teil 1:
Grundlagen für den verbalen Schlagabtausch

Wer die folgenden Empfehlungen beherzigt, schafft günstige persönliche Bedingungen, um unfaire und manipulative Angriffe gekonnt abzuwehren.

Zunächst lernen Sie sieben Grundregeln kennen, die Ihnen als erster starker Schutzschild gegen verbale Angriffe dienen.

Daran anknüpfend werden vier Voraussetzungen für souveränes Auftreten und Argumentieren vertiefend behandelt, die Sie in fairen wie auch in unfairen Kommunikationssituationen gleichermaßen anwenden können.

Im Überblick: Sieben Grundregeln für starke Konter

Ein Blick auf die Übersicht zeigt, dass es zunächst darauf ankommt, die eigene Wahrnehmung für potenzielle Manipulationen zu schärfen (Regel 1). Die Empfehlungen 2 bis 4 setzen darauf, bei unfairen Attacken situativ angemessen zu reagieren und die Hoheit über die Situation zu gewinnen. Sie benötigen gerade in angespannten Situationen klare Botschaften (Regel 5) und eine souveräne Personalisierung der Botschaften (Regel 6). Schließlich stärken Sie Ihre Überzeugungskraft, wenn Sie wissen, wo Ihre Verbündeten und wo Ihre Gegner sind (Regel 7).

Sieben Grundregeln auf einen Blick
1. Identifizieren Sie unfaire Taktiken möglichst früh.
2. Setzen Sie auf Sachlichkeit, Fairness und zielführende Argumentation.
3. Vermeiden Sie blinde Reaktionen auf Reize durch kluges Stressmanagement.
4. Agieren Sie, statt zu reagieren.
5. Nutzen Sie einfache Botschaften im verbalen Schlagabtausch.
6. Signalisieren Sie Stärke durch souveränes Auftreten.
7. Suchen Sie Verbündete für Ihre Argumentation.

Damit Sie sich schnell orientieren können, sind diese Grundregeln knapp und einprägsam formuliert. Sie werden im Folgenden jeweils vertieft.

1. Identifizieren Sie unfaire Taktiken möglichst früh

Eine erfolgreiche Abwehr unredlicher Taktiken setzt voraus, dass Sie diese vom ersten Moment an durchschauen. Seien Sie ständig auf der Hut, vor allem, wenn Sie Ihren Gesprächspartner noch nicht kennen. Einen Großteil kampfdialektischer Spielarten werden sie ohne Mühe richtig einordnen, etwa

Killerphrasen, persönliche Angriffe oder Rechthaberei. Schwieriger ist es, verdeckte manipulative Taktiken wie zum Beispiel Halbwahrheiten, nonverbale Psychotricks oder subtile Angriffe auf Ihre wunden Punkte auf Anhieb zu erkennen. Genau das macht sie so bedrohlich.

Schärfen Sie mithilfe dieses Buches Ihre Wahrnehmungsfähigkeit für offene und verdeckte Manipulationen. Berücksichtigen Sie bei der Einschätzung auch die Vorinformationen über Biografie, Persönlichkeit, Verhandlungsstil und Ruf des Gesprächspartners.

2. Setzen Sie auf Sachlichkeit, Fairness und zielführende Argumentation

Wie im Kampfsport benötigen Sie bei unfairen Attacken eine gute Deckung, um den Angriff nicht an sich herankommen zu lassen, und eine gute Übersicht, um eine wirkungsvolle Gegenaktion zu starten. Als mentalen Anker können Sie das Bild einer Autobahn mit schützenden Leitplanken (vgl. Thiele 2006) benutzen, damit Sie auf dem sachlichen, fairen und zielorientierten Weg bleiben.

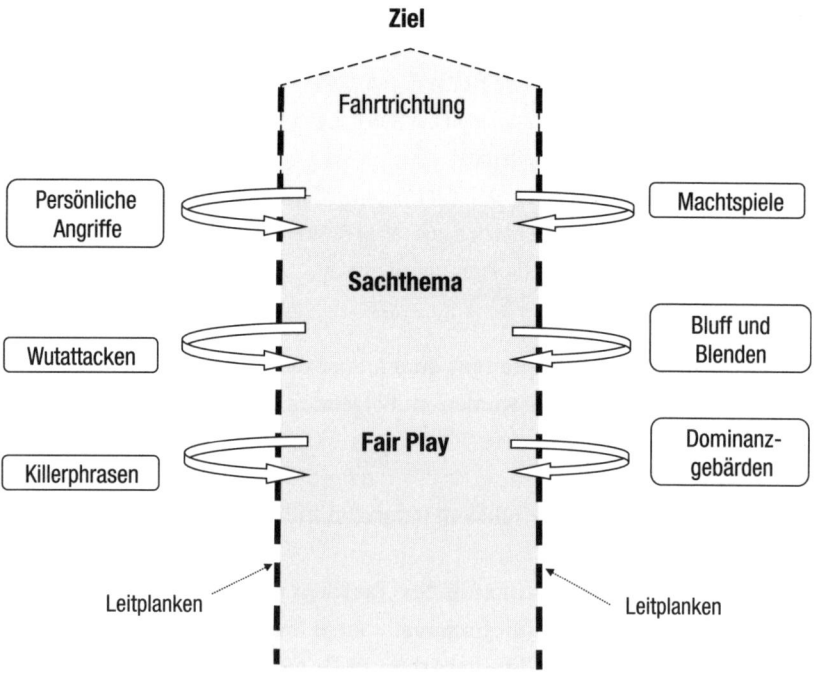

Abb. 2: Mentale Autobahn mit schützenden Leitplanken

Die sachbezogene Argumentation läuft auf der grau hinterlegten Autobahn. Während Sie mit Ihrem Gegenüber ein Sachthema diskutieren, bewegen Sie sich mehr oder weniger schnell in Richtung Ziel. Sie diskutieren ja miteinander, um in der Sache weiterzukommen und ein bestimmtes Ergebnis zu erreichen.

Die Leitplanken links und rechts schützen den Raum des konstruktiven und sachbezogenen Miteinanders. Wie auf einer realen Autobahn müssen Sie aufpassen, dass Sie nicht »vom rechten Weg abkommen« und mit gefährlichen Hindernissen zusammenstoßen.

Gefährliche Hindernisse sind Angriffe von Kampfdialektikern und Manipulatoren. Sie bewegen sich außerhalb des abgesteckten Spielfeldes. Sie verfolgen unredliche Ziele und verletzen damit das Regelwerk der Sachlichkeit und des Fair Play. Die Angreifer wollen eine unbedachte Reaktion bei Ihnen provozieren und Sie damit vom Weg abzubringen.

Geschützt durch die Leitplanken lassen Sie den Angriff nicht an sich herankommen. Sie können mit Ihren Ausführungen einfach fortfahren oder mithilfe von Brückensätzen oder schlagfertigen Formulierungen eventuelle Attacken deeskalieren. Ihr mentales Programm könnte dabei lauten: Ich konzentriere mich ausschließlich auf das Sachthema und orientiere mich bei der Zielerreichung am Regelwerk eines partnerschaftlichen Dialogs.

3. Vermeiden Sie blinde Reaktionen auf Reize durch kluges Stressmanagement

Wenn wir auf Angriffe nicht vorbereitet sind, ist das Risiko groß, dass wir unter Druck geraten oder gar schachmatt gesetzt werden. Ihre Souveränität werden Sie nur dann verteidigen, wenn Ihr Denkhirn die Kontrolle behält und wenn Sie – wie oben erläutert – auf den vermeintlich bedrohlichen Reiz nicht unvermittelt anspringen. Zweierlei ist dazu unverzichtbar:

Halten Sie emotionale Distanz, indem Sie den Angriff selbst bewerten. Betrachten Sie zum Beispiel unsachliche Angriffe positiv – etwa als Gelegenheit zum Coaching – oder nutzen Sie das Bild der mentalen Autobahn: So hemmen Sie die angstauslösenden Reaktionen Ihres Körpers.

Nutzen Sie neben der Veränderung der Wahrnehmungsperspektive und der Umwertung die Möglichkeiten des persönlichen Stressmanagements, um durch Selbstvertrauen ein Gegengewicht zu Selbstzweifeln und Unterlegenheitsgefühlen zu schaffen. Eine gelassene und souveräne Grundhaltung ist die Basis für den Erfolg in einer verbalen Auseinandersetzung.

Weiterführende Empfehlungen zur Entwicklung einer selbstbewussten Haltung bietet der Abschnitt »Selbstvertrauen und Stressresistenz«.

4. Agieren Sie, statt zu reagieren

In Diskussionen und Besprechungen laufen unterschwellig stets Rangordnungsspiele. Durch positive Aktivität haben Sie die Chance, sich Respekt zu verschaffen und Ihren Status zu festigen oder zu erhöhen. Hier punkten Sie aus der Sicht der anderen Teilnehmer, wenn Sie sich aktiv beteiligen, sachbezogen argumentieren und wertschätzend mit anderen Sichtweisen und Auffassungen umgehen. Darüber hinaus kommt es Ihrem Status zugute, wenn Sie konstruktive Vorschläge einbringen, geschickt nachfragen und standfest Ihre eigene Position vertreten. Es geht in kontroversen Diskussionen nicht darum, von allen gemocht zu werden. Sie wollen respektiert werden, und zwar für sachkundige Beiträge, für Team- und Kompromissfähigkeit sowie für engagiertes und schlagfertiges Argumentieren.

Warten Sie nicht, bis Sie vom Moderator oder einem anderen Teilnehmer aufgefordert werden, Ihre Einschätzung einzubringen oder Fragen zu beantworten, die in Ihre Zuständigkeit fallen. Sie werden einen stärkeren Eindruck hinterlassen, wenn Sie sich aktiv um das Wort bemühen, statt nur auf Fragen anderer reagieren. Einen eigenen Wortbeitrag können Sie durch Blickkontakt und Handzeichen vorbereiten. Sie können aber auch freundlich und bestimmt bei einem Stichwort Ihres Gegenübers einhaken und das Wort ergreifen.

Je nach Risikoneigung können Sie dabei Interventionstechniken mit mäßigem oder erhöhtem Risiko nutzen (siehe Teil 2, Abschnitt »Verbale Dominanz in Besprechungen und Diskussionen«). Wenn Sie sich Respekt verschaffen und dadurch im Rangordnungsspiel aufsteigen wollen, sollten Sie jedoch auf Rechthaberei und übermäßige Dominanzgebärden verzichten. Fallen Sie anderen Teilnehmern möglichst nicht ins Wort, das steht im Widerspruch zum Regelwerk des Fair Play. Negativ wirken zudem persönliche Angriffe und Witze auf Kosten anderer, permanentes Neinsagen und Nörgeln, überlange Redebeiträge und harte Schlagfertigkeit.

5. Nutzen Sie einfache Botschaften im verbalen Schlagabtausch

Inhaltlich schlüssige Botschaften sind die Basis für eine offensive Argumentation sowie für die argumentative Selbstverteidigung. Daher ist eine sorgfältige Vorbereitung auf die Sachthemen unverzichtbar. Erarbeiten Sie am besten zu jedem relevanten Thema eine klare Kernbotschaft.

Trainieren Sie Ihre Fähigkeit, Botschaften kurz, prägnant und einprägsam zu formulieren. Reduzieren Sie ein komplexes Thema so weit, dass Sie es in etwa einer halben Minute auf den Punkt bringen. Hierbei können Ihnen gedankliche Strukturpläne helfen, wie sie die Fünfsatztechnik zur Verfügung stellt. Die Arbeit mit solchen Argumentationsmodulen bringt Ihnen doppelten Nutzen: Sie fühlen sich sicher und wissen, auf welche inhaltliche Position Sie sich zurückziehen können.

Zur erfolgreichen Überzeugungsarbeit gehört zudem, seine Ideen, Vorschläge und Angebote gegen Kritik und Einwände zu verteidigen. Hier müssen Sie Ihre Standfestigkeit und Selbstüberzeugung beweisen. Durchdenken Sie vorab, welche sachlichen Einwände und unsachlichen Angriffe möglich sind und wie Sie darauf reagieren wollen.

6. Signalisieren Sie Stärke durch souveränes Auftreten

Wenn Sie mit einem Kampfdialektiker in eine Auseinandersetzung gehen, kann dieser aus Ihrer Körpersprache und Ihrem Sprechverhalten ableiten, ob Sie ein Kontrahent auf Augenhöhe sind oder ob er leichtes Spiel mit Ihnen haben wird! Daher sollten Sie potenziellen Angreifern durch Auftreten, Körpersprache und Stimme zeigen, dass Sie sich gleichberechtigt und stark fühlen.

Dieses »Maßnehmen« ähnelt einem Ritual, das wir aus dem Boxsport kennen, nämlich dem »Staredown«. Hierbei geht es darum, dem Gegner bereits vor dem Kampf den Schneid abzukaufen, indem man durch Dominanzgebärden wie Pokerface und festen Blick zeigt: Ich bin der Stärkere! Jede Regung des Gegners wird dabei aufmerksam verfolgt, um daraus auf seine Verfassung zu schließen. Die Regel lautet: Wer zuerst den Blick senkt, hat die Nerven verloren und gilt in den Augen des Gegners und des Publikums als unterlegen.

Auf derartige nonverbale Machtspiele sollten Sie sich nicht einlassen, sondern die Situation selbstbewusst deeskalieren. Das Kapitel »Strategien gegen Macht- und Dominanzgebärden« im Teil 2 stellt geeignete Techniken vor.

Ihr Gegenüber registriert im rhetorischen Schlagabtausch, ob Sie bei Ihren Wortbeiträgen oder beim Umgang mit Einwänden, kritischen Fragen und Angriffen Unsicherheits- und Stresssignale zeigen.

7. Suchen Sie Verbündete für Ihre Argumentation

Wenn Sie in einer Gruppendiskussion Ihre Vorstellungen durchbringen wollen, ist dies allein durch die Kraft Ihrer Argumentation selten möglich. Ihre Dialektik und Ihre Fachkompetenz in Ehren – aber ohne Führungskräfte und Mitstreiter, die Ihr Vorhaben auch bei Kritik und unsachlichen Angriffen unterstützen, ist Ihr Überzeugungsversuch häufig zum Scheitern verurteilt.

Vermeiden Sie hektische und unruhige Bewegungen sowie Verlegenheitsgesten. Mithilfe einer Videokontrolle mit Feedback eines Coaches oder eines guten Freundes können Sie Verbesserungspotenziale erkennen.

Sie bringen sich taktisch in eine bessere Position, wenn Sie wissen, wie das emotionale Beziehungsgeflecht im Team aussieht, wer Ihre Verbündeten und wer Ihre (möglichen) Gegner sind. Suchen Sie sich daher statushöhere Schlüsselpersonen, Experten mit hoher Reputation oder informelle Führer als Fürsprecher. Setzen Sie alles daran, im Vorfeld einer Besprechung oder einer Präsentation – möglichst unter vier Augen – die entscheidenden Personen von Ihrer Idee zu überzeugen oder zumindest deren Sichtweise, deren Einwände und Fragen in Erfahrung zu bringen.

Stellt sich heraus, dass die Zustimmung zu Ihrer Position bei den wichtigen Entscheidungsträgern weit unter 50 Prozent liegt, spricht vieles dafür, auf solche waghalsigen Überzeugungsversuche zu verzichten oder sich mit dem Erreichen eines Minimalzieles zufriedenzugeben. Je mehr statushohe Führungskräfte auf Ihrer Seite sind, umso besser sind Ihre Erfolgsaussichten.

Persönliche Voraussetzungen für souveränes Argumentieren

Voraussetzung für eine souveräne Argumentation ist eine Reihe von persönlichen Eigenschaften. Dieses Kapitel gibt Ihnen Anregungen dafür, Ihre persönlichen Qualitäten einzuschätzen und weiterzuentwickeln. Auf dieser Basis können Sie schließlich die Konterstrategien erfolgreich einsetzen, die in Teil 2 vorgestellt werden.

Sie benötigen in der verbalen Auseinandersetzung vor allem persönliche Stärke, die dem Angreifer zeigt: Unfaire Taktiken werden an Ihnen abprallen. Diese Stärke drückt sich sowohl in einer selbstbewussten inneren wie äußeren Haltung aus. Sie müssen in der Lage sein, Argumente überzeugend zu präsentieren. Und nicht zuletzt sollten Sie fähig sein, Ihren Status in der Gruppe und das emotionale Beziehungsgefüge in Ihrem Umfeld realistisch einzuschätzen.

Diese Faktoren sind die Basis für alle Szenarien des verbalen Schlagabtauschs. Sie sind Ihre persönliche Grundausstattung bei der argumentativen Selbstverteidigung wie auch bei der offensiven Argumentation.

Selbstvertrauen und Stressresistenz – die innere Haltung

Die folgenden Empfehlungen helfen Ihnen, emotionale Distanz zu unfairen Angriffen herzustellen und dadurch Stressreaktionen vorzubeugen. Die Anregungen zielen letztlich darauf, eine souveräne und selbstsichere Haltung zu entwickeln.

Sie entscheiden, wie Sie mit einem Angriff umgehen

Auf unfaire Angriffe müssen Sie nicht automatisch anspringen. Sie können stattdessen gelassen bleiben, indem Sie Ihre Wahrnehmungsperspektive verändern und die unfaire Attacke beziehungsweise deren Verursacher subjektiv anders bewerten. Für den Perspektivenwechsel (Reframing) bieten sich zum Beispiel folgende Möglichkeiten an.

Betrachten Sie den Manipulator als »Trainer«. Sie können den Angriff oder eine Dominanzgebärde Ihres Gegenübers als Trainingschance für sich umdeuten. Zugespitzt könnte das Motto lauten: Der Kampfdialektiker ist für mich der beste Trainer, weil er mir zum Nulltarif Gelegenheit gibt, neue Strategien und Techniken zur Deeskalation zu üben.

Deuten Sie den Angriff als Rückfall in kindliches Verhalten. Eine polemische Attacke können Sie als »infantile Regression« deuten. Der Angreifer agiert aus dem Kindheits-Ich, weil er bestimmte Gesprächsregeln noch nicht gelernt oder wieder vergessen hat. Ihre deeskalierende Aufgabe besteht darin, ihn wieder zu einem sachgerechten Dialog zu bringen, in dem er aus dem Erwachsenen-Ich handelt.

Der Choleriker ist im »Wutkeller«. Matthias Nöllke verwendet das Bild vom »Wutkeller«. Bei extremen Brüllattacken kann es helfen, gelassen zu bleiben: Stellen Sie sich vor, dass der Schlagabtausch mit dem Angreifer sich auf zwei Etagen eines Hauses abspielt. Sie sitzen im Erdgeschoss und führen dort ausschließlich Gespräche, die sachgerecht, fair und zielorientiert verlaufen. Wenn Ihr Gesprächspartner in cholerischer Weise angreift, dann stellen Sie sich vor, dass er seine Emotionen eine Etage tiefer – im Wutkeller – lautstark freisetzt. Er braucht offenbar ein psychologisches Ventil, weil sein Denkhirn gerade blockiert ist. Lassen Sie ihn im Keller und steigen Sie nicht zu ihm herab. Nach einer Weile wird er sich von allein beruhigen, und Sie können zu einem sachbezogenen Gespräch zurückkehren.

Inwieweit ein unfairer Angriff oder Reiz eine Gefahr für Sie darstellt, entscheiden Sie allein.

Halten wir fest: SIE allein entscheiden, inwieweit Sie einen Angriff an sich herankommen lassen und wie Sie darauf antworten. Ein unterstützendes Motto dazu könnte lauten: »Ich allein entscheide, ob andere mich ärgern dürfen« oder »Ab sofort reagiere ich gelassen auf Angriffe und nutze unfaire Attacken als Gelegenheit zum Üben«.

Selbstvertrauen – die Basis Ihrer Souveränität

Je sicherer Sie auftreten, desto leichter können Sie unfaire Angriffe neutralisieren. Mit einem gut ausgeprägten Selbstvertrauen und Selbstwertgefühl bleiben wir selbst in schwierigen Situationen gelassen. So pendelt sich unser Erregungsniveau auch in schwierigen Auseinandersetzungen im optimalen Bereich ein – bei der richtigen Dosis Stress. Ist unser Selbstvertrauen niedrig, lassen wir uns leicht verunsichern und das Heft aus der Hand nehmen. Wir entfernen uns dann von einer souveränen und erfolgsorientierten Grundhaltung und geraten unter Druck.

Die meisten Menschen erwarten, dass Führungskräfte wie Vorstandsvorsitzende, Minister, Chefärzte und Piloten sich in schwierigen Situationen beherrschen oder mindestens ein gutes persönliches Stressmanagement praktizieren. Wer wegen mangelnder Affektkontrolle zu häufigen Wutausbrüchen neigt, wird sich auf Dauer kaum in Führungspositionen behaupten können.

Wer Vertrauen in das eigene Können und die eigenen Soft Skills mitbringt, wird sich in einem verbalen Schlagabtausch eher wohlfühlen und den Auftritt, die Diskussion, das Gespräch, die Präsentation als Chance und nicht als Bedrohung wahrnehmen. Inwieweit Sie Freude an einem Auftritt mitbringen, hängt maßgeblich von ausreichendem Selbstvertrauen ab. Der Hirnforscher Gerald Hüther erklärt dies so: Die Teile des Gehirns, die bei Angst heißlaufen, werden durch Selbstvertrauen heruntergekühlt. Selbstvertrauen hemmt Übererregung und Angst: Je mehr Selbstakzeptanz Sie aufbauen, umso sicherer werden Sie sich bei Ihren Auftritten und bei der Abwehr unfairer Angriffe fühlen.

Suchen Sie nach Ermutigern in der eigenen Vita

Wenn Sie sehr selbstkritisch sind, ist es besonders wichtig, an einer positiven Meinung von sich selbst zu arbeiten. Machen Sie sich bewusst, wo Ihre Stärken liegen, worauf Sie stolz sind und worauf Sie bauen können, bevor Sie in den verbalen Schlagabtausch gehen. Wie die folgenden Beispiele zeigen, können sehr unterschiedliche Faktoren zu Ihren Ermutigern werden.

Ermutiger im beruflichen und kommunikativen Bereich:

- Ihre Laufbahn, Ihre Qualifikation, Ihre aktuelle Tätigkeit,
- Ihre herausragenden Projekte und Erfolgsgeschichten,

- Ihre interkulturelle Kompetenz und Fremdsprachenkenntnisse,
- Ihre Empathie, Kontakt- und Motivationsfähigkeit,
- Ihre Auftreten, Ihr Aussehen, Ihre Stimme,
- Ihre Fähigkeit, die Dinge auf den Punkt zu bringen.

Ermutiger im privaten und gesellschaftlichen Bereich:

- Ihre Familie und Ihr Freundeskreis,
- Ihre körperliche Fitness und Ihre sportlichen Leistungen,
- Ihr Eigenheim und Ihre finanzielle Situation,
- Ihr Engagement in Politik, Vereinen, Verbänden.

Übung 2: Welches sind Ihre Ermutiger?

Beantworten Sie die folgenden Fragen schriftlich:

a) Worauf sind Sie stolz?
b) Was ist Ihnen gelungen, obwohl Sie vorher unsicher waren?
c) Was sind Ihre besonderen persönlichen, kommunikativen und fachlichen Stärken?
d) Was schätzen Ihre Freunde an Ihnen?

Bedeutung unserer inneren Programme

Glaubenssätze oder Skripte sind innere Dialoge, die unser Selbstvertrauen maßgeblich beeinflussen. Sie drücken aus, wie wir über uns denken – ob selbstkritisch und negativ oder motivierend und positiv. Sie wirken wie Programmierungen für unser Gehirn und bestimmen wesentlich, mit welcher Erfolgszuversicht wir in Diskussionen gehen. Mit negativen Glaubenssätzen mindern wir unsere Souveränität. Positive Glaubenssätze kommen unserem Selbstvertrauen dagegen zugute.

Übung 3: Innere Dialoge

Welche inneren Dialoge laufen bei Ihnen ab, wenn Sie an Gespräche mit dominanten oder unfair agierenden Menschen denken? Kreisen Ihre Gedanken eher um Gelingen und Erfolgszuversicht oder um Ängste und Versagen?

Gift für Ihre Souveränität: negative Glaubenssätze

Lassen Sie sich nicht von negativen Gedanken beherrschen wie: »Ich weiß zu wenig«, »Ich fühle mich dominanten Menschen unterlegen«, »Ich habe Angst, abgelehnt zu werden«? Wer das zulässt, macht sich klein und untergräbt das eigene Selbstvertrauen – mit der Gefahr, besonders empfänglich zu werden für manipulative Taktiken.

Negative innere Dialoge haben eines gemeinsam: Sie produzieren schlechte Gefühle und führen im Gehirn zu einem fatalen Reiz-Reaktions-Mechanismus. Sie aktivieren nämlich neuronale Erinnerungsfelder, die mit negativen Emotionen gekoppelt sind. Die Glaubenssätze rufen dabei im Gedächtnis all jene Situationen wach, bei denen Sie frustrierende Erfahrungen gemacht haben.

Unser Gehirn meldet dann: Der Auftritt ist gefährlich. Du kannst in der Diskussion unterliegen. Du kannst Ansehen einbüßen und abgelehnt werden. Durch diesen Mechanismus werden alle angstbegleitenden Reaktionen aktiviert.

Selbstwertreduzierende Glaubenssätze haben häufig mit überzogenen Ansprüchen an die eigene Person zu tun und wurden maßgeblich in der Kindheit und Jugend erworben. Sie führen zu einem negativen Selbstkonzept, das dem selbstkritischen Denken und den damit gekoppelten Gefühlen mehr Raum gibt als den Faktoren, die Selbstvertrauen und Souveränität positiv beeinflussen.

Wer stärker argumentieren möchte, sollte alle Möglichkeiten ausschöpfen, negative innere Dialoge ins Positive zu wenden. Dies ist eine wichtige Voraussetzung, um zu einem positiven Selbstkonzept zu gelangen.

Positive Glaubenssätze

Bei angstbesetzten inneren Dialogen gilt es, »Stopp« zu sagen und ein negatives, blockierendes Skript durch positive Denkmuster zu ersetzen. Beispiele für positive Glaubenssätze: »Ich agiere souverän und gelassen in schwierigen Situationen«, »Ich konzentriere mich auf eine perfekte Vorbereitung und sehe Angriffe als Chance«, »Ab jetzt ergreife ich das Wort, wenn ich Wichtiges zu sagen habe«.

Neue positive Glaubenssätze allein reichen freilich nicht aus, um eine Verhaltensveränderung beim Argumentieren zu erreichen. Dies erreichen Sie nur, wenn Sie den Transfer geschickt planen und mit Begeisterung neue

Erfahrungen machen. Wie Sie dabei am besten vorgehen, wird im Teil 3 dieses Buches dargestellt.

Angreifer auf Distanz halten durch psychologische Puffer

Mit der Veränderung der Wahrnehmungsperspektive haben Sie bereits einen bewährten Weg kennen gelernt, um unfaire Attacken nicht an sich herankommen zu lassen.

Eine weitere Möglichkeit besteht darin, in der eigenen Vorstellung einen »virtuellen Schutzschild« oder einen »persönlichen Airbag« aufzubauen, wie Barbara Berckhan in *Judo mit Worten* (2006) empfiehlt. Dieser hat die Funktion eines psychologischen Puffers und hilft Ihnen, im optimalen Stressbereich zu bleiben. Stellen Sie sich einen virtuellen Airbag in Form einer räumlichen Distanz von einer Armlänge um sich herum vor. Hinter diesem persönlichen Schutz sind Sie vor Angriffen sicher. Keine unfaire Kritik, kein persönlicher Angriff, keine manipulative Technik kann Sie verletzen oder besiegen. Und: Hinter diesem Schutzschild haben Sie Zugriff auf alle Reaktionsmöglichkeiten. So können Sie zum Beispiel einen Angriff mit einem Brückensatz neutralisieren, ihn ignorieren, humorvoll-schlagfertig kontern oder ans Regelwerk des Fair Play erinnern.

Mentaltraining

Sie werden unfaire Angriffe leichter kontern können, wenn Sie Situationen mental durchspielen, die für Sie neu sind und die Ihre Souveränität gefährden könnten. Stellen Sie sich hierbei möglichst realitätsnah – mit geschlossenen Augen – diejenigen argumentativen Schritte vor, die Sie in einer bestimmten Art und Weise gehen wollen.

Übung 5: Visualisierung

1. Führen Sie sich anschaulich vor Augen, wie Sie dem Führungskreis ein Konzept vorstellen: mit gewinnender Mimik, aufrechter Haltung, ruhigem Blickkontakt sowie mäßigem Sprechtempo und engagierter Gestik.
2. Stellen Sie sich anschaulich vor, wie Sie auf schwierige Angriffe oder Angreifer gekonnt reagieren, indem Sie zum Beispiel auf Zeit spielen oder mit einem deeskalierenden Brückensatz (siehe Teil 3, »Materialien zum Selbstlernen«) kontern.

Dieses Mentaltraining kann zwar reales Üben und Handeln nicht ersetzen. Es trägt aber dazu bei, das erwünschte Verhalten aufzubauen und eine positive Einstellung zu fördern.

Der Hirnforscher Manfred Spitzer liefert eine schlüssige Erklärung für den Einsatz des Mentaltrainings: In der Großhirnrinde werden bei der Visualisierung dieselben Neuronenkreise (Spiegelneurone) aktiviert wie bei der realen Handlung.

Mit eigenen Fehlern wertschätzend umgehen

Trial and Error – Versuch und Irrtum – gehören zum menschlichen Handeln und Lernen. Machen Sie Ihre Selbstakzeptanz und Ihr Selbstvertrauen daher niemals von einzelnen Erfolgen oder Misserfolgen abhängig. Sie bleiben auch dann ein wertvoller Mensch, wenn Sie bei einem Auftritt nicht Ihre beste Leistung bringen oder mit bestimmten Konterstrategien nicht durchkommen.

Die erfolgreichsten Dialektiker, Redner und Künstler haben am meisten aus ihren Misserfolgen und Fehlern gelernt.

Nutzen Sie die Technik des Reframing, um Misserfolge umzuwerten – etwa mithilfe dieses inneren Dialogs: »Wenn ich Fortschritte machen will, brauche ich mehrere Versuche, um die betreffende Technik einzuüben.« Oder: »Wenn ein schlagfertiger Konter nicht zum Erfolg führt, benutze ich das nächste Mal eine andere Variante, um persönliche Angriffe abzuwehren.«

Weiterführende Tipps zum ganzheitlichen Stressmanagement

Wenn Sie zu Gereiztheit und Nervosität neigen, wird es Ihnen schwerfallen, auf unfaire Attacken gelassen zu reagieren. Wer bereits vor einem verbalen Schlagabtausch emotional geladen ist, läuft Gefahr, schnell auf Reizthemen anzuspringen. Daher sollten alle, die dauerhaft mit einem erhöhten Stressniveau zu kämpfen haben, über zusätzliche Maßnahmen nachdenken, um gelassener zu werden, Nervosität zu lindern und bewusst Distanz zu inneren wie äußeren Stressoren aufzubauen. Die folgenden auf die ganze Persönlichkeit gerichteten Methoden und Wege kommen beispielsweise infrage:

- Regelmäßige und tägliche Bewegung: Entdecken Sie einen Sport, der Ihnen Spaß macht, zum Beispiel Laufen, Radfahren, Kampfsport, Golf, Power-Walking oder Schwimmen.
- Gymnastik und Fitnesstraining: Testen Sie Pilates, Yoga, Tai-Chi oder Qigong.
- Entspannungstechniken: Praktizieren Sie Autogenes Training, Progressive Muskelentspannung oder Meditation.
- Achtsame Ernährung: Essen Sie regelmäßig und zu festen Zeiten, bevorzugen Sie frische und vitaminreiche Kost, genießen Sie Alkohol und Kaffee in Maßen, meiden Sie zu fettes, zu süßes und zu salziges Essen.
- Organisation und Zeitmanagement: Sehen Sie sinnvolle Pufferzeiten vor. Planen Sie in Ihren Wochenablauf feste Ruhe- und Rückzugsphasen ein.
- Lebensfreude: Lernen Sie wieder, sich zu freuen, mit Freunden zu lachen und alltägliche Dinge wie auch berufliche Erfolge zu genießen. Positive Erlebnisse erhöhen die Stresstoleranz.
- Austausch: Sprechen Sie mit Menschen Ihres Vertrauens über Sorgen und Ängste.
- Realistische Ziele: Formulieren Sie realistische Ziele und Ansprüche an sich selbst. Wer sich auf Dauer zu viel zumutet, wird Stressreaktionen oder Burn-out programmieren.

Wenn Sie die Balance zwischen Ruhe und Anspannung in Ihrem Leben vertiefen wollen, können Sie an Seminaren, Workshops oder Coachings teilnehmen. Dort bietet sich die Chance, Techniken zur Entspannung und zur Stärkung der Abwehrkräfte unter fachkundiger Anleitung zu erlernen, Erfahrungen mit anderen auszutauschen und über Schwierigkeiten bei der Umsetzung zu sprechen. Sie können aber auch Audio-CDs, DVDs, Apps mit Übungsanleitungen oder Ratgeber nutzen, um eine gute Balance zwischen Anspannung und Entspannung zu erreichen und Arbeit und Beruf besser in Einklang zu bringen. Entwickeln Sie Ihr individuelles Programm, das Sie befähigt, mit Alltagsstress bewusster umzugehen, Muskulatur und Verspannungen zu lösen und Ihr inneres Gleichgewicht zu erhalten oder wiederherzustellen.

Selbstsicher auftreten – die äußere Haltung

Durch Ihr Erscheinungsbild, Ihre Stimme, Ihre Körpersprache und durch den Stil Ihrer Interaktion zeigen Sie potenziellen Angreifern gleichzeitig, ob Sie sich gleichberechtigt und stark oder klein und unterlegen fühlen.

Diese informationsbegleitenden Faktoren beeinflussen Ihre Überzeugungswirkung mindestens so stark wie die vorgetragenen Inhalte. Gerade für den Umgang mit unfairen und dominanten Kontrahenten kommt es darauf an, als sicher und souverän wahrgenommen zu werden. Wer bei harten Auseinandersetzungen Unterlegenheits- und Opfersignale aussendet, wird in den Tiefstatus gedrängt und provoziert geradezu Macht- und Angriffsrituale.

Wenn Ihre Zuhörer oder Gesprächspartner Sie als glaubwürdig, selbstbewusst, sympathisch und kompetent einschätzen, haben Sie günstige Voraussetzungen für Ihre Überzeugungsarbeit.

Glaubwürdigkeit vermitteln

Bedenken Sie, dass Ihr Gesprächspartner Ihren Aussagen zunächst blind vertrauen muss. Schließlich hat er während der Argumentation kaum Zeit und Gelegenheit, Ihre Beweismittel auf Stichhaltigkeit zu prüfen. Ihre Glaubwürdigkeit kann er daher nur anhand Ihrer Körpersprache, Ihres Auftretens und Ihres Sprechverhaltens einschätzen.

Diese persönlichkeitsbezogenen Faktoren werden umso stärker zur Beurteilung herangezogen, je weniger die Zuhörer die Tragfähigkeit der Thesen nachvollziehen können.

Glaubwürdiges Auftreten hat verschiedene Aspekte: Zum einen muss Ihre Körpersprache zum gesprochenen Inhalt passen. Wenn Sie also für ein Ziel motivieren wollen, sollte durch Ihr Engagement und Ihre Dynamik in Körpersprache und Stimme erkennbar sein, dass Ihnen das Thema am Herzen liegt und Sie selbst an Ihre Idee glauben.

Aus der Hirnforschung wissen wir: Selbstüberzeugung und Begeisterung sind entscheidende Wirkfaktoren, um die emotionalen Zentren im Gehirn besonders stark anzusprechen. Dadurch kommt es zur Ausschüttung neuroplastischer Botenstoffe, die dazu führen, dass Ihre Argumente beim Zuhörer erst richtig eingebrannt werden, wie Gerald Hüther in seinem Buch *Wer wir sind und was wir sein könnten* (2011) nachweist.

Glaubwürdigkeit ist eine Frage der Übereinstimmung von Wort und Handeln. Dazu gehört beispielsweise, das zu tun, was man angekündigt hat. Dass wir Politikern nur bedingt Glaubwürdigkeit attestieren, hat vor allem damit zu tun, dass die Versprechen vor einer Wahl häufig nur wenig mit dem tatsächlichen Handeln nach dem Wahltag zu tun haben.

Wenn Sie sich als Vorgesetzter etwa starkmachen für eine offene, sachbezogene Streitkultur in Besprechungen oder für Fairness und Gerechtigkeit im Miteinander, sollten Sie sich im Alltag auch an dieser Maxime messen lassen. Zur Glaubwürdigkeit gehört es, sich klar zu zukunftsgerichteten Werten zu bekennen und dann den Mut zu haben, Unpopuläres zu sagen und unpopuläre Entscheidungen im Dienste der richtigen Sache durchzusetzen. Schrecken Sie nicht davor zurück, auch dann Flagge zu zeigen, wenn sie nur von Kritikern umgeben sind.

Der Bankmanager Alfred Herrhausen (1930–1989) hat in seinem letzten großen Fernsehinterview die Frage nach der persönlichen Glaubwürdigkeit einer Führungskraft auf folgende einprägsame Formel gebracht: »Wenn man sich bemüht, das zu sagen, was man denkt, und wenn man sich bemüht, das zu tun, was man sagt, und dann auch das zu sein, was man tut, dann glaube ich, hat man eine Chance, glaubwürdig zu werden. Und dann müsste damit – mit dieser Glaubwürdigkeit – auch das Misstrauen in das, was man sagt, verschwinden. Das ist ein Prozess, den können Sie nicht von Sonntag auf Montag erledigen. Das ist ein langfristiges Bemühen. Und diesem Bemühen müssen wir alle uns unterziehen. Das versuche ich auch.«

Selbstbewusst auftreten – Stärke signalisieren

Um bei unfairen Angriffen sicher und gelassen zu agieren, ist die selbstbewusste innere Haltung wichtig. Damit Ihre Souveränität auch wahrgenommen wird, müssen die Signale, die Sie mit Ihrem Auftreten aussenden, kongruent dazu sein. Denn Ihre Zuhörer erkennen an Ihrer Körpersprache, am Auftreten und Sprechverhalten, wie fest Sie hinter Ihren Thesen stehen und inwieweit Sie sich verunsichern oder unter Druck setzen lassen.

Verstärken Sie Ihre Botschaften durch Körpersprache

Wenn Sie in Gesprächen und Diskussionsrunden überzeugen wollen, sollten Sie sich vorher positiv auf die Situation einstimmen. Setzen Sie bei Ihren Redebeiträgen auf eine freundlich-gewinnende Mimik, achten Sie auf eine aufrechte Haltung im Sitzen oder Stehen und unterstreichen Sie Ihre Argumentation mit ruhigen Bewegungen. Bedenken Sie dabei, dass eine »kleine« Gestik eher unsicher und ängstlich wirkt, während eine dosiert eingesetzte raumgreifende Gestik souveräner wirkt. Setzen Sie darauf, Ihre Gestik einfach geschehen zu lassen und zu Ihrem persönlichen Rhythmus zu kommen. Alles andere wirkt gekünstelt. Wenn Sie temperamentvoll sind, setzen Sie mehr Gestik ein; sind Sie ein ruhigerer Typ, bewegen Sie sich langsamer und dosieren Ihre Körpersprache zurückhaltender.

Sie fördern eine selbstsichere Wirkung auf die Adressaten Ihrer Botschaften, wenn Sie die Anspannung im Schulter-Nacken-Bereich loslassen und den Kopf korrespondierend zum Blickkontakt ruhig bewegen. Dies wird als wertschätzend und positiv wahrgenommen. Statushöheren Schlüsselpersonen und Entscheidern sollten Sie vorrangig Blickkontakt anbieten, wenn Sie zum Beispiel den strategischen Nutzen oder bestimmte Alleinstellungsmerkmale Ihres Vorschlags darlegen.

Viele Menschen erleben es als schwierig, den Zuhörern – insbesondere statushöheren und dominanten Personen – beim Sprechen direkt in die Augen zu schauen. In diesem Fall können Sie die Stirn oder die Nasenwurzel des adressierten Gesprächspartners fixieren. Er wird diese kleine Veränderung Ihres Blicks nicht wahrnehmen.

Vermeiden Sie nach Möglichkeit Verlegenheits- und Unsicherheitssignale. Sie treten vor allem dann auf, wenn Ihre innere Haltung von Selbstzweifeln und Unterlegenheitsgefühlen bestimmt ist. Dazu gehören zum Beispiel: ängstliche und angespannte Mimik; Dauerlächeln, um einen Angreifer zu beschwichtigen; ein zurückgenommener, gekrümmter Körper; hochgezogene Schultern, gesenkter Kopf; kleine Gestik, die wenig Raum beansprucht; dauerhaft verschränkte Hände oder Arme; fahrige Bewegungen; unsteter Blick. Ein potenzieller Angreifer könnte diese nämlich als Indiz für Schwäche und Unterlegenheit werten und sich dann regelrecht zu unsachlichen Angriffen, Dominanzritualen und Manipulationen motiviert fühlen.

Verstärken Sie Ihre Botschaften durch Stimme und Sprechverhalten

Wenn Sie sich beim Argumentieren gestresst, nervös oder »getroffen« fühlen, dann zeigt sich das auch in Ihrer Stimme: Die Körperspannung insgesamt nimmt zu und somit auch die Spannung der Stimmbänder. Diese »Überspannung« hat zur Folge, dass Ihre Stimmlage nach oben rutscht, dass Sie schneller, monotoner und undeutlicher sprechen und sich Versprecher, Füllwörter, Verlegenheitslaute (äh) oder Stotterer häufen.

Diese Überanspannung nehmen auch der Angreifer und die beteiligten Zuhörer wahr. Sie spüren, dass Sie sich gestresst und verunsichert fühlen und es offensichtlich gelungen ist, Sie aus dem Gleichgewicht zu bringen. Wer über längere Zeit mit zu hoher Stimme spricht und die erwähnten Unsicherheitssignale beim Sprechen zeigt, dessen Sympathiewert und Überzeugungskraft sinken.

Feedback einholen! Niemand weiß genau, wie er auf andere wirkt, speziell wenn er unter Druck gerät. Bitten Sie daher Menschen Ihres Vertrauens, Ihnen ehrlich und offen Feedback zu geben. Nutzen Sie auch die Möglichkeit eines videogestützten Coachings, um zu einer realistischen Selbsteinschätzung und einer gezielten Verhaltensverbesserung zu kommen.

Übung 6: Die Wirkung Ihrer Stimme

Nehmen Sie Ihre eigene Stimme mit einem Aufnahmegerät auf. Sprechen Sie dazu eine Minute über irgendein Thema, zum Beispiel ein aktuelles Ereignis, Ihren Lieblingssport oder über den Tagesablauf. Danach hören Sie sich die Aufnahme an. Sie werden schnell erkennen, wo Ihre Stärken liegen und wo Sie noch Verbesserungspotenzial haben. Holen Sie sich – ergänzend – ehrliches Feedback von anderen, um Ihre Selbsteinschätzung zu überprüfen.

Die Hirnforschung macht Spiegelneuronen dafür verantwortlich, dass sich der Klang Ihrer Stimme auf den Zuhörer überträgt. Spiegelneuronen sind die Erklärung für unser Einfühlungsvermögen und die Fähigkeit, uns vorzustellen, was der andere macht und wie er es macht. Wenn Ihr Gesprächspartner zum Beispiel mit Freude und Begeisterung spricht, dann werden in Ihrem Gehirn – spiegelbildlich – die neuronalen Schaltkreise für Freude und Begeisterung aktiviert.

Wenn Ihr Gegenüber hingegen verunsichert, nuschelig und in schriller Tonlage spricht, sorgen Ihre Spiegelneuronen dafür, dass Sie sich unwohl fühlen und mit der Zeit genervt oder aggressiv reagieren. Diese Irritationen können unsere Wahrnehmung so stark prägen, dass wir ein gutes Argument ablehnen, weil wir die Stimme der sprechenden Person als unangenehm und schrill empfinden. Eine tiefe Stimme wird eher mit Vertrauen und Wohlbefinden assoziiert, während eine hohe Stimme mit Unsicherheit und Unwohlsein korreliert.

> Ihre Stimme und Stimmführung sollte positive Gefühle beim Zuhörer auslösen: Durch langsames und gut artikuliertes Sprechen, durch Sprechpausen und durch Variation der Lautstärke.

Die folgenden Empfehlungen sind Mindestanforderungen an souveränes, zuhörerorientiertes Sprechen.

1. Sprechen Sie langsam und gut artikuliert. Durch mäßiges Grundtempo und deutliches, engagiertes Sprechen wirken Sie souverän und durchsetzungsstark. Sie sorgen dafür, dass Ihre Zuhörer verstehen, was Sie sagen. Große Redner sprechen vor allem an wichtigen Stellen deutlich langsamer und setzen Pausen bewusst ein, um die Aufmerksamkeit der Zuhörer auf zentrale Anliegen zu lenken und Kernbotschaften beim Publikum zu verankern.

Psychologen gehen davon aus, dass die Sprechgeschwindigkeit zunimmt, wenn der Sprecher mit Nervosität und Anspannung zu kämpfen hat. Das vermittelt den Eindruck, als wolle er die unangenehme Situation schnell hinter sich bringen nach dem Motto: »Je schneller ich spreche, umso eher habe ich es hinter mir.«

Gewohnheitsmäßige Schnellsprecher sollten bedenken: Sie überfordern die Zuhörer, weil sie zu viel Inhalt in kurzer Zeit transportieren wollen. Sie übersehen einen ganz entscheidenden Aspekt: die begrenzte Aufnahmekapazität der Zuhörer. Wer seinem Gesprächspartner durch »Druckbetankung« etwas vermitteln will, darf sich nicht wundern, wenn dieser abschaltet, weil es zu viel wird.

Darüber hinaus leiden Souveränität und Überzeugungskraft: Argumente werden als nicht so bedeutsam wahrgenommen, wenn sie zu schnell und dadurch undeutlich artikuliert vorgetragen werden.

> Bei wichtigen und schwierigen Inhalten gilt: Langsam sprechen und Pausen einsetzen!

Daher ist es ratsam, mit mäßigem Grundtempo zu

45

sprechen und das Tempo nur dann zu erhöhen, wenn dies dramaturgisch geboten ist, etwa beim Erzählen einer spannenden Geschichte.

2. Machen Sie Sprechpausen. Das effektivste Mittel gegen zu schnelles Sprechen besteht darin, Sprechpausen zu machen und am Ende eines Satzes oder eines Sinnabschnitts mit der Stimme nach unten zu gehen. Orientieren Sie sich bei kurzen und längeren Pausen an den Satzzeichen der Schriftsprache. Erfahrene Rhetoriker wie Barack Obama oder Helmut Schmidt nutzen eine weitere Variante der Pausentechnik: Sie setzen vor oder nach zentralen Aussagen kunstvolle Pausen ein, wodurch sich das Gewicht der Ausführungen beträchtlich erhöht.

Das beste Mittel gegen Fülllaute: Haben Sie den Mut zur Pause und trainieren Sie intensiv mit Tonband und Feedback. Einzelne Ähs sind unproblematisch. Kritisch wird es, wenn sie so häufig auftreten, dass die Aufmerksamkeit der Zuhörer darauf gelenkt wird.

Der planvolle Einsatz von Sprechpausen lohnt sich in zweifacher Hinsicht: Die Zuhörer können Ihre Argumentation besser verarbeiten. Ihnen selbst fällt es durch Pausen leichter, Atem zu holen, den nächsten Gedanken zu formulieren und störende Füll- und Verlegenheitslaute wie Ähs zu vermeiden.

3. Variieren Sie die Lautstärke. Die Zuhörer erleben es als ermüdend, wenn ein Sprecher dauerhaft zu leise oder zu laut spricht: Zu leises Sprechen erschwert die Informationsaufnahme und wird mit Unsicherheit und mangelndem Selbstbewusstsein in Verbindung gebracht. Dauerhaft lautes Sprechen wird gerne als dominant, unsympathisch und wenig sensibel wahrgenommen.

Variieren Sie daher die Lautstärke, um wichtige Inhalte und Schlüsselwörter hervorzuheben und die Aufmerksamkeit der Zuhörer gezielt zu stimulieren. Besonders wirkungsvoll ist der Einsatz rhetorischer Verstärker.

Zur Veranschaulichung einige Formulierungsbeispiele (kursiv steht für besondere Betonung): »Das *entscheidende* Argument für diesen Change-Prozess liegt darin, dass …«, »*Besonders* interessant ist das Ergebnis einer Studie, die …«, »Im *Zentrum* unserer Strategie steht …«, »Das Ergebnis der Analyse wird Sie *sehr erstaunen* …« (dann kleine Pause und lauter oder leiser fortfahren) …«

Weiterführende Anregungen finden Sie zum Beispiel im Trainingsbuch *Stimme: Das Geheimnis von Charisma* von Katja Dyckhoff und Thomas Westerhausen, in *Der kleine Hey. Die Kunst des Sprechens* von Fritz Reusch sowie in *Sprechertraining* von Michael Rossie (siehe Literaturhinweise im Anhang).

46

Rhetorische Tipps auf einen Blick

- Stimmklang und Stimmführung sollten beim Zuhörer positive Gefühle wecken.
- Eine tiefe Stimme fördert Vertrauen und Kompetenz, zu hohe Stimmlagen hingegen werden als unsicher, anstrengend und gekünstelt wahrgenommen.
- Durch Freude am Auftritt und Entspannungsübungen fördern Sie Resonanz und Kraft Ihrer Stimme.
- Sprechen Sie wichtige und schwierige Inhalte langsam und gut artikuliert.
- Machen Sie Sprechpausen und senken Sie am Ende eines Satzes die Stimme.
- Beginnen Sie laut und variieren Sie dann je nach Situation die Lautstärke.
- Nutzen Sie rhetorische Verstärker, um wichtige Inhalte hervorzuheben.
- Vermeiden Sie Füllwörter und Verlegenheitslaute.
- Sprechen Sie sich vor Ihren Auftritten warm.
- Machen Sie regelmäßig Stimmübungen (Vorschläge siehe Teil 3, »Materialien zum Selbstlernen«) in Eigenregie oder unter Anleitung eines Sprecherziehers.

Die Empfehlungen zu Körpersprache und Stimme verfolgen das Ziel, dem Zuhörer die Aufnahme und Verarbeitung der Informationen zu erleichtern. Infolgedessen wird er Ihre Ausführungen mit positiven Gefühlen und Wohlbefinden begleiten.

Den Sympathiewert fördern

Welche Menschen erlebe ich als sympathisch? Wenn Sie sich diese Frage stellen, werden Sie Antworten finden wie: offene, lächelnde, humorvolle, zuverlässige und empathische Menschen sowie solche, die mich respektieren, die mir ähnlich sind und die durchgängig wertschätzend mit mir umgehen.

Was liegt da näher, als diese Kriterien heranzuziehen, um den eigenen Sympathiewert zu fördern, insbesondere im Rahmen der beruflichen Überzeugungsarbeit. Von entscheidender Bedeutung sind dabei die Faktoren Ähnlichkeit, Interesse am Gegenüber und Einfühlungsvermögen.

Suchen Sie nach Gemeinsamkeiten mit Ihren Gesprächspartnern. Das können übereinstimmende berufliche Interessen oder Übereinstimmungen im zwischenmenschlichen und privaten Bereich sein. Je mehr Gemeinsamkeiten es zwischen Ihnen beiden gibt, umso besser ist Ihre Ausgangssituation für das Gespräch und für Ihre Überzeugungsarbeit.

Im Allgemeinen finden wir Menschen sympathisch, wenn sie so oder so ähnlich sind wie wir. Von ihnen lassen wir uns eher beeinflussen. Die Ähnlichkeit kann sich zum Beispiel auf gemeinsame Werte und Einstellungen beziehen. Beide sind Apple-Fans oder -Gegner; beide haben ähnliche Studienschwerpunkte oder Auslandserfahrungen; beide sind begeisterte Fußballanhänger, beide haben ähnliche politische Orientierungen. Auch im nonverbalen Bereich und in der Sprache kann der Faktor Ähnlichkeit eine Rolle spielen, um guten Kontakt (Rapport) herzustellen. Eine vorsichtige Angleichung der Körpersprache kann hilfreich sein – weil sie Ähnlichkeit herstellt. Diese Mittel sollte man allerdings sehr dosiert einsetzen, weil es zulasten der eigenen Authentizität gehen kann. Wenn der Kontakt gut ist, entsteht Rapport in der Regel von ganz allein.

Signalisieren Sie Ihrem Zuhörer durch Ihre Gesprächsführung, dass Sie offen sind für seine Sicht der Dinge, für seine Probleme, seine Werte, seine Einwände und Kritik. Glaubhaftes Interesse am Gegenüber fördert Vertrauen. Wenn Sie eine dominante Seite haben, ist es eine besondere Herausforderung, sich bewusst zurückzunehmen und den symmetrischen Dialog zu betonen. Ein gutes Gespräch ist eben ein Geben und Nehmen. Die Basis sind offene Fragen (W-Fragen), aufmerksames Zuhören und eine Haltung, die die Ausführungen des Gegenübers wertschätzend und mit einem Lächeln begleitet. Das leitende Motto: Ich gehe mit dem anderen so um, wie ich möchte, dass er mit mir umgeht.

Ihre Überzeugungsfähigkeit ist besonders gefordert bei schwierigen Gesprächen etwa in Change-Prozessen. Hier ist es unverzichtbar, die Betroffenen früh zu beteiligen. So haben Sie die Chance, ihre Meinungen, fachliche Einschätzung, ihre Beurteilungskriterien und auch mögliche Bedenken und Widerstände kennen zu lernen und sich damit auseinanderzusetzen.

Gerade wenn gegensätzliche Auffassungen aufeinanderprallen, sind Sie gut beraten, weich und wirksam mit Kritik umzugehen: Lassen Sie den anderen ausreden. Sprechen Sie in Ihrer Replik zunächst das Gemeinsame an und daran anknüpfend erst das Trennende. Vermeiden Sie jede Demonstration von Überlegenheit und Dominanz, weil dies Abwehr erzeugt und die Akzeptanzbereitschaft beim Gegenüber mindert. Verbinden Sie auch hier eine wertschätzende Grundhaltung mit Konsequenz in der Sache. Vermeiden Sie Redewendungen wie »Nein, das sehen Sie falsch …«, »Nein, da sind Sie falsch informiert …« oder »Ich sage es gern noch einmal

Man vergisst schnell, worum es in einem Gespräch ging, aber man vergisst nicht, wie man behandelt wurde.

für Sie …«, weil dies häufig zu einer emotionalen Einengung des Gesprächspartners führt. Emotionale Einengung zerstört einen fruchtbaren Dialog und mindert Ihre Glaubwürdigkeit und Ihre Chancen zu überzeugen.

So können Sie Ihren Sympathiewert fördern:

- Wählen Sie Ihre Kleidung so, dass Sie viele Gemeinsamkeiten mit dem Dresscode Ihres Gegenübers haben. In jedem Falle sollten Sie sich seriös, dezent, gepflegt und der Situation angemessen kleiden.
- Sprechen Sie echte Anerkennung und Lob aus, zum Beispiel so: »Mit dem interkulturellen Training haben Sie mein Team optimal auf Shanghai vorbereitet. Vielen Dank dafür.«
- Beachten Sie auch die ungeschriebenen Regeln des Takts und der Höflichkeit.
- Respektieren Sie das Territorium des Gesprächspartners.
- Durch regelmäßige Kontakte und kleine Gespräche können Sie die Beziehung pflegen und weiterentwickeln. Zeigen Sie Ihrem Gegenüber dabei, dass er Ihnen wichtig ist und es Ihnen Freude bereitet, mit ihm über berufliche wie außerberufliche Themen zu sprechen.

Fachliche Autorität zeigen

Sie haben von vornherein mehr Überzeugungskraft und erreichen Ihre Ziele mit weniger Argumentationsaufwand, wenn Ihnen die Zuhörer in dem diskutierten Themenfeld Expertenstatus zuschreiben. Erklären lässt sich dies mit einem wichtigen psychologischen Prinzip:

Nutzen Sie daher die Möglichkeit, Ihre Glaubwürdigkeit und die Akzeptanz Ihrer Argumente zu erhöhen, indem Sie selbstbewusst, aber ohne Übertreibung auf Ihre Erfahrungen und Ihr Fachwissen hinweisen. Ein

Wir orientieren uns in unserer Meinungsbildung häufig am Urteil von Autoritäten und Fachleuten, die unser Vertrauen genießen.

eleganter Weg besteht zudem darin, auf Referenzprojekte, Studienaufenthalte oder Mitwirkung an Entwicklungs- oder Forschungsprojekten zu verweisen und durch Zitieren anerkannter fachlicher Autoritäten die eigene Kompetenz unterschwellig zu verstärken.

Der Einsatz dieses Prinzips der Einflussnahme ist so lange legitim, wie ihre Beweismittel mit den Fakten in Einklang stehen und einer Überprüfung standhalten.

Manipulatoren nutzen dieses psychologische Prinzip, um durch Täuschungsmanöver und fingierte Beweismittel die eigene Autorität größer erscheinen zu lassen. Wie Sie sich gegen diese unredlichen Taktiken schützen, erfahren Sie im Abschnitt über Blender in Teil 2.

Das Wichtigste: Überzeugende Botschaften

Selbstvertrauen heißt auch, Vertrauen in die eigene Fachkompetenz zu haben. Es fällt leichter, souverän zu agieren, wenn Sie sich einer tragfähigen inhaltlichen Plattform gewiss sein können. Vorbereitete klare Formulierungen haben einen doppelten Nutzen: Sie fühlen sich sicher und Sie wissen, auf welche inhaltlichen Positionen Sie die Diskussion lenken können.

Zu den unverzichtbaren Soft Skills, die Sie in der internen und externen Kommunikation benötigen, gehört die Fähigkeit, ein komplexes Thema auf zentrale Aussagen zu reduzieren. Bei der Erarbeitung einer solchen Kernbotschaft hilft Ihnen diese Überlegung: Wenn ich nur 30 Sekunden (oder noch weniger) zur Verfügung hätte, wie würde ich dann meine zentrale Aussage und

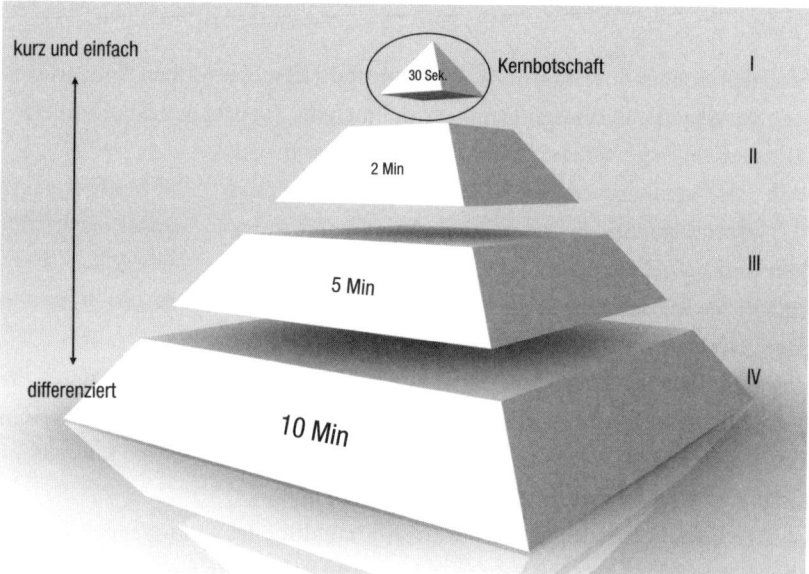

Abb. 3: Kernbotschaften bringen es auf den Punkt

die unterstützenden Informationen formulieren? An welche Formulierungen sollten sich meine Zuhörer erinnern, wenn sie in einer Woche an meinen Redebeitrag zurückdenken?

Die Abbildung 3 verdeutlicht den Prozess, wie Sie ein Thema auf den Punkt bringen, indem Sie die Komplexität auf die Kernbotschaft reduzieren.

Die Pyramide symbolisiert das Sachthema, zu dem Sie argumentieren. Die Basis der Pyramide steht für eine differenzierte, ins Detail gehende Argumentation. Je mehr Sie sich in Richtung Spitze bewegen, umso weniger Zeit haben Sie zur Verfügung. Infolgedessen müssen Sie Ihre Aussagen reduzieren, kürzer und einfacher formulieren. Die Segmente der Pyramide zeigen dies exemplarisch. Die Stufen IV bis I symbolisieren Szenarien, bei denen Sie 10, 5 und 2 Minuten sowie schließlich nur 30 Sekunden Zeit zur Verfügung haben. Die Stufe der größten Reduktion ist der Elevator-Pitch: Hierbei erläutern Sie Ihre zentrale Aussage in einem Statement von 30 Sekunden Dauer. Dazu müssen Sie Ihre Kernbotschaft in ein oder zwei Sätzen zusammenfassen.

Sie können mit einer Faustregel leicht feststellen, wie viel Sie in einer halben Minute kommunizieren können: Bei normalem Sprechtempo sind es nicht mehr als sieben bis acht Zeilen auf einer DIN-A4-Seite.

Wie schwierig es ist, kurze Statements zu formulieren, können Sie in einem Selbsttest leicht herausfinden.

Übung 7: Elevator-Pitch

Versuchen Sie, in einem Selbsttest mit Aufnahmegerät (Handy oder Smartphone) und Stoppuhr, Ihren Standpunkt in 30 Sekunden auf den Punkt zu bringen. Themenvorschläge:

a) Was kann mein Unternehmen besser als der Wettbewerb?
b) Was bedeutet erfolgreiche Führung?

Sie erleben in diesem Selbsttest, wie schwierig es ist, in wenigen zugespitzten Sätzen Ihre Botschaft auf den Punkt zu bringen. Ohne regelmäßiges Üben ist diese Komplexitätsreduktion kaum möglich.

Botschaften im Fünfsatz auf den Punkt bringen

Ein bewährtes Werkzeug, um Ihren Standpunkt kurz, gegliedert und einprägsam zu formulieren, bietet die Fünfsatztechnik. Ein Fünfsatz ist ein

Strukturplan für zielgerichtetes Argumentieren in fünf Schritten. Je nach Anlass und Situation stehen verschiedene Fünfsatzstrukturen zur Verfügung. Die wichtigsten Muster sowie entsprechende Übungsangebote finden Sie im Teil 3 des Buches.

So funktioniert das Grundschema der Fünfsatztechnik:

Schritt 1: Der situative Einstieg. Je nach Situation, Kontext und Ihrer persönlichen Zielsetzung gibt es Varianten für den Einstieg. Sie können zum Beispiel in einer Diskussion das Wort ergreifen und Ihre Position klarmachen (»Eine Neustrukturierung im Vertrieb ist meiner Meinung nach längst überfällig«, »Ich bin für Tempolimit auf deutschen Autobahnen«) oder auf ein neues Argument/einen Einwand zu sprechen kommen (»Ich möchte einen Punkt ansprechen, der noch gar nicht thematisiert wurde, nämlich die Akzeptanz beim Kunden ...«, »Herr S., erlauben Sie mir drei kritische Bemerkungen zu Ihrem Lösungsvorschlag ...«).

Ein anderer reagierender Einstieg besteht darin, auf Interventionen eines Gesprächspartners zu antworten. Dieser stellt Ihnen – häufig überraschend – eine Frage, bringt Einwände oder startet einen Angriff. Der situative Einstieg hat die Funktion, die Intervention aufzunehmen und auf einen Punkt zu lenken, der Ihnen wichtig ist. Hierbei können Sie Brückensätze nutzen (siehe Teil 3, »Materialien zum Selbstlernen«).

Schritte 2 bis 4: Die Argumentation. Der dreifach gegliederte Hauptteil leistet die eigentliche Beweisführung. Hier ist zu überlegen, welche Argumente als Beweismittel in welcher Abfolge aus Sicht des Gesprächspartners die größte Überzeugungswirkung haben.

Schritt 5: Zwecksatz/Fazit. Der Schluss enthält die wichtigste Aussage und wird daher als Zwecksatz, Fazit oder Konklusion bezeichnet. Mit ihm wird die Kernbotschaft zugespitzt, einprägsam zusammengefasst und verstärkt. Der letzte Satz kann auch als Appell formuliert sein. Er ist mit einer Kirche am Horizont vergleichbar, die Sie mithilfe der vorgeschalteten Argumentationsschritte erreichen wollen. Beispiele: »Daher sollten wir den Change-Prozess im Vertrieb möglichst bald in Angriff nehmen.«, »... und deshalb lautet mein Fazit: Ein Tempolimit auf deutschen Autobahnen ist überflüssig. Auf mehr als 50 Prozent der Autobahnen haben wir de facto bereits eine Tempobegrenzung. Der Gesetzgeber sollte sich stattdessen für bessere Verkehrsleitsysteme starkmachen.«

Was die meisten Zuhörer überzeugt

Die folgenden Beweismittel bieten – zuhörerorientiert und kombiniert eingesetzt – die besten Chancen, um zu überzeugen. An erster Stelle steht dabei der
Mehrwert oder der Nutzen, den Ihre Argumentation dem Zuhörer verspricht.

Nutzenargumente: Ihre Zuhörer stellen sich während Ihrer Ausführungen
ständig die WHID-Frage, also: Was Habe Ich Davon? Welche Vorteile bringt
Ihr Vorschlag für mich persönlich, für meinen Bereich und für die Strategie
meines Unternehmens?
   Stellen Sie daher den Nutzen Ihres Vorschlags in den Mittelpunkt Ihrer
Überzeugungsarbeit. Weisen Sie auf Alleinstellungsmerkmale (Unique Selling
Proposition) hin, durch die sich Ihr Angebot von konkurrierenden Alternativen
positiv abhebt, und verdeutlichen Sie die daraus resultierenden besonderen
Vorzüge – in wirtschaftlicher, technologischer, menschlicher, organisatorischer
oder auch in ökologischer und gesellschaftlicher Hinsicht.

Zahlen, Daten, Fakten/Forschungsergebnisse: Rationale Beweismittel sind verallgemeinerungsfähig und daher geeignet, den Eindruck von Objektivität und
Exaktheit zu erwecken. Sie fördern die Akzeptanz vor allem bei analytisch
orientierten Zuhörern.

Anschauliche Beispiele, Storys und Analogien: Diese Beweismittel sind zwar nicht
verallgemeinerungsfähig, haben aber einen entscheidenden Vorteil – sie sprechen die Gefühle Ihrer Zuhörer unmittelbar an. Achten Sie darauf, dass Ihre
Beispiele möglichst an das Vorwissen und die Lebenserfahrung des Publikums
anknüpfen: Beispiele, Geschichten und Analogien werden auch von Nichtfach-
leuten sofort verstanden und zudem besser behalten. Die Hirnforschung liefert
gute Argumente für die nachhaltige Wirkung einer bildorientierten Sprache.

Zitate von Experten und Meinungsbildnern: Diese Beweismittel verstärken das Gewicht Ihrer Argumentation und stützen Ihre wahrgenommene Kompetenz.
Bei den zitierten Autoritäten sollte es sich um anerkannte und möglichst
interessenunabhängige Fachleute oder Institutionen handeln.

Normen und Werte: Argumente dieser Kategorie richten sich vorrangig an die
Haltungen, Einstellungen und Gefühle der Zuhörer. Dazu gehören ethische

Standards wie Umwelterhalt, Gerechtigkeit, Fairness und moralische Verpflichtungen genauso wie der Hinweis auf die Wertvorstellungen des Unternehmens.

Ihre Argumentation ist besonders wirkungsvoll, wenn Sie rationale Beweismittel (Zahlen, Daten, Untersuchungen) mit emotionalen Beweismitteln (anschauliche Beispiele, persönliche Erfahrungen, Referenzen, Fachexperten) verknüpfen. Achten Sie zudem darauf, dass Ihre Argumentation in Einklang steht mit den übergreifenden Werten und Normen, die für den Zuhörer maßgebend sind.

Da die Aufnahmefähigkeit Ihrer Zuhörer begrenzt ist, sollten Sie sich bei einem Wortbeitrag auf maximal drei Punkte beschränken. Bleiben Sie hierbei im Interesse des Erfolgs flexibel: Sie können drei Argumente ansprechen, Sie können aber auch zwei Argumente bringen und eine kurze ergänzende Story. Die Forderung nach maximal drei Punkten soll sicherstellen, dass Sie ein einzelnes Statement nicht überfrachten. Besser ist es, die eigenen Argumente von vornherein auf mehrere Wortbeiträge zu verteilen, die dann jeweils als Fünfsatz vorbereitet werden.

Lassen Sie alle Argumente weg, auf die Ihr Kunde antworten könnte: Na und, was habe ich davon?

Neben dem erwähnten Standardaufbau gibt es eine Reihe weiterer Fünfsatzstrukturen. Besonders bewährt haben sich vier weitere, leicht anwendbare Strukturpläne (siehe Teil 3, »Materialien zum Selbstlernen«):

- **Standpunktformel:** Sie sagen Ihrem Zuhörer, warum Sie für oder gegen etwas sind.
- **Dialektischer Fünfsatz/Pro-und-Kontra-Formel:** Sie entwickeln Ihren Standpunkt schrittweise durch Abwägung von Für und Wider.
- **Drei-Punkte-Formel:** Sie bringen drei Aspekte in die Diskussion ein. Je nach Situation können dies zum Beispiel drei Argumente oder drei kritische Punkte sein. Sie nummerieren die Punkte für die Zuhörer mit »erstens«, »zweitens«, »drittens«.
- **Problemlösungsformel:** Diese basiert auf den Begriffen Diagnose und Therapie. Die Schrittfolge: 1. Warum rede ich? 2. Wie ist die Situation? Wo liegt das Problem? 3. Was soll erreicht werden? 4. Wie kann das erreicht werden? 5. Was soll geschehen?

Die Fünfsatztechnik hält Sie zu kurzen Beiträgen an. Der zusätzliche Nutzen wird nämlich immer kleiner, je länger Sie sprechen. Lange Beiträge mindern Ihren Sympathiewert, vergrößern die Angriffsflächen und überfordern die

Aufnahmefähigkeit des Gesprächspartners. Dieser hat eben kein eingebautes Tonband, mit dem er Ihre lange Argumentation aufzeichnen könnte. Trainieren Sie also, Kernbotschaften kurz und prägnant zu formulieren. Sie können dann immer noch, wenn Ihr Gegenüber dies wünscht, ergänzende Informationen geben.

Trainieren Sie möglichst oft, Statements mithilfe der Fünfsatztechnik zu formulieren. Nutzen Sie dabei das Übungsangebot in Teil 3.

Bedenken Sie auch: Je höher die Managementebene, mit der Sie argumentieren, desto kürzer sollten Ihre Beiträge sein. Konzentrieren Sie sich auf den strategischen Nutzen Ihres Vorschlags und lassen Sie ergänzende Details weg. Für Detailfragen ist das Topmanagement nicht zuständig, damit befassen sich nachgeordnete Ebenen in der Hierarchie.

Was heißt »gehirngerecht« argumentieren?

Die folgenden Kriterien dienen der Feinjustierung Ihrer Argumentation und stehen in Einklang mit jüngsten Erkenntnissen der Hirnforschung. Entscheidend ist dabei der Hinweis, dass im Gehirn der Zuhörer nicht nur die rationalen Argumente, sondern damit gekoppelt auch die begleitenden Emotionen abgespeichert werden. Achten Sie also im Rahmen Ihrer Überzeugungsarbeit darauf, dass Ihre Argumente beim Adressaten mit positiven Gefühlen verbunden werden.

- Formulieren Sie zuhörerorientiert. Knüpfen Sie durchgängig an das Vorwissen und die Vorerfahrungen der Zuhörer an. Streichen Sie alles, was zu Verständnisschwierigkeiten führen kann: Beschränken Sie Fachbegriffe, Fremdwörter und Abkürzungen auf das Notwendigste und erklären Sie diese gegebenenfalls. Wählen Sie eine zuhörergerechte Sprachebene, bilden Sie kurze Sätze. Formulieren Sie knapp und klar.
- Wählen Sie Beweismitteln und Wörter, die emotional positiv besetzt sind. Hierzu gehören beispielsweise die erwähnte Nutzenargumentation und eine bildorientierte, verständliche sprachliche Form. In ähnlicher Weise wird Ihr Zuhörer mit positiven Gefühlen reagieren, wenn Sie Bezug nehmen auf Schlüsselwerte und strategische Ziele, denen er sich verpflichtet fühlt.
- Abstrakte Wörter wie Systemanbieter, Strukturierungsprozess, Globalisierung oder Innovation sind für sich genommen »blass«. Wie sich im Hirnscan nachweisen lässt, erzeugen diese Begriffe im Kopf der Zuhörer wenig

neuronale Aktivität. Das ist ein Anzeichen dafür, dass sich Ihr Publikum langweilt und mit »Abbruchgedanken« reagiert.

- Erst eine bildorientierte und damit hirnfreundliche Sprache erzeugt Neuronenfeuer im Kopf der Adressaten. Schildern Sie dazu konkret, worum es geht, und bringen Sie anschauliche Beispiele, emotionale Geschichten oder Metaphern.

- Ersetzen Sie – wo immer möglich – allgemeine durch konkrete Wörter, die der Sinneswahrnehmung zugänglich sind. Sprechen Sie nicht von »Blumen«, sondern von Orchideen, Seerosen, Kirschblüten und Krokussen. Bei der Verarbeitung konkreter Begriffe interagiert eine Vielzahl von Hirnregionen miteinander. Dazu gehören neben den sprachlichen Arealen die visuellen und motorischen Regionen. An der Verarbeitung abstrakter Begriffe sind dagegen nur wenige sprachspezifische Hirnregionen beteiligt.

- Wenn Sie erreichen wollen, dass Ihre Zuhörer rational entscheiden, müssen Sie die Zahl Ihrer Informationen reduzieren! Gerade wenn Ihr Produkt besser ist, sollten Sie wenige Informationen präsentieren, diese jedoch besonders eindringlich darstellen.

- Gehirngerecht argumentieren bedeutet auch, darauf zu achten, ob die Inhalte beim Gegenüber angekommen sind. Wenn Ihr Partner durch Körpersprache wie fragende Mimik, Handzeichen oder Unruhe zeigt, dass er Verständnisschwierigkeiten hat, können Sie bewusst Pausen machen und Fragen stellen wie: »Ist der Grundgedanke verständlich geworden, Herr M.?«, »Ist die Konzeption nachzuvollziehen – haben Sie Fragen?«, »Welche Fragen sind entstanden?«

Argumentationsmodule geben Sicherheit

Ihrer Souveränität und Gelassenheit kommt es zugute, wenn Sie zu den Themen, die zur Sprache kommen, kurze Argumentationen (Kernbotschaften) vorbereiten. Stellen Sie sich das Portfolio Ihrer Themen schachbrettartig vor, wobei jedes Feld ein Thema symbolisiert.

Das Vorgehen ist recht einfach: Sammeln Sie zunächst die Themen, die beim anstehenden Gesprächs- oder Diskussionstermin auf der Agenda stehen. Überlegen Sie, welche Sachverhalte Sie selbst ansprechen wollen und zu welchen Belangen Ihres Ressorts Sie wahrscheinlich gefragt werden und Auskunft geben müssen. Um auch bei übergreifenden Themen mitreden zu

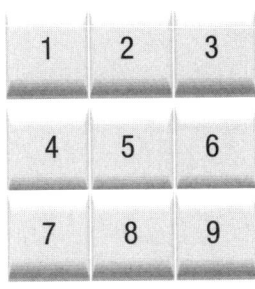

Beispiel: Akquisitionsgespräch
1 Historie der Firma
2 Strategie und Werte
3 Produkte und Kernkompetenzen
4 Alleinstellungsmerkmale
5 Standorte
6 Kundenutzen
7 Stand der Technik
8 Preispolitik
9 Markt und Wettbewerb usw.

Abb. 4: Vorbereitete Argumentationsmodule

können, ist es ratsam, zusätzlich Schlüsselthemen vorzubereiten, die gerade in anderen Unternehmensbereichen und unternehmensweit diskutiert werden. Zu jedem dieser Themen erarbeiten Sie mithilfe der Fünfsatztechnik ein Argumentationsmodul. Es kann mal kürzer, mal länger ausfallen, sollte aber eine Minute nur in Ausnahmefällen überschreiten.

Beispiel Akquisitionsgespräch: Hier sollten Sie beispielsweise in der Lage sein, kurze zusammenhängende Statements zu folgenden Themen abzurufen: Historie der Firma, Strategie und Wertvorstellungen des Unternehmens, Kernkompetenzen, Alleinstellungsmerkmale, Produkte, Standorte, Kundennutzen, Stand der Technik, Service-Strategie, Preise, Markt und Wettbewerb, Personal bis hin zu Zukunftsentwicklungen.

Wenn Sie eine kluge Auswahl von Argumentationsmodulen vorbereiten, sind Sie gut gewappnet. Sie haben eine tragfähige und differenzierte Wissensplattform, die es Ihnen erleichtert, Fragen und Einwände souverän zu beantworten und in Eigeninitiative Positionen zu begründen, die Ihnen am Herzen liegen. Je nach Situation können Sie Ihre Argumentationsmodule variabel einsetzen, ohne ins Schwimmen zu geraten.

Ich rate Ihnen darüber hinaus, wirkungsvolle Reaktionen auf sachliche Einwände und unfaire Angriffe zu erarbeiten. Eine einfache Zwei-Felder-Tafel (siehe Abbildung 5) erleichtert Ihnen die Vorbereitung.

Wenn Sie Informationen über den Argumentationsstil des Gesprächspartners und dessen Repertoire an Machtspielen verfügbar haben, können Sie in der Vorbereitung noch weiter gehen und sich bestimmte Brückensätze oder schlagfertige Formulierungen vorher zurechtlegen.

Aktualisieren Sie Ihre Argumentationsmodule regelmäßig, am besten auf einem mobilen Endgerät. So sind sie stets verfügbar und bei Bedarf auf Knopfdruck abrufbar.

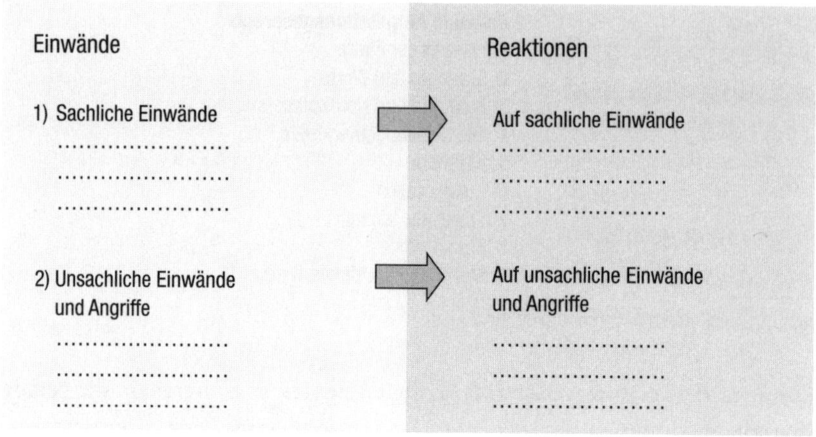

Einwände		Reaktionen
1) Sachliche Einwände	⇨	Auf sachliche Einwände ....
2) Unsachliche Einwände und Angriffe	⇨	Auf unsachliche Einwände und Angriffe ....

Abb. 5: Zwei-Felder-Tafel zur Vorbereitung

Soziogramm: Verbündete und Gegner kennen

Wenn Sie an Besprechungen oder Meetings teilnehmen, sollten Sie wissen, wie das informelle Beziehungsgefüge im Team aussieht. Dieses Geflecht an emotionalen Beziehungen und Rollenverteilungen unter den Mitgliedern ist in jeder Teambesprechung präsent und beeinflusst den Verlauf einer Diskussion entscheidend. Den Erfolg Ihrer Überzeugungsarbeit prägt beispielsweise die Frage, wer zu Ihren Verbündeten gehört und wer zu Ihren Kritikern oder Gegnern.

Die folgenden Praxistipps helfen, Ihren Status, Ihre emotionale Beziehung zur Gruppe und die Beziehungen der Teammitglieder untereinander besser zu verstehen. Darüber hinaus liefern die Informationen zum emotionalen Netzwerk wichtige Hinweise, um Ihre Argumentation adressatengerecht zu formulieren, den richtigen Ton bei Angriff und Verteidigung zu finden und waghalsige Manöver zu vermeiden.

Analyse des eigenen Status

Die Beantwortung der folgenden Fragen erleichtert es, Informationen über die emotionale Beziehung zu Ihrem Vorgesetzten, Ihren Kollegen und Mitarbeitern zu erhalten.

- Wie ist meine emotionale Beziehung zum Chef und zu anderen ranghöheren Führungskräften?
- Wie ist meine emotionale Beziehung zu den statusgleichen und statusniedrigeren Kollegen und Mitarbeitern?
- Wer gehört zu meinen Förderern und Verbündeten?
- Wer sind meine Rivalen und Kritiker?
- Bei wem muss ich mit manipulativen und kampfdialektischen Taktiken rechnen?
- Wie wirken mein Auftreten und meine Argumentation auf andere?

Um diese Fragen realistisch zu beantworten, reicht bloßes Nachdenken nicht aus. Vielmehr ist es notwendig, die Selbsteinschätzung (Wie nehme ich meinen Status wahr? Wo sehe ich meine Stärken und Schwächen?) mit dem Fremdbild (Wie nehmen mich die anderen wahr? Wo sehen andere meine Stärken und Schwächen?) zu vergleichen. Bitten Sie Menschen Ihres Vertrauens um offene und ehrliche Rückmeldung, wie sie Ihr argumentatives Verhalten in Teambesprechungen und anderen Kommunikationssituationen erleben. Auch die Arbeit mit einem Coach hilft, durch Feedback den eigenen blinden Fleck zu verkleinern.

Eine weitere Möglichkeit, den eigenen Status besser einzuschätzen, bietet indirektes Feedback. Dieses erhalten Sie in jeder Kommunikationssituation. Ihre Gesprächspartner reagieren stets darauf, was Sie sagen und wie Sie sich im verbalen Schlagabtausch behaupten. Die verbalen und nonverbalen Reaktionen zeigen Ihnen, was Ihnen gut gelungen ist und was Sie beim nächsten Mal besser machen können. Wenn Sie in Ihrer Argumentations- und Konterstrategie richtigliegen, werden Ihnen die Zuhörer durch Blickkontakt, Kopfnicken, Lächeln und konzentriertes Zuhören ihre Akzeptanz und Zustimmung signalisieren. Ablehnung und Desinteresse erkennen Sie etwa an angedeutetem Kopfschütteln, ausdruckslosen Mienen und Vermeidung des Blickkontakts. Achten Sie bei Ihren Wortbeiträgen auf solche indirekten Rückmeldungen Ihrer Zuhörer.

Tipps zur Analyse des emotionalen Netzwerks

Als langjähriges Teammitglied kennen Sie Ihren Status in der Gruppe. Sie wissen, wer Ihr Vertrauen verdient und auf wen Sie im Zweifel rechnen können.

Sie kennen Ihre Konkurrenten, die alles daransetzen, Sie schlecht aussehen zu lassen. Sie wissen auch, wer zu den informellen Führern und Sympathieträgern gehört, die trotz ihres formal niedrigen Ranges eine zentrale Rolle spielen. Schließlich haben Sie im Laufe der Zeit durch gemeinsame Projekte, informelle Kontakte, Teilnahme an Besprechungen und Ähnliches ein Gefühl dafür entwickelt, wie der Vorgesetzte und andere hochrangige Führungskräfte über Sie denken.

Neu- und Quereinsteiger müssen die Struktur des emotionalen Netzwerks erst einmal durchschauen. Ihnen bleiben nur zwei Erkenntnisquellen: Sie können Fragen stellen und Ihr neues Umfeld beobachten.

Fragen stellen

Um tragfähige Informationen zu erhalten, brauchen Sie dringend vertrauensvolle Kontakte zu erfahrenen Managern und Experten, die Unternehmen und Führungsmannschaft seit Jahren kennen. Sie können Ihnen aus erster Hand sagen, wer zu welchem »Bündnis« gehört, welche charakterlichen Besonderheiten die Akteure mitbringen und wer in verbalen Auseinandersetzungen als besonders anstrengend, nervig oder unberechenbar gilt. Solange Sie (noch) nicht über diese Kontakte verfügen, bleibt Ihnen nur der Weg, diese Fragen mit ausgewählten Arbeitskollegen zu erörtern und durch eigene Erfahrungen und Analyse Informationen zu gewinnen.

Fragen zur Analyse des informellen Netzwerks
- Für welche Führungsphilosophie steht der Chef?
- Wie erleben andere die Gesprächskultur im Team?
- Wer sympathisiert, wer konkurriert mit wem?
- Welche Bündnisse und Fraktionen gibt es?
- Wer gilt als Fachexperte, wer als informeller Führer?
- Wer hat den besten Draht zum Chef und zu anderen Schlüsselpersonen?
- Wie ticken die wichtigsten Führungskräfte hinsichtlich Persönlichkeit, Führungsstil und Kommunikationsverhalten?
- Wer gilt als besonders schwierig und warum?

Lehrreich für die Analyse des emotionalen Beziehungsgefüges sind die Interaktionen vor, während und nach einer Besprechung. Achten Sie vor Beginn eines Meetings darauf, wen der eintretende Chef und die übrigen Führungskräfte zuerst begrüßen und wie viel Zeit sie sich dafür nehmen. Bei wem geht es formell-sachlich und bei wem persönlich-herzlich zu? Wer lächelt wem zu, wo sind Anzeichen einer Koalition zu erkennen? Wer geht wem aus dem Weg?

Gradmesser für Sympathie und Antipathie ist die räumliche Distanz zwischen den Akteuren: Je sympathischer ein Mensch, desto eher sucht man seine Nähe; bei Antipathie wird alles unternommen, um Distanz zu halten. Dies erklärt in den meisten Fällen auch die Sitzordnung am Konferenztisch. Im Teil 2 des Buches gehen wir auf die körpersprachlichen Aspekte im Detail ein.

Die Teambesprechung ist die zweite Quelle, um Anhaltspunkte für die Struktur des informellen Netzwerks zu erhalten. Erkenntnisse der Sozialpsychologie (siehe etwa Wolfgang Rechtien, *Angewandte Gruppendynamik*, 2007) und Kinesik (siehe etwa Stefan Spies, *Der Gedanke lenkt den Körper*, 2010) erleichtern die Interpretation des Sozialverhaltens einzelner Teilnehmer wie auch der Beziehungen zwischen den Mitgliedern einer Gruppe.

Auf diese Details können Sie zum Beispiel achten:

- Teilnehmer wählen in einem Meeting in der Regel eine Sitzordnung, die ihre emotionalen Bindungen (»Bündnisse«) widerspiegelt. Dies kann, muss aber nicht mit der offiziellen Hierarchie übereinstimmen.
- Gegenseitige Sympathie äußert sich häufig in lebhaften Gesprächen, körperlicher Nähe und positiv-freundlicher Mimik.
- Konkurrierende Personen und Gruppen, die sich nicht mögen, gehen räumlich auf Distanz. Sie gehen förmlich miteinander um und senden negative Beziehungsbotschaften.
- Je größer die Gegnerschaft, umso aggressiver ist das Auftreten in Rede und Gegenrede, insbesondere bei brisanten und emotional aufgeladenen Themen.
- Die Rangniedrigeren buhlen in der Regel um die Aufmerksamkeit und Gunst der Ranghöheren. Ein informeller Führer, Netzwerker oder Stimmungsmacher spielt häufig – trotz seines niedrigen Ranges in der offiziellen Hierarchie – eine zentrale Rolle.

- Bei allein sitzenden Personen kann es sich um statusniedrige Teilnehmer wie Einsteiger, isolierte Teilnehmer oder teamunfähige Querulanten handeln oder um fachliche Spezialisten.

Es gibt ein weitere Möglichkeit, Hinweise auf die Qualität der emotionalen Beziehungen zu erhalten. Achten Sie auf die Art und Weise, wie die Beteiligten sachliche und kontroverse Themen diskutieren: Wie positionieren sich dabei die wichtigen Entscheider? Erkennen Sie Dominanzgebärden? Wer argumentiert wertschätzend-partnerschaftlich, wer kühl-autoritär? In welchem Stil moderiert der Leiter? Werden Agenda, Zeitbudget und Regelwerk eingehalten? Wer lässt sich von wem unterbrechen? Wer nimmt sich das Wort? Wer unterstützt und verstärkt bestimmte Argumente und Personen? Wer kritisiert bestimmte Argumente und Personen? Wie beteiligen sich die statusniedrigen Teilnehmer an der Diskussion? Gibt es unfaire Akteure, die Killerphrasen oder andere manipulative Taktiken anwenden?

Wie Sie Ihren Status fördern

Teambesprechungen bieten Teilnehmern mit geringem und mittlerem Status eine Plattform, um auf sich aufmerksam zu machen und sich für höhere Aufgaben zu empfehlen. Dabei sind Sie für den verbalen Schlagabtausch bestmöglich präpariert, wenn Sie entlang der dargestellten allgemeinen Grundregeln (siehe Kapitel »Sieben Grundregeln für starke Konter«) souverän agieren und die speziellen Konterstrategien für Angriffe und manipulative Taktiken (siehe Teil 2) verfügbar haben.

Vorabgespräche mit Schlüsselpersonen

Sie erhöhen die Chance, Ihren Vorschlag im Team durchzusetzen, wenn Sie im Vorfeld eines Meetings Gespräche mit einer oder mehreren Schlüsselpersonen führen. Darin stellen Sie Ihrem Gesprächspartner Ihre Idee vertraulich vor und fragen nach seiner Meinung und nach Verbesserungsmöglichkeiten.

Der Nutzen dieses Vorabkontakts: Der betreffende Entscheider fühlt sich eingebunden. Sie können unter vier Augen in Ruhe Nutzen und Konsequenzen Ihres Vorschlags für die Betroffenen erörtern. Es ist schon viel gewonnen, wenn

Sie durch das Vorgespräch eine negative Einstellung in eine neutrale oder eine neutrale in eine positive Einstellung umwandeln können. Wenn Sie Anregungen Ihres Gesprächspartners zur Verbesserung des Vorschlags aufgreifen, wird dies einen Wechsel seiner Einstellung begünstigen.

In Ihrer Überzeugungsarbeit und für die eigene Laufbahn profitieren Sie von guten Kontakten zu Schlüsselpersonen, Managern und Kollegen innerhalb und außerhalb des Unternehmens. Arbeiten Sie daher aktiv am Aufbau Ihres persönlichen Netzwerks.

Es liegt auf der Hand, dass Sie diese Vorgespräche natürlich nicht mit potenziellen Rivalen führen. Auf konkurrierende Personen oder Gruppen bereiten Sie sich am besten vor, indem Sie deren mögliche kritische und unfaire Attacken vorab durchdenken und probate Konter bereithalten. Wie Sie dabei vorgehen, erfahren Sie in den folgenden Kapiteln.

Entwickeln Sie Ihre Fähigkeiten als Netzwerker, um die emotionalen Beziehungen in Ihrem Sinne aufzubauen und schrittweise weiterzuentwickeln. Anregungen finden Sie zum Beispiel im Buch von Alexander Groth, *Führungsstark in alle Richtungen* (2010), oder Hermann Scherer, *Wie man Bill Clinton nach Deutschland holt* (2006).

Teil 2:
Konterstrategien für den verbalen Schlagabtausch

In den folgenden Kapiteln werden Strategien vorgestellt, mit denen Sie unfaire Tricks und Winkelzüge im verbalen Schlagabtausch erkennen und erfolgreich abwehren können.

Die ausgewählten speziellen Konterstrategien konzentrieren sich auf solche unfairen und manipulativen Taktiken, die Führungs- und Fachkräfte in unseren Veranstaltungen als besonders boshaft, stressig und psychologisch belastend erleben.

Strategien gegen offene Angriffe

Offene Angriffe können sich auf Ihre Person oder auf Ihre Argumentation richten. In beiden Fällen geht es um Strategien, mit deren Hilfe Sie unfaire Akteure emotional auf Distanz halten können, um die Auseinandersetzung wieder auf die Sachebene zu lenken und dort fortzusetzen.

Angriffe auf Ihre Person stoppen

Es gibt Situationen, in denen der Angriff des Gesprächspartners nicht der Sache gilt, sondern Ihrer Person. Solche Attacken sind darauf gerichtet, Sie zu verunsichern und Ihre Kompetenz, Glaubwürdigkeit und Reputation zu erschüttern. Der Kampfdialektiker möchte provozieren und emotionalisieren, sodass Sie die Kontrolle verlieren und Fehler machen. Wer darauf nicht vorbereitet ist, gerät leicht in psychologischen Nebel und lässt sich das Heft aus der Hand nehmen.

Angriffe auf Ihre Kompetenz

— »Totaler Blödsinn, was Sie da von sich geben.«
— »Um das beurteilen zu können, fehlt Ihnen die Erfahrung.«
— »Das ist reine Theorie, in der Praxis sieht das anders aus.«
— »Wissen Sie überhaupt, was eine Portfolio-Analyse ist?«
— »Sind Sie sicher, dass Sie sich ein Urteil über die Marktentwicklung erlauben können?«
— »Wie lang sind Sie eigentlich schon im Unternehmen?«

Angriffe auf Ihre Glaubwürdigkeit

— »Sie sind doch selbst nicht von dem Konzept überzeugt.«
— »Sie haben doch vor einem Jahr noch eine ganz andere Meinung vertreten.«

- »Als Mitarbeiter des Konzerns müssen Sie so reden. Als Mensch stehen Sie doch auch nicht hinter dieser Maßnahme.«
- »Sie sprechen von Ethik und haben gleichzeitig Ja gesagt zu dieser umweltzerstörenden Trasse.«
- »Das stimmt einfach nicht. Warum sagen Sie die Unwahrheit?«
- »Typisch Gutmensch, das ist von A bis Z naiv, was Sie da von sich geben.«

Angriffe auf Ihre Reputation

- »Das Image Ihrer Abteilung ist tief im Keller, das weiß doch jeder.«
- »Sie sollten hier keine Märchen erzählen.«
- »Sie denken doch nur an Profit und Shareholder-Value und an sonst gar nichts.«
- »Sie sind ein Erbsenzähler!«
- »Wenn das Geld stimmt, machen Sie doch alles.«
- »Sie sollten sich schämen: Zuerst das Unternehmen an die Wand fahren und dann vor Gericht hohe Abfindungen einklagen.«
- »Ich sehe, wie die Dollarzeichen in Ihren Augen leuchten.«

Hinweis: Wenn Angreifer völlig die Beherrschung verlieren und (inszenierte oder echte) Wutattacken starten, dann wird das in der Regel als besonders stressig erlebt. Der Abschnitt »Mit Wutausbrüchen gelassen umgehen« befasst sich im Zusammenhang mit diesem Thema.

Abwehrmöglichkeiten

Die folgende Konterstrategie integriert vier bewährte Wege, um Angriffe auf Ihre Person zu neutralisieren. Diese sind in der 4-I-Methode (siehe Abbildung 6) zusammengefasst. Sie setzt sich aus vier Konterstrategien zusammen: Ignorieren, Ironisieren, Identifizieren oder Isolieren. Diese flexible Strategie ist eine Weiterentwicklung des Argumentations-Aikido, das ich in meinem Buch *Argumentieren unter Stress* dargestellt habe.

Setzen Sie jeweils die Abwehrmöglichkeit ein, die am besten zur Situation, zu Ihrer Zielsetzung, Ihrer Person und zur Intensität des betreffenden Angriffs passt.

Stellen Sie sich einen Kreisverkehr mit vier Ausfahrten vor. Wer hier mögliche Ausfahrten (Reaktionsmöglichkeiten) nicht kennt, dreht sich bei einem Angriff schnell im Kreise und muss damit rechnen, die Kontrolle zu verlieren,

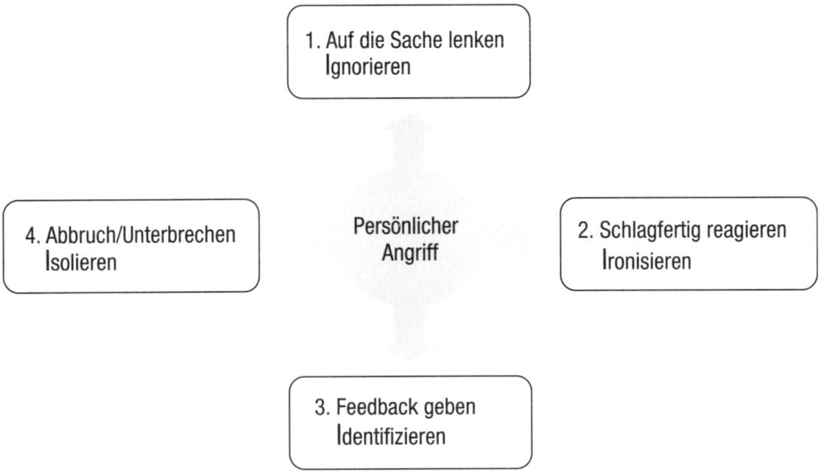

```
        ┌────────────────────┐
        │ 1. Auf die Sache lenken │
        │    Ignorieren          │
        └────────────────────┘


┌───────────────────────┐   Persönlicher   ┌───────────────────────┐
│ 4. Abbruch/Unterbrechen │     Angriff      │ 2. Schlagfertig reagieren │
│    Isolieren            │                  │    Ironisieren            │
└───────────────────────┘                  └───────────────────────┘


        ┌────────────────────┐
        │ 3. Feedback geben      │
        │    Identifizieren      │
        └────────────────────┘
```

Abb. 6: Vier Wege zur Abwehr persönlicher Angriffe

vielleicht mundtot gemacht oder in ein unproduktives Streitgespräch hinein-
gezogen zu werden.

Die vier Ausfahrten symbolisieren vier Abwehrstrategien. Diese sind – den
Ziffern 1 bis 4 folgend – so zugeordnet, dass sie zunehmende Eskalationsstufen
repräsentieren. Für alle Stufen gilt der Grundsatz: Stoppe den unfairen Angriff
und halte den Dialog aufrecht. Schöpfen Sie also in derartigen Situationen alle
Möglichkeiten aus, um zu einer sachgerechten Argumentation zurückzukehren.

Was leisten Brückensätze?

Bei jeder Konterstrategie benötigen Sie Brückensätze – das sind Redewen-
dungen, mit denen Sie den Argumentationsprozess in Ihrem Sinne lenken
können. Sie helfen Ihnen, unfairen Gesprächspartnern den Wind aus den
Segeln zu nehmen und eine Brücke zum Sachthema zu schlagen. Der große
Vorteil besteht darin, dass Sie unmittelbar auf die Attacke reagieren und die
Initiative übernehmen können.

Mithilfe von Brückensätzen sind Sie in der Lage,

- eine Killerphrase zu relativieren und danach eine Rückfrage zu stellen.
  Beispiel: »Das ist eine recht pauschale Aussage (Brückensatz). Was haben
  Sie konkret einzuwenden?«

69

- persönliche Angriffe zu blocken und auf eigene Sachargumente zu lenken. Beispiel: »Ich halte gegenseitige Schuldzuweisungen für wenig hilfreich (Brückensatz). Reden wir über die Sachargumente ...«
- bei einseitiger Kritik die Pro-Argumente ins Spiel zu bringen. Beispiel: »Ich kann Ihre Bedenken nachvollziehen. Zum Gesamtbild gehört aber auch, die Argumente einzubeziehen, die für diesen Vorschlag sprechen (Brückensatz). Im Einzelnen ...«
- bei Bedarf die Argumentationsebene zu wechseln. Beispiel: »Das Thema ist vielschichtiger, als es auf den ersten Blick erscheint (Brückensatz). Unter strategischem Blickwinkel ...«, »Ich möchte Ihre Frage gern in einen größeren Zusammenhang stellen (Brückensatz). Das Gesamtkonzept ...«
- schlagfertig zu reagieren. Beispiel: »Was ist Ihr Motiv, dass Sie mit solchen Bemerkungen Ihr Image leichtfertig aufs Spiel setzen (Brückensatz)? Welchen Einwand haben Sie in der Sache?«

Auch in psychologischer Hinsicht lohnt sich der Einsatz von Brückensätzen: Sie fungieren als Puffer, damit Sie nicht zu rasch auf Reizthemen oder unfaire Attacken anspringen. Sie verschaffen Ihnen eine kleine Pause, um sich auf Ihren Konter vorzubereiten. Darüber hinaus verhindern sie, dass der Gesprächsfaden abreißt und sich das Gesprächsklima verschlechtert.

Prägen Sie sich für den dialektischen Schlagabtausch fünf bis sieben Brückensätze ein. Besonders leicht anwendbar sind Ich-Botschaften wie »Das erstaunt mich ...«, »Ihre Aussage irritiert mich ...«, »Ich weiß nicht, wie Sie zu Ihrer Einschätzung kommen ...«.

Schließlich sind Brückensätze im partnerschaftlichen Dialog ein wichtiges Mittel, um Beiträge des Gesprächspartners aufzunehmen, Verständnis für seine Sicht der Dinge zu signalisieren und wertschätzend mit anderen Auffassungen umzugehen.

Wichtig ist, dass Sie in schwierigen Situationen sofort geeignete Reaktionen verfügbar haben. So verhalten sich auch Judoka: Die beherrschen zig Haltegriffe und Wurftechniken. Um den Gegner zu besiegen, genügen ihnen in der kritischen Phase des Wettkampfs jeweils zwei oder drei davon.

Strategie 1: Ignorieren Sie Unfairness – lenken Sie auf die Sache

Bei dieser Strategie gehen Sie nur auf den sachlichen Anteil der Aussage ein und ignorieren den emotionalen Angriff auf Ihre Person. Sie können den

Vorgang der Deeskalation auch als Argumentations-Aikido interpretieren. Bei dieser Selbstverteidigungstechnik geht es darum, die Energie eines Angriffs auszunutzen und durch die eigenen Abwehrbewegungen so zu lenken, dass der Gegner das Gleichgewicht verliert. Das bedeutet bei persönlichen Angriffen: Treten Sie gedanklich zur Seite und lassen Sie den unfairen Angriff ins Leere laufen, indem Sie ihn ignorieren, bevor Sie auf die wirklich wichtigen Sachargumente eingehen. Dabei können Sie Brückensätze nutzen, um nicht blind auf Reizthemen anzuspringen und das Heft des Handelns in der Hand zu behalten.

Unsere Erfahrungen zeigen, dass Sie mithilfe dieser Strategie etwa 70 Prozent der persönlichen Angriffe deeskalieren können. Einige Beispiele:

Angriff

»Selten habe ich so ein dummes Zeug gehört.«

Reaktion

1. »Ihre Aussage zeigt mir, dass Sie Bedenken haben (Brückensatz). Welche Argumente haben Sie in der Sache?«

   Kommentar: Sie ignorieren den unsachlichen Anteil durch einen Brückensatz und lenken durch die Rückfrage die Aufmerksamkeit auf die Sache zurück.

2. »Ihr Einwand zeigt mir, dass es noch nicht gelungen ist, Sie zu überzeugen (Brückensatz). Ich stelle Ihnen gern noch einmal die entscheidenden Argumente dar.«

   Kommentar: Sie ignorieren den unsachlichen Anteil durch einen Brückensatz und lenken die Aufmerksamkeit durch einen eigenen Wortbeitrag auf die Sache zurück.

Lassen Sie sich niemals Unfairness, die Lautstärke und die emotionale Stimmung vom anderen aufdrängen. Keep cool – lautet das Motto: Ihr Denkhirn muss klar und kühl bleiben. Wie Sie emotional auf Distanz gehen können und souverän agieren, haben wir in Teil 1 des Buches erläutert.

Strategie 2: Ironisieren Sie Unfairness und reagieren Sie schlagfertig

Ironisierendes Kontern kommt vor allem dann infrage, wenn Sie mit provokativen Sprüchen oder Sticheleien mundtot gemacht werden sollen.

Leider sind witzige und geistreiche Antworten nicht immer auf Kommando verfügbar. Daher rate ich Ihnen, sich einige Standardformulierungen vorher zurechtzulegen und sich einzuprägen, damit sie im Ernstfall abgerufen werden können. Der Entertainer Rudi Carrell ist einmal danach gefragt worden, was das Geheimnis seiner brillanten Schlagfertigkeit sei. Seine knappe Antwort: »Ich habe immer ein As im Ärmel!«

Bedenken Sie: Wer sich vor Ihrer Schlagfertigkeit und Dialektik fürchtet, wird Sie nicht so gern angreifen. Angreifer suchen sich Schwächere. Das ist bei verbalen Attacken genauso wie in der Gewaltkriminalität – so Jens Weidner in seinem Buch *Die Peperoni-Strategie* (2011).

Hier ein Beispiel für bissig-ironische Schlagfertigkeit im Kanzleramt. Bei der Enthüllung von Gerhard Schröders Porträt kommt es zu einem Wettstreit um die bessere Pointe:

Gerhard Schröder (in Richtung Angela Merkel): »Sie sehen, da ist noch ein bisschen Platz, und ich will jetzt nicht spekulieren. Aber die Tatsache, dass da noch ein wenig Platz gelassen worden ist, weist ja darauf hin, dass – wann auch immer, niemand weiß das – Sie irgendwann neben mir hängen.« (Heiterkeit bei den Zuhörern)

Darauf Angela Merkel in ihrer schlagfertigen Replik: »Meine Damen und Herren, wir haben jetzt erst einmal die Dinge komplettiert, die Besucherinnen und Besucher brauchen nicht mehr zu fragen, warum wird Schröder nicht aufgehängt ...« (Lacher im Auditorium)

Besonders hilfreich sind in der beruflichen Kommunikation *weiche* Schlagfertigkeitstechniken, die augenzwinkernd und ironisierend eingesetzt werden. Lenken Sie auch hier zum Sachthema zurück.

Formulierungsbeispiele für schlagfertige (ironisierende) Reaktionen:

Angriff

»Totaler Schwachsinn, was Sie da von sich geben.«

Reaktion

1. »Mich interessiert brennend, ob Sie auch etwas zur Sache beitragen können (Brückensatz). In welchen Punkten haben Sie Bedenken?«
2. »Ich merke, dass Sie sehr erregt sind (Brückensatz). Greifen Sie mich persönlich an oder reden Sie über die Sache?«
3. »Ich erspare es mir, mit gleicher Münze zurückzuzahlen (Brückensatz). Welche Bedenken haben Sie in der Sache?«

4. »Was meinen Sie: Hat sich Ihr Image mit Ihrer Bemerkung eher verbessert oder verschlechtert (Brückensatz)? Nun aber zurück zum Sachthema. In welchen Punkten haben Sie Bedenken?«

5. »Danke für das aufbauende Kompliment (Brückensatz). Zurück zur Sache. Mein Hauptargument …«

Kommentar: Sie reagieren (ironisierend) durch eine schlagfertige Replik und lenken dann die Aufmerksamkeit auf das Sachthema durch eine Rückfrage (1 bis 4) oder durch Weiterführung/Vertiefung (5) der eigenen Argumentation.

Aus dem breit gefächerten Arsenal an Schlagfertigkeitstechniken habe ich Ihnen stellvertretend drei Techniken ausgewählt, die leicht umsetzbar sind. Es handelt sich um die Rückfragetechnik, die Übersetzungstechnik und das Umdefinieren von Angriffen.

Rückfragetechnik

Die unmittelbare Rückfrage wirkt stets schlagfertig, verschafft Ihnen eine Atempause und setzt den Angreifer unter einen gewissen Druck, Farbe zu bekennen:

Angriff

Beispiel 1: »Ihr Fachchinesisch hat doch niemand verstanden.«
Beispiel 2: »Ihre Präsentationsfolien wirken wie ein langweiliger Einheitsbrei.«

Reaktion

Zu 1: »Was konkret haben Sie nicht verstanden?«
Zu 2: »Was genau fanden Sie langweilig?« oder »Sprechen Sie für sich oder das gesamte Publikum?« oder »Wodurch hätte ich die Präsentation interessanter und kurzweiliger gestalten können?«

Übersetzungstechnik

Sie lenken (»übersetzen«) hierbei einen verletzenden, negativ besetzten Angriff in eine Richtung, die für Sie positiv ist.

Angriff

Beispiel 1: »Sie behandeln Ihre Mitarbeiter wie den letzten Dreck.«
Beispiel 2: »Ihren Vorschlag können Sie vergessen, der ist nicht zu Ende gedacht.«

Reaktion

Zu 1: »Das Gegenteil ist richtig. Ich bin stolz darauf, dass mein Team hinter mir steht …«
Zu 2: »Was müsste Ihrer Meinung nach getan werden, damit er ein Erfolg wird?«

Angriff umdefinieren

Bei dieser Technik geht es darum, Aussagen Ihres Gegenübers mit neuen Inhalten zu füllen. Dazu nehmen Sie ein Schlüsselwort seiner unfairen Aussage auf, definieren es in Ihrem Sinne um und stimmen dann zu:

Angriff

Beispiel 1: »Nun werden Sie mal nicht weinerlich, Frau M.«
Beispiel 2: »Sie sind ein Perfektionist.«

Reaktion

Zu 1: »Wenn Sie mir mit ›weinerlich‹ sagen wollen, dass ich Einfühlungsvermögen habe und hohe soziale Kompetenz mitbringe, dann freue ich mich über Ihre Feststellung.«
Zu 2: »Wenn Sie unter einem Perfektionisten jemanden verstehen, der Sorgfalt im Detail walten lässt und der hohe Qualitätsstandards verfolgt, dann bedanke ich mich für Ihr Kompliment.«

Verzichten Sie in der beruflichen Kommunikation möglichst auf *harte* Konterattacken. Diese bergen nämlich die Gefahr, dass sich die Fronten verhärten und die Beziehung dauerhaft Schaden nimmt. Zu diesen Kontertechniken gehört zum Beispiel die harte Retourkutsche: Dabei soll der Angreifer selbst erleben, wie Beleidigungen oder Sticheleien wirken. Sie versuchen dem Aggressor den Schmerz zuzufügen, den er Ihnen zufügen wollte. Hier passt das Sprichwort: »Auf einen groben Klotz gehört ein grober Keil.«

Angriff

»Ihnen fehlt es wirklich an Intelligenz.«

Reaktion

- »Sie müssen sich in einer schwachen Position befinden, wenn Sie zu solchen Formulierungen greifen müssen.«
- »Sie scheinen der Einzige zu sein, der hier den Durchblick hat. Ich bin gespannt auf Ihre Sachargumente.«
- »Man soll nicht von sich auf andere schließen.«
- »Schon wieder etwas, was wir gemeinsam haben. Sie werden mir immer sympathischer.«
- »Interessant, dass Sie sich zutrauen, Intelligenz zu beurteilen. Haben Sie schon mal Ihren IQ testen lassen? Lag der über der Zimmertemperatur?«
- »Mich wundert, dass Sie trotz solcher Sprüche noch immer zum Führungskreis gehören.«

Im Zweifel ist es angezeigt, *harte* Schlagfertigkeitstechniken nur dann einzusetzen, wenn Sie mit dem Gegner allein sind oder wenn Sie die Mehrheit der Anwesenden auf Ihrer Seite haben *und* Ihnen die persönliche Beziehung zum Gegenüber gleichgültig ist.

Strategie 3: Identifizieren Sie Unfairness und geben Sie Feedback

Bei dieser Kontervariante gehen Sie direkt auf die unfaire Attacke ein – klar und unmissverständlich. Sie weisen den Angreifer darauf hin, dass Sie die Störung als Regelverletzung erleben und nicht durchgehen lassen. Wenn Sie Ihr Feedback mit Ihrer eigenen emotionalen Befindlichkeit verknüpfen, verleihen Sie dieser Reaktionsmöglichkeit besonderen Nachdruck. Stellen Sie danach eine Anschlussfrage, um wieder auf das Sachthema zu lenken.

Das Besondere dieser Interventionsform: Sie wechseln die Gesprächsebene und machen die Kommunikationsstörung selbst zum Thema. Bei dieser Metakommunikation geht es hauptsächlich darum, Regelverletzungen des Kampfdialektikers anzusprechen, sich dadurch Respekt zu verschaffen und zu einem sachgerechten Dialog zurückzuführen.

Angriff

»Totaler Blödsinn. Sie haben wirklich keine Ahnung.«

Reaktion

- »Ich denke, auf der Ebene kommen wir nicht weiter.«

- »Ich würde gern sachlich mit Ihnen reden.«
- »Es ärgert mich, dass wir durch solche Äußerungen in der Sache nicht weiterkommen.«
- »Diese Art der Kommunikation geht unter die Gürtellinie. Bitte unterlassen Sie diese unsachlichen Äußerungen.«
- »Bitte werden Sie nicht persönlich.«

Danach lenken Sie jeweils zum Thema zurück, etwa:
- »Welche Einwände haben Sie in der Sache?«

Wenn diese unfairen Störungen penetrant fortgesetzt werden:
- »Langsam habe ich genug von diesen unsachlichen Angriffen. Ich habe schon einige Male versucht, unser Gespräch wieder auf die Sachebene zu lenken. Vergeblich! Ich habe den Eindruck, dass Ihnen eine sachliche und faire Argumentation gegen den Strich geht. Welche Einwände haben Sie denn in der Sache?«

Im Umgang mit dominanten Personen sollten Sie bei der Anwendung der Strategie »Identifizieren« besonders darauf achten, Ihr Feedback durch eine souveräne Körpersprache und Rhetorik zu unterstützen. Wenn diese Intervention nichts bringt, bleibt die letzte Eskalationsstufe.

Strategie 4: Isolieren Sie Unfairness durch Abbruch oder Unterbrechung des Gesprächs

Um Angreifer und ihre unredlichen Mittel isolieren zu können, gibt es je nach Situation, Sachthema und Heftigkeit der persönlichen Attacke eine Bandbreite von Varianten – angefangen bei einer vorübergehenden Pause bis zum (temporären) Abbruch.

Diese Option sollten Sie dann in Erwägung ziehen, wenn die Situation aufgrund extremer Emotionalität besonders festgefahren ist und es nicht gelungen ist, mithilfe der Strategien 1 bis 3 zur sachlichen Argumentation zurückzuführen. In vielen Fällen hilft es schon, die Diskussion oder die Verhandlung zu unterbrechen.

Beispiel: In einer Besprechung zum Thema »Cost-Cutting-Programme« werden alle Ressortleiter in die Pflicht genommen, ihre Kosten um 25 Prozent zu reduzieren. Die Auseinandersetzung eskaliert, weil jeder Manager mit allen Mitteln seinen Status quo verteidigt: Es kommt zu scharfen persönlichen Angriffen, zu Schuldzuweisungen mit allen erdenklichen aggressiven und boshaften Formulierungen. Der Moderator zieht die Reißleine und unterbricht die Diskussion:

»Wir kommen so nicht weiter. Auch bei unterschiedlichen Auffassungen sollten Sachlichkeit und Fair Play eingehalten werden. Ich glaube, uns allen könnte jetzt eine Pause helfen, wieder zur sachlichen Diskussion zurückzukehren. Ich schlage daher eine Pause von 15 Minuten vor.«

In der Pause haben die Beteiligten Gelegenheit, ihre Aggressionen, Besorgnisse und Unsicherheiten im kleinen Kreis zu verbalisieren. Nach dieser Auszeit haben sich häufig die Gemüter beruhigt, sodass nun die strittigen Punkte weiter diskutiert werden können.

Sollten Sie in der Position des Besprechungsleiters oder Moderators sein, ist es besonders wichtig, bei brisanten und strittigen Themen steuernd einzugreifen, sobald unfaire Angriffe auftreten. Dabei kann der Einsatz eines Flipcharts hilfreich sein, um die unterschiedlichen Einschätzungen zu visualisieren: »Es sind jetzt verschiedene Argumente gekommen. Damit wir die Übersicht behalten und später Punkt für Punkt diskutieren können, werde ich/ wird mein Kollege die einzelnen Beiträge anschreiben.« Andernfalls erreicht die Diskussion oft einen Point of no Return, wenn die ersten unfairen Angriffe eskalieren und auf die Gruppe überspringen. Dann wird es zunehmend schwierig oder gar unmöglich, die Emotionalisierung zu stoppen.

Wenn eine Deeskalation nicht möglich ist, bleibt keine andere Möglichkeit, als das Meeting zu beenden und einen Folgetermin zu vereinbaren.

Reaktion

»Die Diskussion hat gezeigt, dass wir unter diesen Voraussetzungen heute zu keinem Ergebnis kommen. Mein Vorschlag: Wir unterbrechen heute und nehmen in drei Tagen den Gesprächsfaden wieder auf. Bis dahin hat jeder zu klären, wo es in seinem Ressort Einsparungsmöglichkeiten gibt …«

Der Abbruch ist auch bei Verhandlungen das letzte Mittel, wenn die unfairen Attacken trotz Ihrer Bemühungen zur Deeskalation anhalten. Bei den meisten Gesprächsanlässen empfiehlt es sich, dies nicht zu schroff und endgültig zu formulieren. Machen Sie deutlich, dass der Abbruch temporären Charakter hat. Sie sind offen für die Fortsetzung des Gesprächs, wenn es wieder fair zugeht.

Beispiel 1: »Wir kommen in der Sache so nicht weiter. Mein Eindruck ist, dass ein Abbruch der Verhandlung nahe bevorsteht ...« oder:

»Aus meiner Sicht ist unter diesen Umständen eine Einigung schwer vorstellbar.«

Kommentar: Die Ankündigung des Abbruchs reicht oftmals aus, um den Gesprächspartner zum sachlichen Dialog zurückzuführen.

Beispiel 2: »Aus meiner Sicht ist unter diesen Umständen eine Fortsetzung der Verhandlung heute nicht möglich.«

Kommentar: Durch diese Formulierung schaffen Sie die Möglichkeit, später wieder in die Verhandlung einzutreten, wenn sich die Umstände geändert haben.

Beispiel 3: »Ich denke, wir beide kommen in der Sache nicht weiter. Ich schlage vor, dass im Interesse einer Lösung einer meiner Kollegen diese Verhandlung mit Ihnen in den nächsten Tagen fortsetzt. Wir teilen Ihnen noch mit, wer Ihr neuer Verhandlungspartner sein wird.«

Kommentar: Ein geordneter Rückzug ist sinnvoll, wenn Sie merken, dass die Chemie zwischen den Gesprächspartnern nicht stimmt. In diesem Fall können Sie eine andere Person ins Spiel bringen.

Beispiel 4: Nach Unverschämtheiten und Beleidigungen am Telefon:

»Ihre beleidigenden Worte akzeptiere ich nicht. Unter diesen Umständen bin ich nicht bereit, das Gespräch mit Ihnen fortzusetzen.« (Vielleicht ergänzen:) »Sie können mich jederzeit anrufen, wenn Sie wieder zu einem sachlichen Gespräch bereit sind.« – Hörer auflegen.

Kommentar: Sie können das Gespräch begründet beenden und damit gleichzeitig ein Dialogangebot verknüpfen.

Flexibel reagieren mit der 4-I-Methode

Sie haben vier Strategien zur sachorientierten Deeskalation kennen gelernt:

1. Sie ignorieren den unfairen Angriff.
2. Sie ironisieren den Angriff schlagfertig.
3. Sie identifizieren den Angriff als solchen, geben Feedback.
4. Sie isolieren die unfaire Spielart, indem Sie Gespräch oder Diskussion unterbrechen oder abbrechen.

Wenn Sie diese vier Konterstrategien beherrschen, sind Sie in der Lage, flexibel auf jeden persönlichen Angriff zu reagieren und penetrante sowie unverschämte Angreifer in die Schranken zu weisen.

Übung 8: Brückensätze

Im Teil 3 finden Sie eine differenzierte Liste bewährter Brückensätze: Bitte gehen Sie diese durch und schreiben Sie sich die Sätze heraus, die zu Ihnen passen. Sie sollten dabei aber auch sprachliche Varianten ausprobieren, damit sie Ihrem Denken und Ihrem Kommunikationsstil entsprechen.

Der nächste Abschnitt zeigt Ihnen, wie Sie mithilfe der 4-I-Methode auf Angreifer reagieren, die völlig die Beherrschung verlieren. Die Übung am Ende dieses Abschnitts bietet Ihnen die Chance, die Abwehr unfairer Angriffe einzuüben und zu festigen.

Mit Wutausbrüchen gelassen umgehen

Die meisten, vor allem sensible Menschen schrecken unwillkürlich zurück, wenn Sie mit Wutanfällen, cholerischen Ausrastern oder lautstarken Killerphrasen konfrontiert werden. Diese Erfahrung nutzt der Angreifer für Attacken im emotionalen Grenzbereich.

Inszenierte und boshafte Wutausbrüche

Der geplante Ausraster gehört zum Arsenal der Kampfdialektiker. Dabei ist der Wutausbruch kühl kalkuliert. Legendär sind die Wutausbrüche von Herbert Wehner, die Kampfrhetorik von Helmut Schmidt (»Schmidt Schnauze«) oder die emotionalen Attacken eines Franz Josef Strauß. In der Managerkommunikation zielt der inszenierte Wutausbruch vor allem darauf, eine Verhaltensweise, eine Meinungsäußerung oder ein Ereignis als völlig inakzeptabel zu brandmarken und den Angegriffenen in die Defensive zu drängen, einzuschüchtern oder mundtot zu machen.

Beipiel: Hierzu ein anschauliches Szenario, das ich in einem Konzern erlebt habe: Der Führungskreis sitzt am Montagmorgen zusammen. An dem regelmäßigen Meeting nehmen der Vorstand und das gesamte, aus 14 Personen bestehende Topmanagement teil. Herr M., der zweite Mann des Unternehmens, stellt sein Konzept für die Umstrukturierung eines Produktionswerks vor, das tief in den roten Zahlen steht. Da kommt es zu kritischen Anmerkungen des rhetorisch versierten, aber cholerisch veranlagten Geschäftsführers Dr. S., der offenbar andere strategische Vorstellungen favorisiert. Zunächst bringt der Chef seine Einwände in mittlerer bis leicht erhöhter Lautstärke vor. Als sein Stellvertreter jedoch sachlich und ruhig sein Konzept verteidigt, rastet der Chef aus: Er springt auf und brüllt seinen Kollegen an: »Und wenn Sie das nicht machen, wie ich das will, breche ich Ihnen das Kreuz. So wahr ich hier stehe!« Stille im Raum. Eine äußerst unangenehme Situation für alle Anwesenden. Dann ordnet der Chef an, das Konzept zu überarbeiten und bei der nächsten Sitzung erneut zu präsentieren.

Die Demütigung vor versammelter Führungsmannschaft hatte Herrn M. bis ins Mark getroffen. Er wusste nicht, wie er mit dieser Art von Kampfrhetorik umgehen sollte. Die persönliche Betroffenheit dieses einfühlsamen und sehr partnerschaftlich orientierten Managers war so groß, dass er einige Tage später ein Coaching bei mir buchte.

Was ihm Kopfzerbrechen bereitete, beschrieb er etwa so: »Ich identifiziere mich mit meinem Verantwortungsbereich und dem Unternehmen. Gleichzeitig kann ich das bösartige Verhalten meines Chefs nicht durchgehen lassen. Ich denke fast ständig an diesen Montag. Und wenn ich auf meinem Handy die Telefonnummer meines Chefs sehe, bekomme ich einen Zitteranfall. Ich bin es meinem Selbstwertgefühl schuldig, dass ich etwas unternehme. Ich möchte mich psychologisch wappnen für diese und ähnliche Situationen. Ich will lernen, mit unfairen Angriffen erfolgreich umzugehen. Was ist in solchen angespannten Situationen empfehlenswert?«

Reaktionsmöglichkeiten

Wie bei jedem unfairen Angriff ist es bei Wutattacken wichtig, emotionale Distanz zum Angreifer zu halten und dadurch gelassen und ruhig zu bleiben. Dies gelingt zum Beispiel dadurch, dass Sie die Wutattacke als infantile Regression des Vorgesetzten umdeuten (siehe Kapitel »Persönliche Voraussetzungen für souveränes Argumentieren« in Teil 1). Sie können sich auch konsequent an der Maxime orientieren: »*Ich* bestimme, wer mich ärgern darf!«

Sie werden zudem gegen Sie gerichtete Attacken leichter verarbeiten, wenn Sie sich die Wirkung des unfairen Verhaltens auf die Teilnehmer der Runde vor Augen führen: In der Regel ist die Sympathie aufseiten des Angegriffenen und nicht aufseiten des Aggressors.

Um Wutattacken zu neutralisieren, können Sie – situativ angemessen – mit einem Konter der 4-I-Methode reagieren:

Strategie 1: »Ignorieren«

Sie lenken durch einen Brückensatz zum Sachthema, wobei Sie die unfaire Attacke ignorieren:

– »Herr S., mir ist nicht klar geworden, welche Einwände Sie in der Sache haben.«
– »Sie haben offenbar große Bedenken. Die möchte ich gern kennen lernen, damit ich darauf antworten kann.«

Bei einem cholerisch veranlagten Vorgesetzten dürfte es in den meisten Fällen klüger sein, auf eine unmittelbare Reaktion zu verzichten. Denn bei einem Choleriker haben Sie in der Regel keine Chance, durch eine sachliche Rückfrage die Hypererregung zu beruhigen. Im Gegenteil: Sie kann die Adrenalinzufuhr noch steigern. Und wenn der Ausraster ein kühl kalkuliertes Machtspiel ist, um den Teilnehmern zu demonstrieren, dass man sich die Regelverletzung erlauben kann, läuft der Deeskalationsversuch sowieso ins Leere.

Wenn brisante Themen auf der Tagesordnung stehen, könnten Sie im Vorfeld des Meetings gezielt Koalitionen aufzubauen und mit Kollegen absprechen, wie man sich gegenseitig bei einem cholerischen Ausraster unterstützen kann.

Strategie 2: »Ironisieren«

Hierbei ironisieren Sie den Wutanfall durch eine schlagfertige Formulierung und lenken dann zum Sachthema:

– »Beleidigungen können Sachargumente nicht ersetzen. Mir ist nicht klar geworden, wo Ihre Bedenken liegen?«
– »Ich merke, Sie sind sehr erregt. Greifen Sie mich persönlich an oder reden Sie über die Sache?«
– »Was wollen Sie damit genau sagen?«
– »Warum sagen Sie so etwas?«

Strategie 3: »Identifizieren«

Sie nennen die unfaire Verhaltensweise beim Namen und führen dann mit diesen oder ähnlichen Formulierungen zum Sachthema zurück:

- »Nun mal langsam, Herr S. Ich denke, auf dieser Ebene kommen wir nicht weiter. Welche Argumente haben Sie in der Sache?«
- »Was haben Sie davon, wenn Sie mich beleidigen?«
- »Brüllattacken bringen uns nichts. Ich möchte mit Ihnen in der Sache weiterkommen.«

Die Kontervarianten 1 bis 3 kommen vorrangig bei Gesprächspartnern mit ähnlichem oder niedrigerem Status infrage. Bei Brüllattacken ranghöherer Cholerikern empfiehlt es sich, auf derartige Interventionen vor versammelter Mannschaft zu verzichten. Es ist weniger risikoreich, dem Vorgesetzten später in einer entspannten Gesprächssituation ein offenes Feedback unter vier Augen zu geben. Dabei hat es sich bewährt, das heikle persönliche Thema im Anschluss an ein Sachthema anzusprechen.

Beispiel: »Herr S., ich möchte noch ein Thema ansprechen, das mich seit einigen Tagen beschäftigt und das mir sehr wichtig ist. Sie erinnern sich: Am Montag im Führungskreis hat mich Ihre Reaktion auf mein Konzept außerordentlich betroffen gemacht und verletzt. Dies bereitet mir auch deswegen großes Kopfzerbrechen, weil ein durchgängig wertschätzendes Verhalten für mich und auch für mein Team einen sehr hohen Stellenwert hat ...«

Strategie 4: »Isolieren«

Wenn die Wutattacke eine Beleidigung enthält, die Ihre persönliche Würde verletzt, sollten Sie eine Grenze ziehen. Sie können das Gespräch unterbrechen oder temporär abbrechen. Verknüpfen Sie diese Reaktion gleichzeitig mit einem Dialogangebot.

- »Ihre herabsetzenden Worte akzeptiere ich nicht. Unter diesen Umständen bin ich nicht bereit, das Gespräch mit Ihnen fortzusetzen.« Oder:
- »Beleidigungen akzeptiere ich nicht. Erst wenn Sie emotional abgerüstet haben, können wir unser Gespräch fortsetzen.«

Weitere Formulierungsbeispiele finden Sie im Abschnitt »Angriffe auf Ihre Person stoppen«.

Inwieweit Sie diese Konterstrategie bei Vorgesetzten anwenden wollen, ist vor allem eine Frage der persönlichen Risikobereitschaft und Stressresistenz.

Bei dem eingangs geschilderten Beispiel hat sich Herr M. dafür entschieden, dem Vorgesetzten einige Tage später ein Feedback zu geben. Die Reaktion des Chefs hörte sich etwa so an: »Herr M., Sie kennen mich doch. Das ist alles nicht so gemeint gewesen. Aber wenn es Ihnen hilft, entschuldige ich mich gern.« Das war es dann.

Auch wenn sich die Entschuldigung des Vorgesetzten wie eine Pflichtübung anhörte: Dieses Feedbackgespräch war für Herrn M. sehr wichtig, um die Verletzung zu verarbeiten, sein Selbstwertgefühl zu stärken und künftig mit seinem Chef sachlich zusammenarbeiten zu können.

Auch der Vorgesetzte profitierte von dem Feedback: Er hatte dadurch die Chance, Informationen über die verletzende Wirkung seines rigorosen Verhaltens zu erhalten und im günstigen Fall seinen blinden Fleck zu verkleinern.

Wutattacken bei Kundenbeschwerden

Bei Beschwerden oder Reklamationen kommt es nicht selten zu Wutausbrüchen oder cholerischen Attacken des Kunden. Er reagiert mit starken Emotionen, weil er mit Produkt oder Dienstleistung unzufrieden ist, und macht seinem Ärger Luft. Solche Ausraster folgen in der Regel einem Frustrations-Aggressions-Mechanismus. Dabei führen Frustrationserlebnisse zu aggressiven emotionalen Reaktionen.

Denken Sie an echte Probleme, die zu einer lautstarken Beschwerde führen können: Ein Flug wird ohne Vorabinformation kurzfristig gecancelt; seit Tagen ist die Servicehotline eines Telefonanbieters nicht erreichbar; die gesamte Produktion steht still, weil bestellte Teile nicht fristgerecht geliefert wurden. Wenn der Vorgesetzte den Beschwerde führenden Mitarbeiter zusätzlich unter Druck setzt mit Sätzen wie »Sie allein tragen die Verantwortung dafür …« oder »Wir erwarten eine sofortige Lösung des Problems«, erklärt sich das aggressive Potenzial für die Wutattacke.

Abwehrmöglichkeiten

Beachten Sie bei der Reaktion, dass Ihr Gegenüber während der Brüllattacke im psychologischen Nebel (Alarm-Situation) ist. Daher kann er nicht rational handeln. Er benötigt ein Ventil (Faustregel: maximal zwei Minuten), um den Frust herauszulassen. Halten Sie Ihre Sachargumente in dieser Zeit zurück – Sie würden damit nur Öl ins Feuer gießen.

Zur Deeskalation trägt es bei, wenn Sie in dieser »heißen« Phase zuhören, ausreden lassen und kleine Signale des Verständnisses geben, etwa: »Ich kann Ihren Ärger gut nachvollziehen« oder »Ich kann gut nachempfinden, dass Sie darüber sehr aufgebracht sind«.

Diese Verbalisierung emotionaler Inhalte fällt leichter, wenn Sie den Angriff nicht persönlich nehmen. Sagen Sie sich immer: Wenn Ihr Gegenüber einer anderen Person seine Beschwerde vortragen würde, wäre sein Verhalten vermutlich identisch. Bleiben Sie daher gelassen und lassen Sie sich durch Lautstärke nicht den Schneid abkaufen. Sobald die wütende Attacke abebbt und Ihr Gegenüber ruhiger wird, helfen Formulierungen wie:

- »Damit ich Ihnen weiterhelfen kann, benötige ich ...«
- »Ich möchte Ihnen gern helfen, dazu brauche ich ...«
- »Ich werde mich persönlich darum kümmern; dazu brauche ich ...«

Diese sachlich orientierten Fragen sollen den Angreifer von einem emotionalen Schlagabtausch wegführen und sein Denkhirn aktivieren. Bringen Sie ihn durch offene Fragen dazu, über Fakten, Zahlen und Hintergründe zu sprechen. Je mehr sich Ihr Gesprächspartner darauf einlässt, desto größer ist die Chance, dass es zu einem sachlichen Dialog kommt.

Darüber hinaus trägt es zu einer Beruhigung der Situation bei, wenn Sie

- Ihr Bedauern ausdrücken,
- in Ihrer Antwort oder bei Ihren Fragen auf Reizworte und Schuldzuweisungen verzichten,
- schnelle und unkomplizierte Hilfe anbieten,
- sagen, bis wann Sie den Sachverhalt geklärt haben und was die nächsten Schritte zur dauerhaften Problemlösung sind.

Vermeiden Sie frühe Festlegungen und Bewertungen im Gespräch. Machen Sie deutlich, dass Sie zunächst mit anderen Abteilungen oder Kollegen sprechen müssen, um die gesamte Situation besser einordnen zu können.

Übung 9: Persönliche Angriffe kontern

Formulieren Sie zu den folgenden zwölf persönlichen Angriffen jeweils ein bis zwei Brückensätze, die die Attacke stoppen und den Dialog aufrechterhalten. Anregungen finden Sie in Teil 3 des Buches.

Wie reagieren Sie auf diese persönlichen Angriffe?

1. »Ihnen geht es doch nur um Profit. Ich sehe, wie die Dollar-Zeichen in Ihren Augen leuchten.«
2. »Selten habe ich so ein dummes Zeug gehört.«
3. »Sie haben doch gar nicht die Erfahrung, um das beurteilen zu können.«

4. »Der Teamgeist in Ihrer Truppe stimmt doch vorn und hinten nicht.«
5. »Sie sind doch gar nicht in der Lage, sich bei Ihrem Vorgesetzten Gehör zu verschaffen.«
6. »Das stimmt einfach nicht. Warum sagen Sie die Unwahrheit?«
7. »Wie wollen Sie das in Ihrem jungen Alter beurteilen können?«
8. »Wie wollen Sie es eigentlich schaffen, ohne jede Fachkenntnis diese Abteilung zu
   leiten?«
9. »Das glauben Sie doch selbst nicht, was Sie da sagen.«
10. »Sie gehören auch zu den Irren und Analphabeten, von denen ich hier umgeben bin.«
11. »Ihre Werkstatt ist ein Saftladen. Sie haben mein Auto dreimal repariert – und trotz-
    dem bin ich wieder liegen geblieben.« (wütender Kunde am Telefon)
12. »Es ist eine Unverschämtheit, dass Sie trotz mehrfacher Zusagen das Konzept immer
    noch nicht fertiggestellt haben. In Ihrem Team sind wohl nur Blinde am Werk.«

Sie profitieren von dieser Übung am meisten, wenn Sie Ihre Brückensätze schriftlich formulieren und die kommentierten Lösungsvorschläge (siehe Teil 3) erst danach anschauen.

Angriffe auf Ihre Argumentation richtig kontern

Wir alle kennen diese Situationen aus Verhandlungen, Diskussionsrunden
oder Interviews: Sie haben eindeutig die besseren Sachargumente. Trotzdem
beugt sich Ihr Gegenüber nicht der Qualität Ihrer Beweismittel und der
Stringenz Ihrer Argumentation. Im Gegenteil: Sie sehen sich unerwarteten
Gegenargumenten, kritischen Fragen und subtilen Einwänden ausgesetzt: Sie
müssen sich verteidigen.

Der Gedanke des Machtspielers könnte sein: Wenn ich es schon nicht
schaffe, die Argumentation durch substanzielle Gegenargumente und sachliche Einwände zu erschüttern, dann probiere ich es mit Täuschungen,
Unwahrheiten und Unterstellungen. Kein Mittel ist tabu, um den Gegner
zu besiegen.

In der sachorientierten Argumentation sind Einwände und kritische
Fragen unverzichtbare Werkzeuge, um Qualität und Tragfähigkeit der
gegnerischen Argumentation zu prüfen und Schwachstellen offenzulegen.
Faire Dialektik zielt ja auf den gemeinsamen Erkenntnisfortschritt, in der
Regel auf die Lösung eines Sachproblems mit konstruktiven Mitteln. Bei
strittigen und polarisierenden Themen geht dies nicht ohne Streit, ohne

leidenschaftliche Debatten und ohne harte Auseinandersetzungen um Pro und Kontra. Denn nur so kann sich am Ende die beste Lösung herauskristallisieren, bei der alle gewinnen.

In der Kampfdialektik kommen diese Argumentationstechniken ebenfalls zum Einsatz, allerdings in besonders zugespitzter Form und dem Motto verpflichtet: Ich gewinne, du verlierst.

Zum Angriffsrepertoire gehört es,

- andere Auffassungen mit Killerphrasen statt mit Argumenten zu attackieren,
- ausschließlich negative Einwände vorzutragen,
- durch emotional extrem gezeichnete Szenarien Ängste zu schüren,
- Formulierungen anzugreifen sowie
- Fragen zu stellen, die die gegnerische Position herabsetzen und den Kontrahenten schlecht aussehen lassen sollen.

Killerphrasen

Dieser Begriff bezeichnet pauschale (inhaltsleere) Phrasen, die dazu dienen, eine gute Argumentation abzuwürgen (zu »killen«) und dadurch die gegnerische Position abzuwerten. Dabei versteckt sich der Angreifer hinter nichtssagenden Behauptungen wie »Das läuft in der Praxis nicht« oder »Ihr Vorschlag passt nicht zur Strategie«. Er gibt sich nicht einmal den Anschein, auf der Sachebene argumentieren zu wollen.

Killerphrasen kommen besonders häufig von Menschen, die ihre gewohnte Praxis aufgeben und sich auf Neues einlassen sollen, beispielsweise bei drastischen Maßnahmen zum Schuldenabbau, bei Veränderungsprozessen infolge einer Fusion oder bei einer tief greifenden Neuausrichtung eines Unternehmens oder eines Politikbereichs. Eine wichtige Triebfeder für die Attacken liegt dabei in der Angst vor Veränderungen: Man verteidigt mit aller Kraft das Alte und Bewährte, das man kennt und das einem emotional ein gewisses Maß an Sicherheit gibt. Das Neue ist unbekannt, unsicher und provoziert Verlustängste. Die Gegner der Neuerung greifen deshalb mit Killerphrasen diejenigen Akteure an, die für Veränderungen und Umstrukturierungen argumentieren.

Besonders manipulativ ist der damit verbundene Versuch, durch Dominanz in der Rhetorik die einschüchternde Wirkung zu erhöhen und vom geringen sachlichen Gehalt der eigenen Argumentation abzulenken. Hinzu kommt der Überraschungseffekt, denn der Angreifer kann sich den Zeitpunkt seiner Attacke aussuchen. Insbesondere ängstliche und rhetorisch unerfahrene Menschen lassen sich durch dieses unsachliche Ritual leicht überrumpeln oder gar mundtot machen.

Ihr Gegenspieler kann Killerphrasen auf verschiedenen Ebenen einsetzen: Er kann versuchen, in einem Satz Ihre gesamte Argumentation abzuwerten. Er kann aber auch spezielle Argumentationstypen angreifen, also rationale, persönlich-emotionale oder moralisch-ethische Argumente.

Beispiele für Killerphrasen

Fokus: Gesamte Argumentation

- »Ihr Vorschlag passt nicht zur Gesamtstrategie.«
- »Ihr Konzept ist nicht praktikabel. Das sagt mir meine langjährige Erfahrung.«
- »Das haben wir alles versucht, das bringt nichts.«
- »Das klappt vielleicht in anderen Unternehmen.«
- »Ihr Vorschlag ist nicht zu Ende gedacht.«
- »Das sind nichts als Sandkastenspiele.«
- »Diese Technologie steckt doch noch in den Kinderschuhen.«
- »Der Vorstand wird das sicherlich nicht absegnen.«
- »15 Jahre sind wir auch ohne diese Software ausgekommen, und zwar mit sehr gutem Erfolg.«

Fokus: Rational-analytische Argumente

- »Die zitierten Fakten sehen anders aus.«
- »Ihre Zahlen sind nicht repräsentativ.«
- »Die zitierte Studie steht im Widerspruch zur herrschenden Meinung.«
- »Dazu gibt es keine gesicherten Erkenntnisse.«
- »Mir ist kein Wissenschaftler bekannt, der das akzeptieren würde.«
- »Ich kenne da ganz andere Statistiken.«

Fokus: Persönlich-emotionale Argumente

- »Meine Lebenserfahrung sieht ganz anders aus.«
- »Das haben wir immer schon so gemacht.«
- »Sie wissen doch, dass Einzelbeispiele nicht verallgemeinert werden können.«
- »Ihre Ausführungen blenden die Zukunftsängste der Menschen aus.«

- »Ich kann Ihnen einen ganzen Katalog von Persönlichkeiten nennen, die zu gegenteiligen Schlüssen kommen.«

Fokus: Moralisch-ethische Argumente

- »In Ihrer Argumentation geht es doch nur um Gewinnmaximierung. Wo bleiben Ethik und Moral?«
- »Die immensen CO_2-Emissionen der neuen Kohlekraftwerke stehen im krassen Gegensatz zum Wertewandel.«
- »Mir fehlt bei der Standortverlagerung die Verantwortung für die heimischen Mitarbeiter.«
- »Ihre Position hat nichts mit sozialer Verantwortung zu tun.«
- »Ihr Vorschlag steht im Widerspruch zu Artikel 3 des Grundgesetzes.«

Gern verbindet der Angreifer seine Killerphrase auch mit einem Gegenargument. So verhindert er, dass der Zuhörer über die inhaltliche Leere der Killerphrase nachdenkt. Dann folgen weitere Ausführungen, die möglicherweise gespickt sind mit fingierten Beweismitteln.

Zu den Mitteln der Manipulation gehört es, nach einem Brückensatz das Thema zu wechseln und damit einen Nebenkriegsschauplatz zu eröffnen, ein spitzfindiges Gegenbeispiel zu bringen oder drittrangige Kriterien zu diskutieren. Beispiele:

- »Ihr Vorschlag passt nicht zur Gesamtstrategie. Aus meiner Sicht muss es vielmehr darauf ankommen …«
- »Ihr Argument betrifft einen Randaspekt. Das zentrale Problem lautet …«
- »Ihre übereilte Energiewende kann zu einem totalen Netzkollaps führen. Damit dies nicht geschieht, schlagen wir vor …«
- »Ich kann den strategischen Nutzen Ihres Vorschlags nicht erkennen. Für mich kommt der Qualitätsgedanke zu kurz. Im Einzelnen …«

Abwehrmöglichkeiten

Lassen Sie sich durch Killerphrasen niemals beeindrucken, denn sie sind nichts als pure Behauptungen ohne Beweismittel. Sie müssen nur dafür sorgen, dass dies den anderen Teilnehmern oder Zuhörern klar wird. Die wirkungsvollste und obendrein deeskalierende Abwehr besteht darin, den Angreifer sofort nach den Beweismitteln und Gründen für seine Bewertung zu fragen. Wie bei der Abwehr persönlicher Angriffe können Sie einen Brückensatz vorschalten, um den Angreifer emotional auf Distanz zu halten.

Angriff

»Wir brauchen keine Umstrukturierung. Wir brauchen qualifizierte Mitarbeiter.«

Reaktion

- »Ich stimme Ihnen zu (Brückensatz). Wir brauchen qualifizierte Mitarbeiter, und die brauchen eine neue Organisationsstruktur, damit wir wettbewerbsfähig bleiben.«
- »Natürlich brauchen wir qualifizierte Mitarbeiter. Da haben wir Konsens (Brückensatz). Wo liegen denn Ihre inhaltlichen Bedenken gegen die Umstrukturierung?«

Angriff

»Sie können die Kernkraftwerke in Fukushima überhaupt nicht mit denen in Deutschland vergleichen. Unsere KKWs sind sicher …«

Reaktion

»Habe ich Sie richtig verstanden: Ihre These ist also, dass unsere KKWs sicher sind. Sie verharmlosen dabei das Restrisiko. Fukushima hat gezeigt, dass das Restrisiko sehr konkret ist …«

Killerphrasen werden häufig mit inhaltsleeren Floskeln gekoppelt, die den Scheinargumenten mehr Gewicht verleihen sollen. Solche Versatzstücke sind zum Beispiel: »Der Fall ist doch ganz klar …«, »Es besteht kein Zweifel, dass …«, »Wir können mit Sicherheit davon ausgehen, dass …« Redewendungen dieser Kategorie finden sich häufig in politischen Auseinandersetzungen – achten Sie einmal in Fernsehdiskussionen oder in politischen Debatten darauf.

Übung 10: Abwehr von Killerphrasen

Wie würden Sie die folgenden Killerphrasen mithilfe von Brückensätzen souverän kontern? Nutzen Sie hierbei die Liste mit Brückensätzen in Teil 3.

1. »Ihr Vorschlag passt nicht zur Gesamtstrategie.«
2. »Ihr Konzept ist nicht praktikabel. Das sagt mir meine langjährige Erfahrung.«
3. »15 Jahre sind wir doch auch mit der jetzigen Software ausgekommen, und zwar mit sehr gutem Erfolg.«

4. »Die tatsächlichen Fakten und Zahlen sehen anders aus.« (fingierte Behauptung)
5. »Dazu gibt es keine gesicherten Erkenntnisse.«
6. »Ich habe da ganz andere Erfahrungen gemacht.«
7. »In Ihrer Argumentation geht es doch nur um Gewinnmaximierung. Ethik und Moral finden in Ihrem Unternehmen doch gar nicht statt.«
8. »Mir fehlt bei der Standortverlagerung die Verantwortung für die heimischen Mitarbeiter.«

Einseitige Kritik

Ein beliebtes Mittel der Kampfdialektik ist es, durch Gegenargumente, Einwände und kritische Fragen die Aufmerksamkeit der Zuhörer einseitig auf die Minuspunkte, also auf Risiken, Bedenken und Nachteile, zu lenken. Wer nicht gegensteuert, läuft Gefahr, dass die Zuhörer der Kontra-Position überproportional viel Aufmerksamkeit schenken. Veranschaulicht man diesen Vorgang mit dem Bild einer Balkenwaage (Abbildung 7), dann kann der Manipulator im schlimmsten Fall bewirken, dass sich durch einseitige Kritik der Zeiger der Waage zur Kontra-Seite neigt.

Szenario 1: Massive Kritik bei einer Präsentation

Sie präsentieren das Konzept für einen Change-Prozess, bei dem der komplette Vertrieb, der bislang ineffizient arbeitet, ausgelagert werden soll. In der anschließenden Diskussion melden sich der betroffene Abteilungsleiter und weitere drei Führungskräfte zu Wort. In forschem Ton und mit gehobener Lautstärke versuchen die Opponenten, Sie mundtot zu machen.

Pro   Kontra

Abb. 7: Balkenwaage bei einseitiger Kritik

Szenario 2: Bedenkenträger im Freundeskreis

Während Sie einem Freundeskreis Ihre Idee zur Gründung eines eigenen Unternehmens darlegen, nörgelt einer der Teilnehmer an Ihrem Vorhaben herum: »Du willst ein eigenes Unternehmen aufbauen? Aber du hast doch gar keine Erfahrungen in dem Bereich. Viele überschätzen sich und scheitern. 20 000 Insolvenzen pro Jahr sprechen eine klare Sprache …«

Abwehrstrategie

Bei einseitiger Kritik sind Sie gefordert, Gegengewichte zu den Einwänden zu schaffen. Dies ist die einzig mögliche Abwehr. Sie können zunächst die Aussage des Angreifers und seiner Koalitionspartner aufnehmen und – im Fall sachlicher Kritik – Verständnis für angesprochene Befürchtungen und Einwände signalisieren:

- »Ich verstehe Ihre Sorgen und Bedenken …«
- »Ihre Einwände zeigen, dass es mir noch nicht gelungen ist, den Hintergrund der Maßnahme überzeugend darzulegen …«
- »Du sprichst zu Recht die Risiken einer Existenzgründung an …«

Im Anschluss daran lenken Sie gezielt von der Kontra-Seite (Einwände, Nachteile) auf die Pro-Argumente (Nutzen, Vorteile) des diskutierten Themas. Für diese Pro-Kontra-Technik benötigen Sie geeignete Brückensätze. Ihr Ziel haben Sie erreicht, sobald auf der virtuellen Waage im Kopf der Zuhörer Ihre Pro-Argumente in der Summe stärker wiegen als die Kontra-Argumente.

Abb. 8: Mit Brückensätzen auf die Pro-Argumente lenken

Zu Szenario 1: Massive Kritik bei Präsentation

— »Ich kann Ihre Bedenken gut nachvollziehen. Diese Fragen haben wir uns auch gestellt und sind zu dem Ergebnis gekommen, dass diese Maßnahme aus den folgenden Gründen die beste Lösung ist ...«
— »Ich verstehe Ihre kritische Einschätzung. Wir müssen uns jedoch vor Augen führen, welche dramatischen Konsequenzen ein Nichthandeln hätte ...«

Zu Szenario 2: Bedenkenträger im Freundeskreis

— »Ich bin überzeugt vom Erfolg der Existenzgründung, weil ich mich lange und sorgfältig auf diesen Schritt vorbereitet habe.«
— »Deine kritischen Fußnoten sind wenig hilfreich, weil sie demotivieren. Welche Tipps und Ratschläge kannst du mir geben, damit ich als Unternehmer gute Erfolgsaussichten habe?«
— »Ich erlebe deine Bemerkungen als wenig hilfreich, denn du sprichst ausschließlich Minuspunkte und Risiken an. Über Hilfen und unterstützende Aussagen würde ich mich sehr freuen.«

Kommentar: Bei der ersten Variante halten Sie ein kurzes Statement – gekoppelt mit einer Ich-Botschaft – dagegen. Auf die einzelnen Bedenken gehen Sie nicht ein. Bei der zweiten Variante lenken Sie die Aufmerksamkeit des Gegenübers auf positive Aspekte. Bei der letzten Variante starten Sie mit einer Ich-Botschaft und geben dem Gegenüber Feedback.

Übung 11: Umgang mit Nörglern

Ein nerviger Zeitgenosse nörgelt in einer informellen Runde an Ihrem neuen Internetauftritt herum: »Die Menüführung ist dilettantisch. Da fühlt man sich wie in einem Labyrinth.«
Welche Brückensätze fallen Ihnen ein, um die kritische Fußnote zu kontern:

a) mit einer Rückfrage oder
b) mit einem kurzen Statement?

Lösungsvorschläge zu dieser Übung finden Sie in Teil 3.

Das schwächste Glied in der Kette angreifen

Ihre Argumentation ist so stark wie das schwächste Glied in der Kette. Wenn Sie zu langen Ausführungen neigen, ist die Gefahr groß, Ihre starken Argumente in einer Reihe mit schwächeren Beweismitteln darzustellen. Dadurch liefern Sie dem Angreifer eine Steilvorlage. Er wird beim schwächsten Punkt einhaken und von dort aus Ihre gesamte Position attackieren.

Ein großer Teil der begrenzten Diskussionszeit wird so für die kontroverse Erörterung eines nachrangigen Arguments aufgebraucht. Ihnen bleibt weniger Zeit für die Erläuterung der wirklich zentralen Aussagen und Beweismittel. Hüten Sie sich also davor, sich auf diese Weise selbst in einen taktischen Nachteil hineinzumanövrieren.

Abwehrmöglichkeit

Nicht die Zahl, sondern die Kraft Ihrer Argumente zählt: Sie gewinnen an Souveränität, wenn Sie sich auf die starken Argumente beschränken. Bringen Sie diese auf den Punkt und vermeiden Sie Überlängen in Ihrer Beweisführung. Der Nutzenzuwachs wird immer kleiner und ab einem bestimmten Punkt negativ, je länger Sie sprechen.

Fahnden Sie daher bei der Vorbereitung, also bei der Erarbeitung und Gewichtung Ihrer Argumente, nach den Schwachstellen in der Beweisführung. Konzentrieren Sie sich auf Ihre besten Argumente und streichen Sie alles, was Angriffsflächen bieten könnte. Achten Sie bei der abschließenden Formulierung Ihrer Argumente darauf, dass diese verständlich, anschaulich und zuhörerorientiert formuliert sind und der Nutzen für Ihre Adressaten deutlich wird (siehe Teil 1, Abschnitt »Das Wichtigste: Überzeugende Botschaften«).

Extreme emotionale Szenarien

Bei dieser Taktik, die mit einseitiger Kritik gekoppelt werden kann, setzt der Angreifer auf Dramatisierung der Diskussion. Zwei Szenarien veranschaulichen diese Taktik:

1. Ängste schüren Er versucht durch zugespitzte Beispiele und aufwühlende Geschichten zu emotionalisieren, um die eigenen Argumente zu verstärken und die gegnerische Position abzuwerten (siehe »Beispiel: Energiewende«).

2. Durch Übertreibung ad absurdum führen Der Manipulator übersteigert Ihre Aussage, zum Beispiel die Konsequenzen Ihres Lösungsvorschlags, und versucht so, Sie unglaubwürdig oder gar lächerlich zu machen. Ein an sich vernünftiger Gedanke wird durch phantasievolle Ausschmückung und Fortführung derart übertrieben, dass dabei ein völlig unsinniges Ergebnis herauskommt (siehe »Beispiel: Windenergie«).

Wie gehen Sie am besten mit solchen emotionalen Szenarien um?

Abwehrmöglichkeiten

Sie können zunächst diese Taktik beim Namen nennen:

— »Wissen Sie, das Spiel mit den Ängsten ist aus meiner Sicht nicht verantwortbar.«
— »Extreme Szenarien, die nicht repräsentativ sind, bringen uns in der Sache nicht weiter.«
— »Ich schlage vor, mit Augenmaß und Vernunft an dieses Thema heranzugehen und übertriebene Szenarien auszublenden.«

Im Interesse des weiteren Dialogs können Sie auch ein weniger offensives Vorgehen wählen:

— »Herr Dr. M., es mag Einzelfälle geben, die von uns allen kritisiert werden. Der Normalfall sieht jedoch anders aus. Zu den Fakten …«
— »Ich weiß nicht, wie Sie zu Ihrer Einschätzung kommen. Fakt ist, dass wir einen vernünftigen Weg mit allen Beteiligten finden müssen. Und da ist die Politik an erster Stelle gefragt …«

Die beiden folgenden Beispiele zeigen Formulierungen für solche emotional aufgeladenen Szenarien:

Beispiel: Energiewende
Stellen Sie sich vor, Sie verteidigen die Energiewende mit dem schnellen Ausstieg aus der Kernenergie. Ein Energielobbyist hält dramatisierend dagegen: »Ihr Vorschlag gefährdet die Energieversorgung flächendeckend. Es kann zu einem Netzkollaps mit extremen Auswirkungen kommen – für die privaten Haushalte genauso wie für Krankenhäuser, die Deutsche Bahn, die Wirtschaft und die gesamte energieabhängige Infrastruktur. Jeder hat die Horrorszenarien aus Italien oder Kalifornien noch im Kopf, als ein Netzzusammenbruch zu einem Blackout führte.«

Reaktion

a) »Das ist ein extremes Szenario, das Sie da entwickeln. Bundesnetzagentur und Fraunhofer-Institut kommen allerdings zu entgegengesetzten Einschätzungen. Im Einzelnen …«

b) »Ihre Ausführung erstaunt mich. Ich kenne keine seriösen interessenunabhängigen Studien, die in diese Richtung gehen. Wie kommen Sie zu Ihrer Einschätzung?«

Kommentar: Variante a) hat den Vorteil, dass Sie im Zusammenhang entgegnen können. Die Initiative bleibt auf Ihrer Seite. Variante b) hat den Nachteil, dass der Angreifer Gelegenheit erhält, seine angstbesetzten Szenarien noch einmal darzustellen.

Beispiel: Windenergie

Sie argumentieren für einen verstärkten Ausbau der Windenergie. Ihr Gegenüber attackiert Ihren Vorschlag folgendermaßen: »Fahren Sie mal durch die Eifel. Da gibt es überall Bürgerinitiativen gegen die Verspargelung der Landschaft und gegen die Lärmbelästigung durch Windräder. Die hässlichen und lärmenden Windparks rücken immer näher an die Menschen heran und zerstören deren Lebensfreude. Mir sagte ein aufgebrachter Landwirt kürzlich im persönlichen Gespräch, er bekämpfe mit aller Kraft diese Entwicklung, bevor neben jedem Haus ein Windgenerator steht.«

Ein anderer betroffener Anwohner veranschaulicht seine heftige Kritik an der Lärmentwicklung mithilfe einer dramatischen Analogie: Er vergleicht das schlagartige Geräusch, das entsteht, wenn die Rotorblätter den Turm passieren, mit der chinesischen Tropfenfolter: »Dann kommt es nämlich zu dem sogenannten Impulston. Dieser Ton macht krank und auf Dauer wahnsinnig. Wenn man gelegentlich ein paar Wassertropfen auf den Kopf bekommt, stört das nicht. Wenn man aber periodisch und über einen längeren Zeitraum einen solchen Tropfen auf den Kopf bekommt, ist das unerträglich. Dieser Vergleich findet sich in einer Studie, die Professor Mausfeld im Jahr 2000 vorgelegt hat.«

Reaktion

»Herr S., Sie sprechen mit den Themen Lärm und Landschaftsästhetik zwei Punkte an, die entscheidend die Akzeptanz beeinflussen. Im Einzelnen …«

»Wir haben das gleiche Interesse wie Sie, alles zu tun, damit Lärmbeeinträchtigungen minimiert werden. Führende Wissenschafter empfehlen die folgenden Grenzwerte für Lärmemissionen …«

Kommentar: Durch einen Brückensatz wird das gemeinsame Interesse betont, und dann werden Hintergrundinformationen ergänzt. Sie gehen nicht auf die Übertreibung ein.

Angriffen auf Ihre Formulierungen vorbeugen

Wenn es dem Gegner schwerfällt, Ihre Argumentation in der Sache anzu-
greifen, findet er womöglich an anderer Stelle eine Achillesferse: unzulässige
Verallgemeinerungen, abstrakte Begriffe, Weichmacher und Stereotype in
Ihren Formulierungen.

Grundsätzlich lässt sich gegen solche Kritik an Formulierungen nichts sagen.
Auch bei dieser Form des Angriffs gibt es eine faire Variante. Sie zielt darauf,
die Argumentation anhand von Qualitätskriterien zu prüfen und logische
Brüche oder vage Aussagen zu hinterfragen. Der unfaire Angreifer hat aber
anderes im Sinn: Er greift Ihre Formulierungen an, weil er keine sachlichen
Gegenargumente oder Einwände hat.

Unzulässige Verallgemeinerungen

Wer sagt, »Alle Schwäne sind weiß«, formuliert eine These, die in dieser
pauschalen Form nicht haltbar ist. Es reicht der Nachweis eines schwarzen
Schwans (in Australien gibt es tatsächlich schwarze Schwäne – die Schwarz-
schwäne oder Trauerschwäne), um die These zu widerlegen. Diesem Muster
folgend sucht der Angreifer gezielt nach Verallgemeinerungen und versucht
damit, die Tragfähigkeit der Argumentation und die Kompetenz des Gegners
zu erschüttern.

Beispiel: »Herr M., Sie sagten, dass es Deutschland im Vergleich zu anderen Staaten
in Europa sehr gut gehe. Das stimmt so nicht. Es gab noch niemals in der deutschen
Geschichte so viele Menschen, die an der Armutsgrenze leben. Die Zahl der Hartz-IV-
Empfänger hat einen Höchststand erreicht, und es hat noch nie so viele Menschen gegeben, deren Lohn nicht ausreicht, um damit ihren Lebensunterhalt zu bestreiten. Sie
verallgemeinern da sehr stark und erwecken einen Eindruck, der mit der Wirklichkeit
wenig zu tun hat.«

Der Satz »Deutschland geht es im Vergleich zu anderen Staaten in Europa
sehr gut« ist in unserem Beispiel die Verallgemeinerung, die der Angreifer
aufs Korn nimmt. Da wir in der Alltagskommunikation häufig pauschale –
und damit vereinfachende – Aussagen benutzen, liefern wir im Lauf einer
längeren Diskussion viele Angriffspunkte. Da spricht man zum Beispiel recht

undifferenziert von »den Bankern«, »den Beamten«, »den Italienern«, »unseren Kunden«, »der deutschen Jugend«.

Abwehrmöglichkeiten

Sie wappnen sich gut gegen Angriffe, wenn Sie Ihre kaum zu vermeidenden Verallgemeinerungen mit relativierenden Formulierungen einleiten, wie etwa »Nach meinem aktuellen Kenntnisstand …«, »Nach meinen Recherchen …«, »Nach den Informationen, die mir vorliegen …«. Die Aussage über Deutschland könnten Sie zum Beispiel weniger angreifbar so formulieren:

- »Betrachtet man Deutschland als Ganzes …«
- »Geht man vom Pro-Kopf-Einkommen aus, dann geht es Deutschland im Vergleich zu anderen Ländern sehr gut.«

Abstrakte Begriffe

Sie bieten einem Manipulator besondere Angriffsflächen, wenn Sie abstrakte Begriffe verwenden. Denken Sie beispielsweise an Wörter wie Innovation, Coaching, IT-Lösung, Servicequalität oder Kundenorientierung. Das Problem: Die Zuhörer greifen stellvertretend auf anschauliche Bilder und Beispiele aus ihrer Vorerfahrung zurück und unterfüttern damit die abstrakten Begriffe. Vielleicht denken Sie bei »IT-Lösung« spontan an SAP-Software, Six Sigma oder an einen Tablet-PC. Wenn Sie auf eine Konkretisierung der abstrakten Begriffe verzichten, bieten Sie dem Publikum viel Spielraum und dem Angreifer durch Vieldeutigkeit und Unklarheit in der Sprache unnötige Angriffsflächen.

Ein Angreifer wird – vielleicht mit einem ironischen Unterton – bei einem abstrakten Schlagwort einhaken und nachfragen:

»Sie sprechen die ganze Zeit von Servicequalität. Dann definieren Sie doch einmal, was Sie darunter verstehen!«

Dem Manipulator geht es darum, den Eindruck zu erwecken, Ihre Argumentation stehe auf »tönernen« Füßen. Seine Logik: Die Begrifflichkeit – also das

Fundament Ihrer Argumentation – ist vage, mehrdeutig oder nichtssagend. So muss wohl auch die gesamte Argumentation mangelhaft sein.

Abwehrmöglichkeit

Achten Sie daher bei der Vorbereitung darauf, abstrakte Schlüsselbegriffe durch konkrete Beispiele, durch eine Story oder einen Vergleich zu veranschaulichen. So weiß der Zuhörer, was Sie meinen, wenn Sie Begriffe wie »IT-Lösung«, »Full Service«, »Coaching« oder »Servicequalität« verwenden. Dadurch verringern Sie die Wahrscheinlichkeit manipulativer Rückfragen.

Es lohnt sich zudem, bei der strittigen Diskussion von Lösungsvorschlägen auf die Erwartungshaltung Ihrer Zuhörer zu achten: Diese fragen sich während Ihrer Ausführungen ständig WHID: **W**as **H**abe **I**ch **D**avon, dass ich Ihnen zuhöre, dass Ihr Unternehmen »innovative IT-Lösungen« oder »exzellenten Service« anbietet.

Beispiel: »Wir bieten innovative IT-Lösungen an.«
Wenn Sie sich folgende Fragen während Ihrer Vorbereitung beantwortet haben, können Sie die abstrakte Aussage mühelos in nutzenorientierte konkrete Formulierungen umwandeln und Ihre Behauptungen mit anschaulichen Beweismitteln untermauern:

— Was haben meine Zuhörer davon, dass mein Unternehmen innovativ ist?
— Wo liegen unsere Alleinstellungsmerkmale im IT-Bereich? Inwiefern profitieren meine Zuhörer davon?
— Anhand welcher Beispiele und Referenzen kann ich den Kundennutzen veranschaulichen?
— Welche Patente, Preise, Auszeichnungen oder unbestrittene Markterfolge kommen als Beweismittel infrage?
— Welches »Bild« oder welche Story ist geeignet, die Innovationskraft meines Unternehmens zu veranschaulichen?

Weichmacher und Stereotype

Abgegriffene Redewendungen und Floskeln können in Diskussionen Ihre Überzeugungskraft schwächen und dem Gegenüber Angriffsflächen bieten. Was dabei abläuft, verdeutlichen die folgenden Beispielsätze:

»Ich bin eigentlich der Überzeugung, dass diese Software für unseren Bedarf bestmöglich passen würde.«

Reaktion des Angreifers:
»Sie sagen ›eigentlich‹. Wo liegen Ihre Bedenken?«

»Wir sind absolut sicher, dass Sie mit unserem After-Sales-Service sehr zufrieden sein werden.«

Reaktion des Angreifers:
»Herr M., bitte verstehen Sie, dass ich bei ›absolut sicher‹ nachdenklich werde. Es gibt auf der Welt nichts absolut Sicheres.«

»Wir haben versucht, hier eine Lösung zu erarbeiten.«

Reaktion des Angreifers:
»Das verstehe ich nicht. Haben Sie es nur versucht oder haben Sie eine reale Lösung erarbeitet?«

Weitere Angriffspunkte bieten Sie durch Verwendung von Passivkonstruktionen (»Es wurde festgestellt …«), durch Konjunktive (»Es könnte sein …«), das unpersönliche »man« (»Ich weiß nicht, warum man das Teil nicht geliefert hat«) oder einen zu komplizierten Satzbau.

Eine verständliche und möglichst anschauliche Sprache signalisiert eher Kompetenz als eine komplizierte Ausdrucksweise, die durch Weichmacher und Füllwörter von der Kernbotschaft ablenkt.

Arbeiten Sie daran, präzis und deutlich zu formulieren:

- Bilden Sie kurze Sätze.
- Nutzen Sie aktive Formulierungen.
- Illustrieren Sie Ihre Kernaussagen durch anschauliche Beispiele.
- Verwenden Sie Fremdwörter und Abkürzungen nur wenn notwendig.
- Verzichten Sie auf Weichmacher und Füllwörter.

Übung 12: Weichmacher und Füllwörter

Finden Sie mithilfe einfacher Tonbandaufzeichnungen Ihre eigenen typischen Schwachstellen heraus und arbeiten Sie an deren Vermeidung.

Eine Liste »Angreifbare Weichmacher und Füllwörter«, die Sie für die Analyse nutzen können, finden Sie in Teil 3.

Denken Sie daran: Wir erwarten von Führungskräften, dass sie sich verständlich ausdrücken und ohne Umschweife auf den Punkt kommen.

Manipulierende Fragen ins Leere laufen lassen

Zum Repertoire eines geschickten Manipulators gehören offene und verdeckte kritische Fragen, wie wir sie aus Stress- und Kreuzfeuer-Interviews kennen. Dabei geht es dem Angreifer darum, die Tragfähigkeit Ihrer Thesen und Argumente anzuzweifeln, Wissenslücken aufzuzeigen und Ihnen Äußerungen und Festlegungen abzuringen, auf die Sie sich eigentlich nicht einlassen wollen. Auch derart aggressives Fragen hat letztlich das Ziel, Ihre Kompetenz und Glaubwürdigkeit in den Augen der Zuhörer zu erschüttern. Weil Fragen in der Regel eine Reaktion erzwingen, kommt es Ihrer Souveränität zugute, wenn Sie sich auf provokative Fragen und Fangfragen situationsgerecht vorbereiten und sich wirkungsvolle Reaktionsmöglichkeiten überlegen.

Blocken und überbrücken

Unterschiedliche Arten von Fragen erfordern spezielle Reaktionen, die wir jeweils noch näher behandeln. Eine ganz allgemeine Regel sollten Sie jedoch immer befolgen: Bei der Reaktion auf manipulierende Fragen liegen Sie grundsätzlich richtig, wenn Sie die Zweiphasentechnik »Blocken und Überbrücken« umsetzen:

Phase 1: Blocken

Sie gehen nicht unmittelbar auf die unfaire Frage ein, sondern blocken sie mithilfe eines geeigneten Brückensatzes. So lassen Sie den Angriff zunächst ins Leere laufen.

Klassische Blocker sind zum Beispiel:

— »Ihre Frage trifft nicht den Kern des Problems …«

100

- »Ihre Frage ist nur vor dem Hintergrund der Gesamtstrategie zu beantworten …«
- »Ihre Frage trifft eher einen Randaspekt.«

In vielen Fällen können Sie den manipulativen Charakter der Frage auch beim Namen nennen:

- »Hypothetische Szenarien bringen uns in der Sache nicht weiter …«
- »Ihre Frage enthält eine Prämisse, die so nicht zutrifft …«

Weitere Brückensätze, um manipulative Fragen zu blocken, finden Sie in der Materialsammlung in Teil 3.

Phase 2: Überbrücken

Anschließend geht es darum, rhetorisch eine Brücke zu schlagen, und zwar von einem unerwünschten Thema oder einer unerwünschten Frage zur eigenen Aussage. In der Regel wird dies mit einer Kernbotschaft gelingen, die Sie unterbringen möchten; es kann aber auch eine Reaktion sein, mit der Sie die Antwort auf eine Fangfrage diplomatisch vermeiden.

Formulierungsbeispiele:

- »Ihre Frage geht am zentralen Punkt unserer Umweltstrategie vorbei (Blocken). Im Mittelpunkt unserer Strategie steht die Minimierung der CO_2-Emissionen. Im Einzelnen …«
- »Ihre Frage zeigt, dass der Hintergrund der Umstrukturierung noch nicht deutlich geworden ist (Blocken). Es sind drei zentrale Argumente, die die Veränderung notwendig machen. Erstens …«
- »Ich möchte Ihnen zu Ihrer sehr speziellen technischen Frage keine gewagte Antwort geben (Blocken). Die Details zum technischen Hintergrund liefert Ihnen gern ein Fachmann aus unserer Abteilung Forschung und Entwicklung (Überbrücken). Ich kann Ihnen aber grundsätzlich sagen, dass wir …«

Wie Sie mit den unterschiedlichen Varianten manipulativer Fragen im Einzelnen umgehen, erfahren Sie im Folgenden.

Hypothetische Fragen

Ihr Gegenüber stellt hypothetische Fragen, um Sie durch spekulative Szenarien aufs Glatteis zu führen:

1. »Sehen Sie die Gefahr eines Super-GAUs in Deutschland, wenn ein Passagierflugzeug auf ein Kernkraftwerk stürzt?«
2. »Was machen wir, wenn sich die Neuerung in einem Jahr als Flop herausstellt?«
3. Nach der Explosion eines Mietshauses mit einem Todesopfer stellt ein Journalist dem Pressesprecher des Stadtwerke die Frage: »Können Sie ausschließen, dass sich so eine Katastrophe in naher Zukunft wiederholt?«

Abwehrmöglichkeiten

Bei hypothetischen Fragen ist größte Vorsicht geboten. Wenn Sie unbedacht antworten, akzeptieren Sie implizit die Prämissen, die in der Frage stecken. Und diese sind häufig unrealistisch oder sehr unwahrscheinlich. Die beste Reaktion: Sie lassen sich erst gar nicht auf das negative (hypothetische) Spielfeld ziehen.

Reaktionen

Zu 1: »Die deutschen Kernkraftwerke sind so ausgelegt, dass ein Super-GAU auch bei einem Flugzeugabsturz ausgeschlossen ist. Unsere Reaktoren haben weltweit die höchsten Sicherheitsstandards.«
Oder: »Wenn der Stresstest von Atommeilern zeigt, dass Nachrüstungen notwendig sind, dann sind die Sicherheitsstandards entweder zu erhöhen oder die Kernkraftwerke dauerhaft abzuschalten.«

Zu 2: »Das ist eine sehr pessimistische Entwicklung, die Sie in Ihrer Frage unterstellen. In unseren Prognosen stützen wir uns auf die Zahlen des Sachverständigenrats und der anerkannten Konjunkturforschungsinstitute. Im Einzelnen erwarten wir ...«
Oder als Rückfrage:
»Welche Gesichtspunkte bringen Sie auf den Gedanken, dass die Neuerung scheitern könnte?«

Zu 3: »Kein Mensch kann mit gutem Gewissen von absoluter Sicherheit sprechen. Ich kann Ihnen aber sagen, dass sich nach menschlichem Ermessen so ein Unfall nicht wiederholen wird.«

Suggestivfragen

Es gibt eine Reihe weiterer Fragen, die eine Unterstellung enthalten und den Charakter von Fangfragen haben können. Dazu gehören zum Beispiel Suggestivfragen. Sie enthalten Wörter wie »sicher«, »auch« oder »doch«:

1. »Sie sind doch sicher auch der Meinung, dass die Castor-Transporte unverantwortliche Risiken mit sich bringen?«
2. »Sie wollen doch nicht etwa behaupten, dass ein Tempolimit auf deutschen Autobahnen die Kohlendioxid-Emissionen spürbar reduzieren würde?«

Abwehrmöglichkeiten

Blenden Sie konsequent den suggestiven Anteil der Frage aus. Reagieren Sie mit einem Brückensatz und geben Sie dann Ihre Antwort.

Zu 1: »Das sehe ich anders. Die Castor-Transporte sind ohne Alternative, solange wir die Kernenergie noch nutzen …«

Zu 2: »Genau das ist meine Meinung. Ein Tempolimit auf deutschen Autobahnen würde die Kohlendioxid-Emissionen erheblich reduzieren. Eine Untersuchung der RWTH Aachen hat berechnet, dass …«

Zitieren kritischer Untersuchungen

Hierbei wird ein Wissenschaftler oder eine Untersuchung mit einer kritischen, oft sogar fingierten Einschätzung zu Ihren Thesen zitiert.

Frage

»In Sachen Elektrosmog kommt das Öko-Institut in Freiburg zu einer sehr kritischen Einschätzung. Macht Sie das nicht nachdenklich?«

Bedenken Sie bei Ihrer Replik, dass es heute zu beinahe jedem strittigen Thema Hunderte mehr oder weniger seriöse Untersuchungen gibt. Diese Tatsache können Sie in Ihrer Antwort nutzen.

Reaktion

- »Sie wissen, dass es zum Thema Elektrosmog zig Untersuchungen gibt. Wir stützen uns bei der Beurteilung der Gefahren von Elektrosmog auf die Max-Planck-Gesellschaft und das Fraunhofer-Institut. Zwei Untersuchungen möchte ich stellvertretend zitieren …«
- »Zu jedem Thema gibt es Pro und Kontra …«
- »Es gibt neue Zahlen, die Ihre Aussagen relativieren …«

Anführen negativer Aspekte und Erfahrungen

Der Angreifer konzentriert sich in seiner Frage auf Risiken, Schwachstellen oder Akzeptanzprobleme Ihres Konzepts oder Lösungsvorschlags. Zur Beweisführung und Illustration zitiert er (mitunter fingierte) kritische Presseberichte, Kommentare von Experten oder Erfahrungen unzufriedener Kunden.

Frage

1. »Die Autoreisenden sind stocksauer, dass Sie gerade zu Beginn der Urlaubszeit die Bauarbeiten hier an der A3 aufnehmen müssen. Heißt das für Sie Kundenorientierung?«
2. »Als Airline, die Billigflüge anbietet, sprechen Sie zwar immer von exzellentem Service. Dabei erleben die Kunden Buchung und Einchecken als chaotisch und den Service als nicht vorhanden. Wie stehen Sie dazu?«

Abwehrmöglichkeiten

Wenn negative Beispiele und Erfahrungen angesprochen werden, sind Sie gut beraten, zunächst Verständnis zu zeigen oder sich sogar zu entschuldigen. Reagieren Sie also in einem ersten Schritt auf der emotionalen Ebene. Anschließend können Sie Zahlen, Daten und Fakten zum Hintergrund oder zur Erklärung bringen. Es wäre psychologisch ungeschickt, auf eine emotionale Frage direkt mit einer rationalen Replik zu antworten.

Reaktion

Zu 1: »Aus der Sicht der Autoreisenden scheint das natürlich schwierig (Brückensatz). Wenn man sich jedoch mit den Details beschäftigt, dann …«

»Die emotionale Reaktion der Autoreisenden kann ich gut nachvollziehen (Brückensatz). Wer den Hintergrund für das Timing kennt, wird sehen, dass es praktisch keine Alternative gab …«

Zu 2: »Sie sprechen einzelne negative Erfahrungen an. Dabei wird häufig übersehen, was wir schon erreicht haben …«

»Ihre Frage zeigt mir, dass noch nicht deutlich geworden ist, was wir unter Service und Kundenorientierung verstehen. Ich nutze gern die Gelegenheit, um …«

Unterstellung mit Folgefrage

Der Manipulator stellt eine falsche Behauptung auf und verknüpft diese unmittelbar mit einer Frage. Je größer das erlebte Stressniveau, umso eher wird der Ungeübte auf diese unfaire Taktik hereinfallen – er wird die Unterstellung stehen lassen und auf die Frage eingehen.

Frage

1. »Ihr Unternehmen gilt ja seit der Ölkatastrophe vor vier Jahren als das schwarze Schaf in Sachen Umweltbewusstsein. Wie werden Sie Ihre ökologischen Ziele in Zukunft formulieren?«
2. »George W. Bush hat über Sie gesagt, dass Sie ein Mann voller Enthusiasmus sind, ein Präsident voller Talent, aber dass Sie ein verschwendetes Talent waren, weil ohne Ziel. Was ist heute Ihr Ziel?« (Journalist von N24 an Bill Clinton)

Abwehrstrategie

Rücken Sie zuerst die falsche Prämisse, die in der Frage steckt, in aller Klarheit zurecht. Sonst entsteht der Eindruck, dass Sie die Unterstellungen akzeptieren.

Reaktion

Zu 1: »Ich weiß nicht, wie Sie zu solchen Aussagen kommen. Das Gegenteil ist richtig …« oder
»Ihre Frage enthält eine Unterstellung, die unrichtig ist. Ich nutze gern die Gelegenheit, um unser Umweltschutzkonzept zu erläutern. Im Einzelnen …«

Zu 2: »Zunächst war das politisch vielleicht gut, aber lächerlich, was er da gesagt hat. Ich hatte ein Ziel: Die Wirtschaftspolitik, für die er steht, umzukehren. Das habe ich auch geschafft ... Wir haben gegen den Terror ständig angekämpft, also zu sagen ›verschwendetes Talent‹, das ist einfach falsch, die Tatsachen stehen dagegen.«

Fragen jenseits Ihrer Fachkompetenz

Der Manipulator stellt Ihnen Fragen, die Ihre fachlichen Kompetenz oder Ihre Zuständigkeit übersteigen. Eine Variante dieser Taktik: Sie werden mit wohlüberlegten Testfragen – etwa nach Zahlen, Definitionen oder Untersuchungen – konfrontiert, die Sie mit hoher Wahrscheinlichkeit nicht beantworten können. Sind Ihre Antworten ungenügend oder gar falsch, leitet der Angreifer daraus Ihre Inkompetenz ab.

Fragen

1. Als Pressesprecher eines Energieunternehmens werden Sie mit einer technischen Detailfrage konfrontiert: »Wie kommt es, dass die Siedewasserreaktoren der Baulinie 69 Konstruktionsmängel aufweisen, die dazu führen können, dass die *inneren Reaktorhüllen* bei extremen Belastungen bersten?«
2. In der Diskussionsrunde nach einer Präsentation stellt ein Teilnehmer die Frage: »Wo stehen Sie mit Ihrer Technologie im Weltmaßstab?«
3. »Haben Sie eine Vorstellung, wie hoch das Bruttosozialprodukt und die Investitionsquote in der Bundesrepublik Deutschland im Jahr 2002 waren?« Der Angegriffene verneint. »Dann hat es wenig Sinn, mit Ihnen weiter über Wirtschaftspolitik zu diskutieren.«
4. Peter Frey (ZDF) fragt Joachim Gauck nach seiner Wahl zum Bundespräsidenten am 18. März 2012: »Was ist Ihre Erklärung dafür, dass Angela Merkel Sie [als Bundespräsident] nicht wollte? Sie wollte Sie ja zweimal nicht.«

Abwehrmöglichkeiten

Jede Führungskraft hat ein bestimmtes Tätigkeitsprofil, eine abgegrenzte fachliche Spezialisierung. Daher kann niemand erwarten, dass Sie Detailfragen aller Art beantworten können. Es ist also legitim, eine Frage diplomatisch zurückzuweisen, wenn sie jenseits Ihrer Fachkompetenz liegt. Weil einsilbige Antworten häufig unsicher wirken, sollten Sie Ihre Antwort um freie Informationen erweitern, die auf einer höheren Abstraktionsebene eine Kernbotschaft enthalten. Dies kommt einer positiven Außendarstellung zugute. Bei Prüffragen können Sie ähnlich verfahren: Sie wechseln die Ebene und lenken die Aufmerksamkeit auf ein wichtiges Sachthema.

Reaktionen

Zu 1: »Die detaillierte Beantwortung Ihrer Frage möchte ich den Spezialisten meines Unternehmens überlassen. Ich stelle Ihnen gern einen Kontakt her zu den zuständigen Ingenieuren. Erlauben Sie mir an dieser Stelle eine grundsätzliche Aussage zu unseren Sicherheitsstandards …«

Zu 2: »Nach meinen Recherchen betreten wir mit diesem Lösungsvorschlag Neuland …«
oder:
»Wir haben im Rahmen der Entwicklung natürlich die wichtigsten Lösungsansätze anhand eines Kriterienkatalogs geprüft. Unser Vorschlag ist mit Abstand die beste Option für unsere Aufgabenstellung …«

Zu 3: »Es bringt uns in der Sache nicht weiter, wenn wir uns gegenseitig Zahlen abfragen. In der wirtschaftspolitischen Diskussion geht es um zwei Kernprobleme …«
oder mit Rückfrage:
»Ich halte wenig davon, uns gegenseitig Zahlen abzufragen. Mir ist nicht ganz klar geworden, wo Sie die Hauptursachen für die schwache Investitionsneigung sehen …«

Zu 4: Antwort von Joachim Gauck: »Wissen Sie, Herr Frey, wenn so viele kluge Journalisten in diesem Land noch nicht hereinschauen konnten in Frau Merkel, warum soll ich das können? Ich habe sie ja viel seltener getroffen als Sie. … Von daher fragen Sie mich etwas, wo ich sagen muss: ›Tja, ich weiß es nicht.‹«

Fangfragen zu Nichtgesagtem

Der Manipulator verwendet einen Begriff oder einen ethischen Standard, der aus Sicht der Zuhörer oder des Publikums einen hohen Stellenwert hat. Dies können Begriffe sein wie Umweltschutz, Wertewandel, Risiko, Kostenbewusstsein, Qualität, Wettbewerb. Der Angreifer wirft seinem Gegenüber nun vor, dieser oder jener Begriff sei in seiner Argumentation nicht oder nur unzureichend vorgekommen.

Fragen

1. »Was mich nachdenklich macht, Herr M.: Sie haben bei der Präsentation des Lösungsvorschlags an keiner Stelle die Risiken angesprochen, die auftreten können. Sind Sie
   auf dem Auge blind?«
2. »Ich habe mich beim Zuhören gefragt: Warum haben Sie die Frage der Akzeptanz in
   der Öffentlichkeit nicht angesprochen?«

Abwehrmöglichkeit

Lassen Sie sich durch dieses Manöver nicht irritieren. Machen Sie klar, was
das Thema der Präsentation war. Es gibt noch viele andere Aspekte, aber die
Zeit ist begrenzt. Sie können damit das Angebot verknüpfen, bei nächster Gelegenheit auf die Frage einzugehen, oder den Angreifer durch eine Rückfrage
zwingen, seine allgemeine Frage zu präzisieren.

Reaktion

Zu 1: »Wir können gern die Risiken ansprechen. Welcher Punkt ist Ihnen denn besonders
wichtig?« oder:

»In der Präsentation ging es vorrangig um die Eckpunkte einer tragfähigen Lösung.
Die Frage der Risikodiskussion stellt sich erst in einem zweiten Schritt.«

Zu 2: »Ich nutze gern Ihre Frage, um die Prioritäten meines Themas noch einmal zu
verdeutlichen …«

»Die Frage der Akzeptanz berührt das Präsentationsthema nur am Rande. Wir können
diesen Teilaspekt gern bei der nächsten Teambesprechung auf die Agenda setzen.«

Unbewiesene Behauptungen und Vorwürfe

Aus der Luft gegriffene Behauptungen und Vorwürfe können die Zuhörer
einer Diskussion nicht leicht als solche erkennen. Die Gefahr ist groß, dass
es dem Manipulator damit gelingt, ein schlechtes Licht auf Ihr Unternehmen
oder Ihre Person zu werfen. Lassen Sie sich durch diese unfaire Taktik auch
dann nicht verunsichern, wenn die Behauptungen mit viel Emotion vorgetragen werden.

Frage

»Das Image Ihres Unternehmens war noch nie so schlecht wie heute. Sie schreiben seit zwei Jahren rote Zahlen, entlassen 3 000 erfahrene Mitarbeiter, sind laut Öko-Institut in Freiburg auf dem ökologischen Auge blind und waren bei Ihren Kunden noch nie so unbeliebt wie heute. Wie erklären Sie sich diese Talfahrt?«

Abwehrmöglichkeiten

Ein schwerer Fehler wäre es, aus einer Reihe von unbewiesenen Behauptungen einzelne Aspekte herauszugreifen und diese zu widerlegen. Aus der Sicht des Publikums bleiben dadurch die übrigen Vorwürfe unwidersprochen. Daher empfiehlt es sich, alle Behauptungen des Angreifers in einem Satz zu entwerten. Daran knüpfen Sie zwei bis drei Argumente an, die das Image Ihrer Unternehmung fördern und Ihre Position stärken.

Reaktion

- »Sie zeichnen da ein völlig falsches Bild (Brückensatz). Zuerst möchte ich klarstellen ...« (Hierbei bewerten Sie in einem Satz alles, was der Angreifer gesagt hat) oder:
- »Ihre Feststellungen haben zum Glück mit der Wirklichkeit nichts zu tun (Brückensatz). Ich möchte zum Thema xy drei Bemerkungen machen ...« oder:
- »Sie reihen sehr pauschale Vorwürfe aneinander (Brückensatz). Die Fakten sehen anders aus ...«

Die folgende Übung gibt Ihnen die Möglichkeit, manipulierende Fragen zu beantworten. Achten Sie darauf, nicht auf Fangfragen anzuspringen.

Übung 13: Manipulierende Fragen souverän kontern

1. »Professor Malik von der Universität St. Gallen vertritt eine entgegengesetzte Position zu Ihrer Markteinschätzung. Macht Sie das nicht nachdenklich?« (Behauptung ist fingiert.)
2. »Sie wollen doch wohl nicht im Ernst behaupten, dass Ihre Strategie wettbewerbsfähig ist.« (Suggestivfrage)
3. »Es steht doch ganz außer Frage, dass ...«, »Der gesunde Menschenverstand muss uns doch sagen ...«, »Es besteht doch kein Zweifel, dass ...« (Behauptung ohne Beweismittel)

4. »Können Sie uns den Erfolg dieser Change-Maßnahme zu 100 Prozent garantieren?«

5. »Sollen wir die Abteilung nun auflösen oder nicht?« (Sie sind der Meinung, dass sich diese Frage so nicht stellt.)

6. »Die Wissenschaft bescheinigt uns, dass die Wirkung von Kommunikationstrainings nach einigen Tagen verpufft.« (unbewiesene Behauptung)

7. »Sie stehen doch selbst nicht hinter dem Vorstandsbeschluss, ein Drittel der Arbeitsplätze abzubauen. Muss bei der Arbeitsmarktlage nicht alles getan werden, um die Jobs zu erhalten?« (Angriff auf die Glaubwürdigkeit)

8. »Das Servicekonzept in Ihren Fliegern hält keinem Vergleich stand mit arabischen und ostasiatischen Airlines. Es ist ein schlechter Witz, wenn Sie Kunden zu Fans machen wollen.« (pauschale Unterstellung mit Folgefrage)

9. »In Ihrer Unternehmenspräsentation sprechen Sie hauptsächlich von ökonomischen Herausforderungen. Was mich nachdenklich macht: Sie haben nicht einmal von Umweltschutz oder der Recyclingfähigkeit Ihrer Produkte gesprochen.« (Fangfrage zu Nichtgesagtem)

Lösungsvorschläge zu dieser Übung finden Sie in Teil 3.

Strategien gegen Macht- und Dominanzgebärden

Wer dominant auftritt, dem sind Macht, Erfolg und Status sehr wichtig. Der dominante Typ gilt als selbstsicher, durchsetzungsstark und zielorientiert. Er ist von seiner Kompetenz und Urteilskraft überzeugt und bewundert sich selbst. Er möchte den Gang der Dinge bestimmen, Situationen seinen Stempel aufdrücken und setzt alle Mittel ein, um Gesprächspartner in seinem Sinne zu beeinflussen.

Es gibt verschiedene Ausprägungsgrade von Dominanz. In maßvoller Dosierung haben dominante Charakterzüge eine durchaus positive Seite. Führungskräfte benötigen eine gewisse Dominanz für den beruflichen Erfolg und für die Durchsetzungsfähigkeit. Die Eigenschaft ist wichtig, um Ideen, Strategien und konkrete Maßnahmen gegen Widerstand zu verteidigen und auch in einem kritischen Umfeld Kurs zu halten.

Bedenklich wird es, wenn Führungskräfte im Interesse des persönlichen Erfolgs und des eigenen Status Dominanz und Härte ohne Rücksicht auf die Konsequenzen für andere einsetzen. Dann beeinträchtigt Dominanz die Motivation der Mitarbeiter und schränkt die Fähigkeit ein, sich in andere Menschen einzufühlen und deren kreative Potenziale zu nutzen.

In diesem Kapitel geht es um die Frage, wie Sie sich am besten gegen verbale und nonverbale Macht- und Dominanzäußerungen wappnen und welche Besonderheiten beim Argumentieren in Hierarchien zu beachten sind.

Beim Wortgefecht mit Alphatieren geraten die meisten Menschen unter Stress. Wer nicht gelernt hat, mit derartigen Machtspielen umzugehen, gerät schnell unter Druck und verliert die Kontrolle. Vor allem dann, wenn man zwar viel Empathie und Begeisterungsfähigkeit mitbringt, nicht aber das notwendige Selbstvertrauen und den Biss, um gegenüber dominanten Gegenspielern zu bestehen.

Was ist ein »Alphatier«?

Das Wort Alphatier kommt aus der Verhaltensforschung. Es bezeichnet das Leittier eines Rudels oder einer Gruppe, das wegen seiner körperlichen Stärke und Erfahrung oder aufgrund seiner Aktivitäten die höchste Position in der Rangordnung innehat. Alpha – der erste Buchstabe im griechischen Alphabet – steht für diese Dominanzposition. Die Übertragung des Begriffs auf die Managementwelt hat sich seit Langem eingebürgert, wobei positive wie negative Assoziationen mitschwingen.

Oft wird der Begriff verwendet, um beherrschende, autoritäre und kompromisslose Führungspersönlichkeiten zu kennzeichnen. Rücksichtslose Dominanzgebärden sind an der Tagesordnung, um die eigene Machtposition zu verteidigen und potenzielle Konkurrenten in die Schranken zu weisen. Dabei sind manipulative Taktiken durchaus willkommen.

Dieses Buch empfiehlt Führungskräften, ihre Dominanz gemäßigt auszuleben. Sie müssen zwar in der Lage sein, sich kämpferisch durchzusetzen, sich dabei jedoch an ethische Regeln halten, ihre Entscheidungen verantwortungsbewusst treffen und Mitarbeiter an den Problemlösungsprozessen beteiligen.

Sie sind bestmöglich auf Alphatiere mit unterschiedlichen Graden der Dominanz vorbereitet, wenn Sie situativ passende Konterstrategien für alle möglichen Charaktere verfügbar haben. Beim Umgang mit Alphatieren, die Gespräche zu dominieren versuchen, gibt es nicht den Königsweg, der elegant aus jeder Stresssituation herausführt. Ratsam sind in jedem Fall differenzierte Reaktionen, die Ihren eigenen Status, Ihre Interessenlage und die Besonderheiten der jeweiligen Ausgangssituation berücksichtigen.

Welche Reaktion angemessen ist, hängt auch davon ab, ob das Dominanzverhalten von einem statushöheren Akteur kommt, von einem potenziellen Konkurrenten mit gleichem Status oder von einer Person mit einem niedrigeren Rang in der Hierarchie. Schließlich muss sich eine Reaktion an den Besonderheiten der jeweiligen Kommunikationssituation orientieren.

Verbale Dominanz in Besprechungen und Diskussionen

Besprechungen, Konferenzen und informelle Diskussionsrunden sind beliebte Bühnen für Dominante. Wie man auch in politischen Talkshows sieht, geht es ihnen ganz entscheidend darum, bei der Diskussion komplexer Themen wie Finanzkrise, Wirtschaftspolitik oder Energiepolitik die Deutungshoheit für sich zu behaupten.

Dominante freuen sich über Konfrontationen mit dem Gegner in Pro-und-Kontra-Debatten. Denken Sie beispielsweise an Gesprächsrunden mit Peter Scholl-Latour, Oskar Lafontaine oder mit Peer Steinbrück. Dabei nehmen sich die Akteure auch das Recht auf Regelverletzungen, um den Zuhörern Macht zu demonstrieren. Unfaire Angriffe auf gegnerische Positionen und harte, herabsetzende Schlagfertigkeit gehören genauso zu dominantem Auftreten wie das Ritual mit der Zigarette beim Altbundeskanzler Helmut Schmidt. Das unausgesprochene Motto: »Ich kann mir erlauben, ungestraft die üblichen Gesprächsregeln zu missachten, weil ich einen besonderen Status habe.«

Im beruflichen Alltag neigen Führungskräfte aus verschiedenen Gründen zu Dominanzgebärden: Neben einer narzisstischen Persönlichkeit gehören dazu Ungeduld und Zeitdruck, die Grundeinstellung, alles dem kurz- und/oder langfristigen Unternehmenserfolg unterzuordnen, und die Überzeugung, selbst über den besten Gesamtüberblick und die größte Urteilskraft zu verfügen. Diese Personen scannen die Ausführungen eines Gesprächspartners sehr schnell unter den folgenden Fragestellungen: »Was bringt es mir? Was bringt es für die Problemlösung? Raubt mir der andere die Zeit?« Entsprechend greift das Alphatier rigoros ein, wenn aus seiner Sicht Nebensächlichkeiten oder nachrangige Details debattiert werden.

Neben den dargestellten Techniken der Kampfdialektik (siehe Kapitel »Strategien gegen offene Angriffe«) nutzen Alphatiere in Gesprächsrunden oder im Zweiergespräch besonders folgende Interventionstechniken, um den Argumentations- und Meinungsbildungsprozess in die gewünschte Richtung zu lenken.

Wenn Alphatiere »dazwischenfunken«

Dominante Akteure nehmen sich das Recht, sich in Gespräche jederzeit und ungefragt einzuschalten – aus taktischen Gründen, bei aus ihrer Sicht schwachen Argumenten oder zu langen Wortbeiträgen. Der Angegriffene kann nicht ausreden, wird in den Tiefstatus gedrängt und läuft Gefahr, in eine Stresssituation zu geraten. Dies erreichen Alphatiere durch:

- **Killerphrasen,** die mit einem eigenen Argument verknüpft sind: »Ihr Vorschlag geht am Markt vorbei. Aus strategischer Sicht müssen wir näher an den Kundenerwartungen bleiben ...«, »Das läuft in der Praxis nicht. Alle Ansätze in dieser Richtung sind in der Vergangenheit gescheitert ...«, »Da muss ich vehement widersprechen ...«.
- **Kritische Fragen,** die dem Kontrahenten zusetzen und ihn verunsichern: »Was soll das bringen?«, »Wo liegt der Mehrwert für uns?«, »Ich habe noch nicht verstanden, worauf Sie hinauswollen.«, »Was ist das entscheidende Argument?«. Er nutzt das gesamte Spektrum manipulativer Fragen, die Dominanz verstärken und zur Verunsicherung des Befragten beitragen (siehe Abschnitt »Manipulierende Fragen ins Leere laufen lassen«).
- **Einhaken bei Schlüsselwörtern:** Bei diesem dialektischen Kunstgriff nimmt der Angreifer ein markantes Stichwort des Gegenübers auf und verknüpft damit ein eigenes Argument: »Ich nehme das Stichwort *Verdrängungswettbewerb* gern auf ...«, »Apropos *Kostensituation* ...«, »Mit Ihrem Begriff *neue Märkte* kann ich mich nicht anfreunden ...«.
- **Ich-Botschaften,** die eine negative Befindlichkeit signalisieren: »Mich irritiert ein Punkt ganz entscheidend ...«, »Ihre Ausführungen machen mir an einer Stelle großes Kopfzerbrechen ...«, »Langsam werde ich unruhig ...«.
- **Ignorieren und Blockieren** der Argumente der Gegenseite: Daran anknüpfend lenkt der dominante Akteur die Aufmerksamkeit auf Punkte, die seinen eigenen Interessen entsprechen. Hierbei werden gerne abwertende Brückensätze eingesetzt: »Ihre Argumentation geht am zentralen Problem vorbei. Die wichtigste Herausforderung liegt darin, ...«, »Zunächst eine Vorbemerkung. Es kommt darauf an, dass wir mit der strategischen Neuausrichtung wirklich ernst machen. Bei den bisherigen Wortbeiträgen fehlt mir ...«.
- **Übernahme der Rolle des Moderators** – auch wenn man die Besprechung nicht leitet: »Wir entfernen uns jetzt vom Thema ...«, »Gibt es zu dem Thema weitere Wortmeldungen ...?«, »Ich bitte um kürzere Beiträge zur Sache.«, »Ich fasse die Argumente zusammen ...«.

Die erwähnten Interventionstechniken haben eines gemeinsam: Der dominante Akteur signalisiert seinem Gegenüber, dass er sich aufgrund seiner Machtposition über Gesprächsregeln hinwegsetzen kann. Er macht ihm außerdem klar, dass seine Kompetenz und Urteilsfähigkeit in dem betreffenden Punkt nicht ausreichen. All dies soll dem Angegriffenen zeigen: Er befindet sich in der unterlegenen Position.

Stellen Sie sich darauf ein, dass dominante Akteure häufig versuchen, Ihre Standfestigkeit und Stressresistenz zu testen: Hierbei setzen sie Killerphrasen, kritische Nachfragen und Unterbrechungen gezielt ein, um herausfinden, inwieweit Sie sich verunsichern lassen und wie fest Sie selbst hinter Ihren Thesen und Argumenten stehen.

Sie sind bestens gewappnet, wenn Sie Ihre Kernbotschaften verfügbar haben und wirkungsvolle Konterstrategien einsetzen. Durch verbale Dominanz dürfen Sie sich nicht beirren lassen. Nehmen Sie vor allem die kritischen Interventionen nicht persönlich. Sie demonstrieren Stärke, wenn Sie bei Killerphrasen mit Brückensätzen Zeit gewinnen und dann eine konkretisierende Rückfrage stellen.

Bei unfairen Attacken oder manipulativen Taktiken können Sie die 4-I-Methode einsetzen. Dabei ist es ratsam, bei statushohen dominanten Managern den unfairen Anteil des Angriffs zu ignorieren und über einen deeskalierenden Brückensatz zum Thema zu lenken. Nutzen Sie also die erste Strategie der 4-I-Methode (Ignorieren von Unfairness).

Kommen unfaire Angriffe von Führungskräften der gleichen Ebene oder von statusniedrigeren Kollegen und Mitarbeitern, können Sie auch schlagfertig kontern oder die unfaire Taktik direkt ansprechen. In völlig festgefahrenen Situationen steht die vierte Strategie der 4-I-Methode zur Verfügung, also das Isolieren von Unfairness durch Abbruch oder Unterbrechung des Gesprächs (siehe Abschnitt »Angriffe auf Ihre Person stoppen«).

Menschen mit ausgeprägtem Einfühlungsvermögen neigen dazu, sich leicht das Wort nehmen zu lassen. Trainieren Sie Beharrlichkeit, um Ihre Ausführungen freundlich, aber konsequent weiterzuführen – mindestens bei Kontrahenten mit gleichem oder niedrigerem Status. Dies wird Ihre Umgebung als stark erleben. Wenn Sie sich unterbrechen lassen, haben Sie einen kleinen Machtkampf verloren. Üben Sie im Alltag, Störungen zu ignorieren und einfach weiterzusprechen.

Unterbricht Sie ein Alphatier in Ihren Ausführungen, empfiehlt es sich, dies hinzunehmen; die Situation könnte sonst eskalieren. Allerdings sollten Sie nach dem Beitrag des Alphatieres das eigene Argument zu Ende bringen. Sie zeigen dadurch, dass Sie die Störung registriert haben. Beispiel: »Herr Dr. M., ich nehme Ihre Anregung gern auf, möchte aber zunächst noch mein Argument zu Ende führen …«

Wenn Sie sich zutrauen, dagegenhalten und dadurch eine Grenze zu setzen, sollten Sie das Wort wertschätzend und konsequent verteidigen: »Herr Dr. S., geben Sie mir noch die Chance, den Gedanken abzuschließen.«

Was hilft gegen Chef-Monologe?

Ein dominanter Charakter nimmt, wenn es seinen Interessen dient, für sich mehr Redezeit in Anspruch, als er den übrigen Teilnehmern zubilligt. Neben Eitelkeits- und Imagegründen können auch innere Dialoge längere Wortbeiträge auslösen: »Wir können nur dann zu guten Ergebnissen kommen, wenn ich das Heft in die Hand nehme … Ich muss eingreifen, um das Schiff (den Diskurs in einem Meeting, die Pro-und-Kontra-Debatte, die Entwicklung in einem Gespräch) auf dem richtigen Kurs zu halten … Ich muss ein klares Gegengewicht zu den untauglichen Positionen der Teilnehmer X und Y schaffen … Ich habe als Einziger den strategischen Gesamtüberblick.«

Dominante Gesprächspartner neigen insbesondere dann zu längeren Ausführungen, wenn sie einen Deutungsrahmen für das Problem oder das Thema anbieten wollen. Sie stellen sich häufig als diejenigen dar, die Hintergründe plausibel erklären oder zumindest eine tragfähige, an die Lebenserfahrung anknüpfende und verständliche Interpretation der unübersichtlichen Zusammenhänge liefern können. Insbesondere in Talkshows lässt sich dies gut beobachten.

Kunstgriffe, mit denen dominante Gesprächspartner ihre Redezeit ausreizen:

Die Stimme oben lassen: Dominante Sprecher setzen alles daran, ihre Gedankenkette ganz darzulegen. Sie vermeiden es daher, zum Ende eines Sinnabschnitts die Stimme zu senken, weil an dieser Stelle ein anderer einhaken könnte. Hans-Dietrich Genscher hat diese Technik perfektioniert: Er spricht ohne Pause einfach weiter in den nächsten Satz hinein und behält dadurch das Wort.

Erstens, zweitens, drittens: Wer das Wort hat, kann sich längere Beiträge dadurch sichern, dass er zu Anfang auf eine dreifach gegliederte Argumentation hinweist: »Ich habe drei kritische Anmerkungen zu Ihrem Vorschlag …« Falls jemand während der Ausführungen zu unterbrechen versucht, lässt sich leicht kontern: »Bitte geben Sie mir Gelegenheit, noch den dritten Punkt darzustellen.«

Dominante Rhetorik: Erfahrene Alphatiere bringen ihre Kernbotschaften ohne Umschweife auf den Punkt und setzen auf eine einfache, direkte Sprache. Wer Stärke und Dominanz betonen möchte, setzt zudem auf kurze Sätze, aktive Formulierungen und vermeidet »Weichmacher«, die die Überzeugungswirkung mindern. Er unterstreicht Führungsstärke und Souveränität, indem er wichtige Inhalte bewusst langsamer spricht. Zu einer dominanten Sprache gehört auch der Einsatz rhetorischer Verstärker (siehe Abschnitt »Selbstsicher auftreten – die äußere Haltung« in Teil 1), die mit erhöhter Lautstärke vorgebracht werden.

Reaktionsmöglichkeiten

Wenn Teilnehmer mit niedrigem Status nervtötende Koreferate halten oder Nebenkriegsschauplätze aufmachen, werden sie rasch gestoppt: Moderator und statushöhere Führungskräfte werden den Vielredner in die Schranken weisen – die Gruppe reguliert diese Störung autonom. Dafür bieten sich zum Beispiel diese Interventionsformen an:

- Sie unterbrechen den Vielredner konsequent und freundlich mit einer Spiegelungsfrage und nehmen so das Heft in die Hand: »Herr S., wenn ich Sie richtig verstanden habe, meinen Sie …« Danach sprechen Sie selbst weiter.
- Alternativ können Sie nach der Unterbrechung des Vielredners eine präzisierende Rückfrage stellen: »Herr S., mir ist nicht klar geworden, welcher Punkt für Sie entscheidend ist?« Diese Variante birgt allerdings die Gefahr, erneut einen Monolog zu provozieren.
- Wirkungsvoller ist es, wenn der Moderator gleich zu Beginn der Besprechung die Redezeit begrenzt und den Punkten der Agenda ein Zeitbudget zuordnet. Halten sich Teilnehmer nicht daran, kann er unterbrechen und sozusagen von seinem Hausrecht Gebrauch machen: »Herr S., wir hatten uns auf kurze Beiträge verständigt. Was ist Ihre Kernaussage?«

In Besprechungen und Meetings kommen in der Regel die meisten Wortbeiträge von den statushöheren Führungskräften. Sie sind rhetorisch erfahren und verfügen über die Gesprächstechniken, mit denen sie sich das Wort nehmen. Statusschwachen Teilnehmern und introvertierten Menschen fällt es häufig schwer, sich aktiv am Diskussionsverlauf zu beteiligen, weil es ihnen am notwendigen Selbstvertrauen und wirkungsvollen Interventionstechniken mangelt.

Wie Sie selbst zu Wort kommen

Es gibt zwei Möglichkeiten, das Wort zu ergreifen: Sie können abwarten, bis Sie gemäß Agenda mit Ihrem Thema an der Reihe sind oder der Moderator oder andere Teammitglieder Ihnen eine Frage stellen. Diese reagierende Strategie führt schlimmstenfalls dazu, dass Sie schweigend in der Besprechung sitzen und den aktiven Teilnehmern beim Diskutieren zuhören.

Setzen Sie besser auf eigene Aktivität und Initiative: Bemühen Sie sich um das Wort, wenn Sie dies für geboten halten. Sie können zum Beispiel dem Moderator oder dem betreffenden Redner durch Blickkontakt und Handzeichen eine Wortmeldung signalisieren. Ob dies ausreicht, hängt von der Kommunikationskultur im Unternehmen und der Sensibilität der anderen Teilnehmer ab.

Je emotionaler die Diskussion und je dominanter die Akteure, desto schwieriger wird es sein, allein mithilfe körpersprachlicher Signale zum Zuge zu kommen. Eine effiziente Strategie besteht darin, die kleinen Pausen zum Ende eines Gedankengangs oder einer Argumentation zu nutzen, um selbst einzuhaken. Das Zeitfenster hierfür ist oft nur einen Wimpernschlag geöffnet. Wenn Sie sich dann freundlich und bestimmt das Wort nehmen und die sachliche Argumentation bereichern, steht dieses Verhalten durchaus in Einklang mit partnerschaftlicher Gesprächskultur.

Streiten sich mehrere Teilnehmer um das Wort, setzt sich häufig derjenige mit der größeren Lautstärke oder der höheren hierarchischen Position durch. Ein starker Moderator kann das verhindern. Er hat die Aufgabe, die Wortbeiträge zu koordinieren. Dann ist es naheliegend, die Wortbeiträge in der Reihenfolge der Meldungen aufzurufen. Eine Ausnahme ist zulässig, wenn die Intervention ein vorgetragenes Sachargument korrigieren will, bei dem etwa die Daten nicht mehr aktuell oder fehlerhaft sind. Aufgabe der Moderation ist es auch, die Diskussion nach thematischen Aspekten zu strukturieren und Diskussionsstränge zu einem Ergebnis zu führen.

Was Sie in jedem Falle beachten sollten

- Sie benötigen Biss, um zu Wort zu kommen. Nur wer den Willen dazu hat, bekommt die notwendige Redezeit.
- Sprechen Sie langsam und deutlich. Schnelles und leises Sprechen mindern Ihren Status.
- Bieten Sie allen Teilnehmern in ruhigem Wechsel Blickkontakt an.

Suchen Sie sich aus den folgenden Optionen diejenigen aus, die zu Ihrer Persönlichkeit, zu Ihrer Risikoneigung und zur Situation passen.

Interventionen mit mäßigem Risiko:

- Sie stimmen der Argumentation eines anderen zu. Ein solcher Beitrag ist mit geringem Risiko verbunden. Beispiele: »Das ist auch meine Erfahrung ...«, »Ich finde Ihre Argumentation sehr überzeugend ...«
- Sie akzeptieren die Ausführungen eines anderen und führen diese weiter. Beispiel: »Herr S., ich kann mit Ihrem Vorschlag gut leben, möchte ihn jedoch noch ergänzen um einen Aspekt, der für mein Team einen hohen Stellenwert hat.«
- Sie stellen Verständnisfragen. Dies ist zum Beispiel dann sinnvoll, wenn Ihr Gegenüber zu komplizierten Schachtelsätzen neigt, die nicht selbsterklärende Fachsprache seines Ressorts (zum Beispiel IT oder Recht) nutzt oder abstrakte, mehrdeutige Begriffe verwendet, die Anlass für Missverständnisse bieten.
- Sie stellen Fragen, um die vorgetragenen Behauptungen und Beweismittel zu prüfen: »Mir ist nicht klar geworden, wie Sie Ihre These beweisen wollen«, »Woher nehmen Sie die Sicherheit, dass unsere Kunden Ihren Lösungsvorschlag akzeptieren?« Gerade wenn rhetorisch versierte Teilnehmer argumentieren, ist dies häufig ein wirkungsvolles Mittel, um die Tragfähigkeit einer Argumentation zu prüfen.

Manipulatoren wissen um die Macht der kritischen Nachfrage. Sie finden in jeder Diskussion, in jeder Verhandlung und in jeder Präsentation ungezählte Möglichkeiten, um andere Personen aufs Glatteis zu führen. Eine Schwachstelle wird sich immer finden, bei der man einhaken und das positive Gesamtbild erschüttern kann. Denken Sie etwa an die Partisanentechnik (siehe Kapitel »Verdeckte Angriffe und üble Machtspiele abwehren«).

Interventionen mit erhöhtem Risiko:

- Sie führen ein neues Argument in die Diskussion ein, das bisher noch nicht zur Sprache gekommen ist. Hier besteht das Risiko vor allem darin, dass der Beitrag von den statushöheren Teilnehmern nicht beachtet oder kritisiert wird.

- Sie nehmen einen kritischen Einwand oder ein Gegenargument auf und lenken über einen Brückensatz auf Ihr Argument: »Im Prinzip stimme ich zu. Was jedoch den Punkt xy angeht, haben wir im Team andere Erfahrungen gemacht ...«
- Sie sprechen eine statushöhere Führungskraft, die sich bisher aus der Diskussion herausgehalten hat, direkt an und fragen nach ihrer Einschätzung: »Herr Dr. A., mich würde interessieren, wie Sie die Entwicklung einschätzen?«, »Herr B., welche Anforderungen haben Sie an die neue Technologie?«
- Sie erinnern an die Agenda und den roten Faden: »Wir entfernen uns jetzt vom diskutierten Thema. Unsere Ausgangsfrage lautete doch ...«
- Sie kritisieren Thesen und Argumente von Fachexperten oder statushöherer Teilnehmer: »Das kann ich nicht nachvollziehen«, »Unsere Erfahrungen gehen in eine andere Richtung«, »Das steht im Widerspruch zu den Fakten«.

Wer die Gruppendynamik und das Beziehungsgefüge in einer Gruppe nicht genau kennt, ist gut beraten, zunächst eher zuzuhören und Interventionstechniken mit mäßigem Risiko zu nutzen.

Tipps für Teamdiskussionen

- Sie werten einen Gesprächspartner auf, wenn Sie seine Ideen und Argumente aufnehmen und weiterführen.
- Ihr Status steigt, wenn Ihre Ideen und Argumente weiterverfolgt werden – insbesondere von den statushohen Akteuren.
- Sie fördern Ihren Status durch sympathische, glaubwürdige und kompetente Personalisierung Ihrer Botschaften (siehe Teil 1, Kapitel »Sieben Grundregeln für starke Konter«).

Besonders in der Einstiegs- und Schlussphase von Diskussionsrunden können Alphatiere den Gang der Diskussion höchst wirkungsvoll beeinflussen. Sie nutzen dabei die Tatsache, dass sowohl der erste als auch der letzte Eindruck besonders prägend sind.

Wenn ein Alphatier die Richtung vorgeben will

Der dominante Akteur nutzt häufig die Einstiegsphase einer Besprechung oder eines Tagesordnungspunktes, um den Teilnehmern einen bestimmten Rahmen für den anschließenden Gedankenaustausch vorzugeben. Dadurch grenzt er das Spielfeld für die Diskussion ab. Im Eröffnungsstatement kann er zum Beispiel ein zentrales Problem definieren, ein wichtiges strategisches Ziel benennen oder Erwartungen und Entscheidungskriterien verdeutlichen. Diese Ausführungen des Chefs gelten dann als leitende Maxime und sind nicht selten Dreh- und Angelpunkt der weiteren Debatte. Die übrigen Teilnehmer werden kaum Kritik am Eingangsstatement üben oder in Konfrontation gehen.

> Anker setzen: Das Statement in der Eröffnungsrunde beeinflusst den Verlauf und die Inhalte einer Diskussion oft besonders nachhaltig.

Erfahrene Diskutanten nutzen diese Taktik auch in Talkshows. Sie formulieren in der Eröffnungsrunde eine provokante These, um die Aufmerksamkeit der Zuhörer auf einen bestimmten Aspekt zu lenken: Oft erreichen sie damit, dass sich alle Teilnehmer nur noch mit dieser Aussage auseinandersetzen. Natürlich können Sie diese Profitechnik auch für sich nutzen.

Der TV-Moderator Ulrich Kienzle setzt dieses Stilmittel häufig zu Beginn einer Talkshow ein. In einem Polittalk bei Maybrit Illner in der heißen Phase des Irakkonflikts brachte er in seinem ersten Wortbeitrag mit Nachdruck die These vor, es gehe nicht darum, Atomwaffen zu finden oder den Diktator zu stürzen. In dem Krieg gehe es einzig und allein um die Ölinteressen der US-Amerikaner. Diese taktische Intervention brachte alle Teilnehmer dazu, sich vorrangig mit dieser provokanten These auseinanderzusetzen.

Reaktionsmöglichkeiten

Wenn dominante Teilnehmer in Diskussionsrunden versuchen, durch eine provokante Ausgangsthese einen frühen Anker zu setzen, lässt sich der Moderator häufig darauf ein. Er hat aber auch die Möglichkeit, diesem Versuch nicht mehr Aufmerksamkeit zu schenken als den übrigen Wortbeiträgen und das Frage-Antwort-Spiel wie geplant durchzuführen. Maybrit Illner hat das in der besagten Talkshow nicht getan. So konnte Ulrich Kienzle durch die frühe Intervention die Diskussion umfunktionieren.

Allerdings ist der Einsatz dieses dramaturgischen Mittels nur denen zu empfehlen, die im Thema sattelfest sind, Spaß am Provozieren haben und die notwendigen rhetorischen Fähigkeiten mitbringen, ihre eigene These erfolgreich zu verteidigen.

Bei beruflichen Meetings werden es die Teilnehmer in der Regel ohne Widerspruch akzeptieren, wenn der Chef einen frühen Anker setzt. Inwieweit dazu ein Gegengewicht geschaffen werden kann, hängt von der Risikobereitschaft der übrigen statushohen Führungskräfte, dem emotionalen Beziehungsgefüge in der Gruppe und der Brisanz des Themas ab.

Bei einem strategisch wichtigen Thema kann es zielführend oder gar geboten sein, eine Gegenargumentation oder sachliche Einwände vorzubringen. Das Risiko lässt sich dadurch begrenzen, dass man für alle Fälle im Vorfeld Allianzen schmiedet, um bei Interventionen des Alphatiers zu bestimmten neuralgischen Themen Flagge zu zeigen.

Dazu können nach dem frühen Anker des dominanten Akteurs mehrere Statements mit Argumenten, Einwänden oder kritischen Fragen eingebracht werden, um die Vorgabe des Ranghöchsten zu relativieren. Zumindest wird dadurch Problembewusstsein für diese Aspekte geschaffen. Im günstigen Fall wird eine Diskussion zu dem frühen Anker in Gang gesetzt. Solche konzertierten Aktionen werden aber eher die Ausnahme sein, denn das Manöver »Frühe Anker setzen« trifft die übrigen Teilnehmer in der Regel unvorbereitet.

Wenn der Chef sich bedeckt hält

Erfahrene Alphatiere nutzen gerne ein zweites taktisches Spiel, das mit geringem Risiko verbunden ist: die späte Festlegung. Dahinter steckt die Absicht, zunächst den Meinungstrend in der Gruppe kennen zu lernen und sich erst gegen Ende der Diskussion zu positionieren. Diese Taktik kommt vor allem dann infrage, wenn er selbst noch keine klare Argumentation entwickelt hat.

Während der Diskussion verfolgt der Dominante aufmerksam die Pro-und-Kontra-Argumentation. Er stellt Fragen, lockt die stillen Teilnehmer durch gezielte Ansprache aus der Reserve und fordert auch kritische Bewertungen und Einwände heraus. So bringt er in Erfahrung, wie sich die Schlüsselpersonen zu dem kontroversen Thema positionieren: Wer argumentiert gegen wen? Wo zeichnen sich Koalitionen ab? Wer gehört in welchem Fall zu meinen Verbündeten, wer zu den Kritikern? Welche Konsequenzen haben die Lösungsvorschläge?

Der große taktische Vorteil für das Alphatier (wie auch für engagierte Nicht-Alphatiere): Der Dominante kann seine Position durch Abwägung von Pro und Kontra klären und besser begründen. Für die Schlussphase der Diskussion bleibt ihm so die Option, entweder nun den eigenen Standpunkt zu formulieren oder aber die kontroverse Besprechung als ersten Schritt im Meinungsbildungsprozess zu interpretieren und sich persönlich noch nicht festzulegen. Im letzteren Fall könnte er formulieren: »Ich denke, die Pro-und-Kontra-Argumente sind heute deutlich geworden. Wir werden beim nächsten Meeting das Thema erneut aufnehmen und hoffentlich zu einer Entscheidung kommen.«

Diese Taktik, den Meinungstrend abzuwarten und sich dann mit geringem Risiko in Szene zu setzen, ist nicht nur in beruflichen Meetings alltäglich. Man sagt sie zum Beispiel auch Angela Merkel nach: Sie hält sich bei kontroversen Themen aus der beginnenden Diskussion heraus, vermeidet frühe Festlegungen und positioniert sich erst, wenn die Situation kontrollierbar ist. Dieses Verhalten hat ihr den Ruf der abwartenden, eher moderierenden statt führenden – ja sogar zögerlichen – Kanzlerin eingebracht. Dass diese Strategie von Erfolg gekrönt sein kann, hat Merkel schon in der legendären Elefantenrunde mit dem dominant auftretenden Gerhard Schröder am Wahlabend 2005 unter Beweis gestellt. Allerdings zeigt das Beispiel auch: Die Möglichkeit zum taktierenden Abwarten haben nur jene, die Macht besitzen, sei es im Meeting, sei es im Kanzleramt.

Reaktionsmöglichkeiten

Die abwartende Taktik birgt für die dominante Führungskraft neben den erwähnten Chancen auch Risiken: Wer sich aus dem Diskussionsprozess bis zum Schluss heraushält, läuft Gefahr, dass die Meinungsbildung in eine unerwünschte Richtung verläuft. Hat sich durch die intensive Pro-und-Kontra-Argumentation eine klare Tendenz oder gar Überzeugung bei den statushohen Führungskräften und Schlüsselpersonen herauskristallisiert, wird es für das Alphatier schwierig, diese Positionen noch einmal umzudrehen.

Daher ist es auch für mächtige Alphatiere im Zweifel günstiger, das Eisen zu schmieden, solange es heiß ist. Sobald sich die Diskussion in eine fragwürdige Richtung zu entwickeln droht, sollte der Chef im Interesse des Sachziels rechtzeitig intervenieren – mit einem Gegenargument, einem kritischen Einwand oder etwa der Frage nach der Tragfähigkeit von Beweismitteln.

Er könnte auch in einem kurzen Eingangsstatement Eckpunkte (»Anker«) festlegen, damit sich die Diskussion in einem abgesteckten Rahmen bewegt.

Die Teilnehmer einer Teamdiskussion können der dominanten Taktik des Abwartens entgegenwirken, indem sie in direkter oder indirekter Weise frühe Reaktionen des Entscheiders provozieren. Beispiele:

a) Der Vorgesetzte wird nach seinen Entscheidungskriterien oder nach seiner Einschätzung gefragt:
   – »Herr Dr. S., welche zusätzlichen Kriterien gibt es, die aus strategischer Sicht zu berücksichtigen sind?«
   – »Wäre die gerade diskutierte Option aus Ihrer Sicht ein gangbarer Weg – auch im Hinblick auf unsere Gesamtstrategie?«
b) Eine statushohe Führungskraft formuliert eine These, die den Letztentscheider mit hoher Wahrscheinlichkeit herausfordert:
   – »Der Diskussionsprozess zeigt, dass dieser Vorschlag durchaus kompatibel ist mit den ökologischen Zielen unseres Unternehmens. Wie sehen Sie das?«

Mit dominanter »Begleitmusik« bei Präsentationen umgehen

Eine schwierigere Situation ist kaum vorstellbar: Eine dominante ranghöhere Führungskraft oder ein Kunde unterbricht Ihre Präsentation und nimmt Ihnen das Zepter aus der Hand.

Szenario 1: Als Projektleiter halten Sie eine Präsentation vor einem wichtigen Kundenkreis. Ihr Chef hat sich entschieden, die Veranstaltung durch seine Anwesenheit aufzuwerten. Während Ihrer PowerPoint-Präsentation unterbricht er Sie mehrfach. Und nicht nur das: Sie merken bereits nach dem ersten längeren Statement Ihres Vorgesetzten, dass er nur begrenzte Detailkenntnis hat. Als Projektverantwortlicher sind Sie in einem Dilemma: Einerseits wollen Sie die Inhalte sachlich korrekt und überzeugend darlegen; auf der anderen Seite können Sie Ihren Chef vor dem Kundenkreis nicht bloßstellen. Was tun?

Szenario 2: Sie präsentieren vor den Mitgliedern der Geschäftsführung ein neues Konzept zur Personalentwicklung und Weiterbildung. In der Einstiegsphase des Vortrags kommt es zu einer Intervention des dominanten Controllers. Er merkt kritisch an, der Effekt der Investitionen im Humanbereich lasse sich nicht evaluieren. Der Marketingchef hält dagegen. Auch andere Teilnehmer fühlen sich angesprochen und sind kurz davor, sich in die Diskussion einzuschalten. Was können Sie tun, um die Situation zu deeskalieren und zur Präsentation zurückzukehren?

Interventionsmöglichkeiten

Um eine solche Situation von vornherein zu vermeiden, ist ein vorgeschaltetes Gespräch denkbar. Es könnte bei Szenario 1 in diese Richtung gehen: »Herr S., wir haben morgen unseren Präsentationstermin beim Kunden xy. Ich habe den Lösungsvorschlag ausgearbeitet und bin – wie es der Kunde wünscht – auf eine 30-minütige Präsentation eingestellt. Ich würde mit Ihnen gern besprechen, wie Sie meine Rolle dort sehen und wie wir uns bestmöglich ergänzen können. Welche Erwartungen haben Sie?« Wenn die Reaktion auf einer allgemeinen Ebene bleibt nach dem Motto »Wir werden das schon gut auf die Reihe bringen ...«, »Ich werde Sie nach besten Kräften unterstützen ...«, können Sie auch eine konkretisierende Frage stellen, die Ihre Vorstellungen unterstützt: »Was halten Sie davon, dass Sie zu Anfang ein paar grundsätzliche Ausführungen zu diesem Projekt machen und ich daran anschließend die Präsentation im Zusammenhang halte?«

Wenn ein Vorabgespräch nicht möglich ist und der Chef Ihnen während einer Präsentation die Show stiehlt, sind Sie gut beraten, auf eine unmittelbare Reaktion zu verzichten. Sie wollen ja auch in Zukunft mit ihm zusammenarbeiten. Ihre Zurückhaltung in dieser Situation trägt dazu bei, dass er sein Gesicht wahren kann.

Suchen Sie stattdessen nach der Veranstaltung das Gespräch mit dem Chef. Dies gilt natürlich auch für Szenarien, bei denen Sie im Team präsentieren, zum Beispiel zusammen mit einem Kollegen der gleichen Ebene oder einem Spezialisten.

Geben Sie Ihrem Vorgesetzten in ruhiger, konstruktiver Weise Feedback und treffen Sie eine Verabredung für die Zukunft.

Zu Szenario 1: »Ich möchte mit Ihnen noch einmal über die Präsentation vom Dienstag sprechen. Ich fand es schade, dass wir den zeitlichen Rahmen nicht einhalten konnten. Wie haben Sie den Ablauf erlebt?« Kommt keine Reaktion, können Sie konkreter werden: »Ich hätte mich gefreut, die Präsentation ohne frühe Diskussionen zu Ende zu bringen. Allerdings fühlte ich mich durch Ihren Beitrag zwischendurch in eine passive Rolle gedrängt, weil sich die Diskussion verselbstständigte. Ich habe bewusst auf eine Intervention verzichtet, weil dies vielleicht unseren gemeinsamen Auftritt beschädigt hätte. Mich würde interessieren, wie Sie das erlebt haben ...?« und weiter »Ich wünsche mir für die Zukunft eine Rollenverabredung!«

Bei Zwischenfragen und Einwänden während der Präsentation ist es ratsam, dem dominanten Gesprächspartner eine kurze Antwort zu geben und dann auf einen späteren Gliederungspunkt oder die Diskussion zu verweisen.

Zu Szenario 2: »Herr Dr. S., Sie haben Recht, die Evaluation ist eine sehr wichtige Frage, die auch für meine Abteilung einen hohen Stellenwert hat. Ich komme im Verlauf der Präsentation eingehend darauf zu sprechen. Darf ich Sie daher bitten, Ihre Frage ein paar Minuten zurückzustellen?« Wenn das Alphatier insistiert, sollten Sie die Frage beantworten und danach auf die Diskussionsphase nach dem Vortrag verweisen. »... so weit zu Ihrer Frage. Ich schlage vor, die weiteren Fragen und Einwände in der anschließenden Diskussion zu behandeln.«

Allgemein ist man gut beraten, Verständnisfragen sofort zu beantworten und weiterführende Einwände und Beiträge in der anschließenden Diskussion zu behandeln. Dies fällt leichter, wenn Sie Ihre Zuhörer bereits in der Einleitung auf dieses Vorgehen hinweisen.

Im Zweiergespräch auf Augenhöhe bleiben

Alphatiere haben in der Regel wenig Zeit. Sie sind ungeduldig und befassen sich ungern mit Nebenaspekten. Kommen Sie daher im Gespräch mit dominanten Führungskräften sofort zur Sache: Fragen Sie in der Einstiegsphase nach dem zeitlichen Rahmen und nach den Erwartungen des Gegenübers an das Gespräch:

- »Was ist Ihnen heute besonders wichtig?«,
- »Welche Erwartungen haben Sie an das Gespräch?«
- »Bevor ich Ihnen das Konzept xy darstelle – wie sieht Ihr zeitlicher Rahmen für unser Gespräch aus?«

Für Ihre Argumentation gilt das Motto: »Betone den Nutzen und reduziere die Details!« Ranghohe Entscheider werden nicht dafür bezahlt, sich mit Einzelheiten zu beschäftigen. Daher sollten Sie sich auf Kernbotschaften konzentrieren und erst bei Rückfragen weitere Details ergänzen. Um eine gemeinsame Basis zu schaffen, können Sie an eine strategische Aussage anknüpfen, die Ihr Gegenüber in der Vergangenheit zum Thema gemacht hat, zum Beispiel im Rahmen einer Rede, eines Interviews, einer Pressekonferenz, eines Meetings.

Schlüsselfragen für die Zuhöreranalyse vor dem Gespräch

- Was ist aus Sicht des Gesprächspartners interessant und wichtig?
- An welche Vorerfahrungen und Vorkenntnisse des Gegenübers kann ich anknüpfen?
- Welche Erwartungen und Entscheidungskriterien hat er vermutlich?
- Welche Schlüsselthemen und Herausforderungen stehen aktuell auf seiner Agenda?
- Welchen Nutzen bringt mein Vorschlag für ihn? Wie lässt sich der Nutzen quantifizieren?
- Mit welchen Einwänden, kritischen Fragen muss ich rechnen?
- Was weiß ich über den Argumentationsstil des Gesprächspartners?

Falls bei der vorbereitenden Zuhöreranalyse Fragen offen geblieben sind, können Sie diese im Gespräch stellen: »Bevor ich Ihnen xy darstelle, eine Frage an Sie: Welche Kriterien sind Ihnen besonders wichtig?«, »Welche Anforderungen haben Sie an xy?«, »Welche Prioritäten setzen Sie bei xy?«

Während des Gesprächs ist es ratsam und fördert einen guten Kontakt, wenn Sie Aussagen oder Schlüsselbegriffe des dominanten Akteurs aufgreifen und dann Ihre Argumentation weiterführen. Damit signalisieren Sie, dass Sie aktiv zuhören: »Wenn ich Sie richtig verstanden habe, dann …« oder »Ich nehme Ihre Aussage zur Nachhaltigkeit gern auf und …«.

Bedenken Sie bei der Nutzenargumentation auch den Zeithorizont: Muss

Ihr Gesprächspartner kurzfristig Erfolg nachweisen oder ist seine Strategie mittelfristig (auf zwei bis drei Jahre) orientiert?

Kalkulieren Sie ein, dass ein dominanter Partner in allen Phasen des Gesprächs Ihre Belastbarkeit testet (siehe Abschnitt »Selbstvertrauen und Stressresistenz – die innere Haltung« in Teil 1) und ausprobiert, wie weit er geben kann. Er fühlt Ihnen durch Rückfragen auf den Zahn. »Wie schätzen Sie xy ein? Sie sind doch der Fachmann … Wie lange beschäftigen Sie sich schon mit der Materie? … Das ist uninteressant für mich. Ich möchte wissen …«

Wenn Ihr Gegenüber unterbricht oder andere Dominanzgebärden zeigt, können Sie wertschätzend zuhören, das ein oder andere Stichwort mitschreiben und weiter argumentieren, sobald er seinen Gedankengang zu Ende geführt hat. In der Regel bringt es nichts, das Wort gegen Statushöhere zu verteidigen. Wichtig ist: Bleiben Sie körpersprachlich souverän und lassen Sie sich nicht verunsichern. Nutzen Sie die Möglichkeit, Fragen zu stellen und den Nutzen Ihres Angebots noch einmal hervorzuheben.

Wenn Sie selbst eine dominante Seite haben, können Sie sich durch souveränes Verhalten im Gespräch viel Respekt verschaffen: Sie können (dosiert) schlagfertig reagieren, Ihrem Gegenüber gezielt Fragen stellen, durch Brückensätze auf Ihre Kernargumente lenken oder auf Erfolgsgeschichten des Alphatiers mit einer eigenen Geschichte reagieren. Provokationen und Killerphrasen können Sie selbstsicher begegnen, zum Beispiel: »Gut, dass Sie Ihre Bedenken so offen ansprechen. Das gefällt mir.«, »Sie halten offenbar unsere Preise für überhöht. Ich erkläre Ihnen gern unsere Preispolitik …«

Solche Kommunikation auf Augenhöhe verlangt allerdings viel Fingerspitzengefühl: Sie dürfen niemals überziehen, damit das Gesprächsklima im positiven Bereich bleibt. Sie gewinnen an Akzeptanz, wenn Sie Ihre Kernbotschaften klar, anschaulich und nutzenorientiert vortragen. Vermeiden Sie bei Gesprächen mit der ersten Führungsebene lange Beiträge. Wenn nicht sachliche Gründe für längere Ausführungen sprechen, sollten Ihre Wortbeiträge in der laufenden Diskussion höchstens eine halbe Minute (Faustregel) dauern. Diese 30-Sekunden-Regel ist ein Erfahrungswert, der sich als arithmetisch gewichtetes Mittel vieler Wortbeiträge ergibt.

Auf Augenhöhe mit dominanten Gesprächspartnern

- Überlegen Sie vorher, wie Sie eine gemeinsame Basis mit dem Gegenüber schaffen können.
- Bereiten Sie kurze Kernbotschaften vor.
- Alphatiere sind am Nutzen interessiert (was bringt das?) und weniger an Details.
- Beachten Sie konsequent die vorgegebene Zeit.
- Präsentieren Sie bei Lösungsvorschlägen Alternativen und überlassen Sie dem Entscheider die Wahl.
- Agieren Sie auch körpersprachlich selbstbewusst.
- Bleiben Sie bei Unterbrechungen wertschätzend und freundlich.

Nonverbaler Dominanz selbstsicher begegnen

Ein Alphatier setzt gern seine Körpersprache ein, um Antipathie, Ablehnung oder Skepsis auszudrücken. Dabei zielt der Angreifer darauf ab, Gesprächspartner und Publikum durch Signale von Dominanz und Stärke zu beeindrucken, gleichzeitig sein Gegenüber einzuschüchtern und dessen Selbstwertgefühl zu schwächen. Wer auf derartige Machtspiele nicht eingestellt ist, gerät leicht unter Druck, verliert seine Sicherheit und macht dadurch häufiger Fehler.

Dem Manipulator geht es darum, sich in eine überlegene Rolle (»Hochstatus«) und sein Gegenüber in eine unterlegene Rolle (»Tiefstatus«) zu bringen: Wir benutzen in diesem Kapitel die Begriffe »Hoch- und Tiefstatus«, um derartige Dominanzsignale besser analysieren und einordnen zu können – sowohl beim territorialen Verhalten im Unternehmen, bei der Sitzanordnung wie auch in der eigentlichen Kommunikation, also beim Sprechen und Zuhören.

Statusspiele an der Körpersprache erkennen

Die Begriffe »Hoch- und Tiefstatus« stammen aus der Theaterarbeit. Nach Keith Johnstone, einem englischen Regisseur und Schauspiellehrer, zeigen Bühnenfiguren ihren aktuellen Status jeweils in ihren Bewegungen. Figuren im Hochstatus dominieren andere, im Tiefstatus werden sie dominiert. Wer im Hochstatus agiert, hat die Kontrolle. Der Tiefstatus steht für eine passive, unterlegene Rolle. Der positive Gegenentwurf zu diesen beiden Polen ist der sogenannte Gleichstatus: Wer im Gleichstatus handelt, teilt die Kontrolle, und die Beteiligten agieren auf Augenhöhe.

Der Hochstatus zeigt sich häufig in folgenden körpersprachlichen Merkmalen: aufrechte Haltung, entspannte Schultern; dynamische und raumgreifende Gestik; sicherer Stand und natürliche Bewegung im Raum; im Zentrum einer »Bühne« stehen; beim Sitzen und Stehen wird viel Raum beansprucht; offener, ruhiger, fester Blick; normaler Abstand zum Gegenüber; hohes Maß an Präsenz und Handlungsbereitschaft.

Der Tiefstatus zeigt sich in nonverbalen Signalen von Unsicherheit und Unterlegenheit: zurückgenommener, gekrümmter Körper; hochgezogene Schultern, oft gesenkter Kopf; unsicherer Stand; beim Sitzen und Stehen wird wenig Raum beansprucht; kleine Gestik; Hände bleiben versteckt oder blockiert; am Rand einer »Bühne« stehen; fahrige und hektische Bewegungen; unsteter Blick; respektvolle Distanz zum Gegenüber.

Treten Sie nicht in jeder Situation im Hochstatus auf. Die Kunst der Gesprächsführung besteht darin, die Beteiligung der Mitwirkenden so zu organisieren, dass in einem dynamischen Wechsel mal der eine, mal der andere dominiert. Wer als Vorgesetzter etwa ein positives Feedback gibt oder Lob ausspricht, ist gut beraten, seine Dominanz stimmlich und körpersprachlich zurückzunehmen. Andernfalls läuft er Gefahr, dass sein Verhalten unsympathisch und arrogant wirkt. Insbesondere, wenn Sie mit ängstlichen, schüchternen, aber oft hochkompetenten Menschen zu tun haben, sollten Sie die Lautstärke reduzieren, auf Augenhöhe gehen und dem anderen signalisieren, dass Sie wirklich zuhören und an seiner Meinung interessiert sind.

Spricht Ihr Mitarbeiter über ein Projekt, das ihn begeistert, geben Sie ihm die Chance, dies im Hochstatus zu tun. Die vielen kleinen Gespräche des Alltags sind besondere Gelegenheiten, um einen menschlichen Kontakt zum Mitarbeiter zu pflegen und ihm nicht ständig Ihre Dominanz und Wichtigkeit zu demonstrieren.

Demgegenüber zielt der Machtspieler darauf, seinen Gegner dauerhaft in den Tiefstatus zu drängen und dadurch auf längere Sicht einen taktischen Vorteil zu bekommen.

Seien Sie zurückhaltend bei der Interpretation der Körpersprache Ihres Gegenübers. Es gibt in der Kinesik keine eindeutigen Wenn-dann-Zusammenhänge. Daher ist es nicht hilfreich, bestimmte Körperpositionen wie nonverbale Momentaufnahmen zu deuten. Achten Sie vielmehr auf Entwicklungen im körpersprachlichen Ausdruck Ihres Gesprächspartners: Inwieweit ändert sich seine Haltung im Laufe des Gedankenaustauschs und an welchen Stellen?

Der Regisseur Stefan Spies (2010) spricht in diesem Zusammenhang von »Wendepunkten«. Das sind wahrnehmbare Momente, in denen ein Mensch von einer Haltung in eine andere wechselt. Achten Sie zum Beispiel darauf, ob sich die Körpersprache an bestimmten Stellen öffnet oder schließt, ob der Stresslevel Ihres Gegenübers zunimmt oder abnimmt, ob die Distanz zum Gegenüber sich verkleinert oder vergrößert. Der Abstand zwischen Ihnen und Ihrem Partner zu Anfang des Gesprächs ist allein nicht aussagefähig. Interessanter ist dagegen, wie sich diese Distanz während des Gesprächs oder der Diskussion vergrößert oder verkleinert.

Im Folgenden lernen Sie die wichtigsten körpersprachlichen Dominanzsignale und die jeweils geeigneten Abwehrmöglichkeiten kennen. Dabei ist zu bedenken, dass nonverbale Signale nur im Gesamtzusammenhang einer Situation eindeutig interpretiert werden können.

Meist zeigen Manipulatoren typische Dominanzgebärden gleich beim ersten Zusammentreffen. Sie wollen ihren Hochstatus vom ersten Augenblick an manifestieren. Häufige Dominanzgebärden sind:

- den eintretenden Besucher bewusst warten zu lassen, auf Blickkontakt zu verzichten und zunächst demonstrativ weiterzuarbeiten;
- den Besucher mit besonders festem Händedruck zu begrüßen oder auf den Handschlag zu verzichten;
- beim Gehen und Begleiten von Personen grundsätzlich ein wenig vorzugehen und damit das Tempo und die Richtung zu bestimmen.

Strategien bei Verletzung Ihres persönlichen Territoriums

Bei dieser Variante körpersprachlicher Drohungen greift der Manipulator verletzend in Ihr persönliches Territorium ein. Er nutzt dabei ein sozialpsychologisches Phänomen: In unsere persönliche Zone (»Intimdistanz«) lassen wir in der Regel nur Partner, enge Freunde und Verwandte. Dieser Bereich erstreckt sich in unserem Kulturkreis vom direkten Körperkontakt bis hin zu etwa 60 bis 80 Zentimeter Abstand. Dies entspricht ungefähr einer Armlänge. Halten sich fremde Menschen in diesem Bereich auf, etwa im Aufzug oder in einer überfüllten Straßenbahn, so erleben wir dies als unangenehm und bedrängend. Wir kompensieren diesen Stress, indem wir den anderen nicht anschauen. Die normale Gesprächsdistanz schließt sich an die Intimdistanz an und reicht bis etwa 1,20 Meter. Wenn der Machtspieler ohne ersichtlichen Grund in den persönlichen Bereich eindringt, engt er seinen Gesprächspartner emotional ein, senkt dessen Status und übt subtil Druck auf ihn aus. Der Effekt ist die Demonstration von Macht und Dominanz.

Zu den Revierverletzungen gehören beispielsweise folgende Dominanz- und Drohgebärden:

- Den Besucher durch eine »führende« Handbewegung zu seinem Platz oder in eine bestimmte Richtung lenken: Bei amerikanischen Politikern und Managern ist üblich, ausländische Besucher freundlich, aber bestimmt am Arm zu fassen und in eine bestimmte Richtung zu komplimentieren. Ein Führungsanspruch kann sich auch in solchen kleinen Gesten zeigen.
- Ein ambitionierter Kollege berührt im Gespräch häufiger Ihren Arm und klopft Ihnen auf die Schulter.
- Ein Kollege kommt Ihnen im Gespräch sehr nahe und bleibt in dieser Position, während er mit Ihnen spricht.

Zum persönlichen Territorium eines Mitarbeiters gehören auch dessen Schreibtisch und Arbeitsunterlagen. Da sie eng mit dessen Arbeitserfolgen verbunden sind, stellen sie für Manipulatoren ein besonders interessantes Zielobjekt dar. Taktiken dabei sind zum Beispiel:

- an den Schreibtisch des Mitarbeiters herantreten, sich darauf abstützen und in dieser dominanten Haltung (im »Hochstatus«) Anweisungen geben;
- Gegenstände wie Akten, Unterlagen, iPad auf den Schreibtisch des Mitarbeiters, Kollegen oder Chefs legen;
- neben oder hinter den Schreibtisch des Mitarbeiters gehen und inspizieren, was da alles ausgebreitet ist;
- sich an den Schreibtisch des Mitarbeiters setzen und Unterlagen oder persönliche Gegenstände in die Hand nehmen;

- bei einem Treffen auf neutralem Boden, zum Beispiel in einem Hotel, mehr Raum auf einem Tisch für sich in Anspruch nehmen als der Partner. Normalerweise teilt man einen Tisch an einem neutralen Ort instinktiv so auf, dass jedem eine Hälfte zusteht.

Was Ihr Gesprächspartner von Ihnen hält, erkennen Sie auch daran, inwieweit er Ihr Territorium respektiert oder missachtet!

Abwehrmöglichkeiten

Lassen Sie sich von körpersprachlichen Ritualen der Dominanz und Drohung nicht irritieren. Nehmen Sie das Verhalten einfach zur Kenntnis und verbuchen es unter Erkenntnisgewinn: Sie haben einen ersten Eindruck erhalten, wie Ihr Gegenüber tickt. Der innere Dialog »Da muss er sich schon etwas anderes einfallen lassen, um mich unter Druck zu setzen« kann Ihnen helfen, souverän und gelassen zu agieren.

Die folgenden Praxistipps helfen Ihnen im Umgang mit revierverletzenden Dominanzgebärden.

Agieren Sie auf Augenhöhe. Wenn Sie den Raum betreten und kein Zeichen der Aufmerksamkeit erhalten, gehen Sie wie selbstverständlich auf den Gesprächspartner zu – ohne zu zögern und mit sicheren Schritten. Sprechen Sie ihn höflich und bestimmt auf den vereinbarten Termin an. Schaut er auf die Uhr, fragen Sie ruhig nach seinem zeitlichen Rahmen. Besser noch: Fragen Sie in der Einstiegsphase des Gesprächs nach der geplanten Gesprächsdauer. So haben Sie auch den zeitlichen Rahmen – in gewissen Grenzen – unter Kontrolle.

Sorgen Sie für den richtigen Abstand. Verletzt Ihr Gegenüber Ihre persönliche Distanzzone, ist es ratsam, sich nach der Begrüßung nicht seitlich von ihm aufzustellen, sondern genau gegenüber, also Gesicht zu Gesicht. Diese Position schafft Abstand zum Gesprächspartner und erschwert die Berührung. Sie signalisiert durch sicheren Stand und Blickkontakt zudem Präsenz und Souveränität.

Sobald Ihnen jemand sehr nahe kommt und Sie sich dadurch bedrängt fühlen, können Sie den erwünschten Abstand wiederherstellen, indem Sie ein bis zwei Schritte zurückgehen. Sie können auch blitzschnell eine Aktion (als »Befreiungsschlag«) starten: »Herr M., ich möchte Ihnen gern etwas zeigen.« Dann setzen Sie sich sofort in Bewegung und steuern das Ziel an, das Sie sich schon vorher – für alle Fälle – ausgedacht haben, zum Beispiel die Fensterfront des Bürohochhauses. Der Manipulator wird Ihnen folgen und erstaunt sein, dass Sie auf diese Weise das Heft in Ihre Hand genommen haben.

Sprechen Sie das störende Verhalten direkt an. Dabei helfen diese und ähnliche Formulierungen:

— »Ich habe es nicht gern, wenn Sie mir räumlich zu nahe kommen.«
— »In sachlicher Hinsicht können wir die Distanz durchaus verringern. Ansonsten lege ich Wert darauf, die übliche Gesprächsdistanz einzuhalten.«

Verhindern Sie Revierverletzungen vorausschauend. Wenn Ihr Chef gerne Anweisungen von oben herab gibt und sich dazu weit über Ihren Schreibtisch zu beugen pflegt, können Sie die asymmetrische Situation von vornherein ganz einfach vermeiden: Stehen Sie auf, sobald der Betreffende den Raum betritt. Indem Sie dem Manipulator entgegengehen, verhindern Sie das Eindringen in Ihr Territorium (»Schreibtisch«). Falls Ihr Gegenüber bereits am Schreibtisch steht, bietet sich eine kleine Finte an, um auf Augenhöhe mit ihm zu kommen. Sie motivieren den überforschen Gesprächspartner mit dem Satz: »Lassen Sie uns zum Ecktisch gehen, dort können wir uns besser austauschen.« Alternativ können Sie unter einem Vorwand aufstehen: »Interessant, was Sie sagen, Herr S., mir fehlt noch eine Akte zu diesem Vorgang.« Dann stehen Sie auf und führen nach dieser kleinen Aktion das Gespräch im Stehen weiter.

Spiegeln Sie das Verhalten des Manipulators. Wenn Sie Spaß an »konfrontativer Pädagogik« haben, können Sie dem Manipulator das störende Verhalten spiegeln und so vor Augen führen. Verletzt er Ihren persönlichen Bereich, machen Sie es bei ihm genauso nach dem Motto »Wie du mir – so ich dir«. Wenn er Ihnen auf die Schulter klopft, klopfen Sie ihm das nächste Mal ebenfalls auf die Schulter; wenn er Unterlagen auf Ihren Schreibtisch legt, legen Sie das nächste Mal ebenfalls Unterlagen auf seinen Schreibtisch; wenn er Sie bei seinen Einwänden mit einem spitzen Bleistift symbolisch attackiert, nehmen Sie kurze Zeit später ebenfalls einen Bleistift und zeigen ihm dadurch, wie sich dieses Ritual anfühlt.

Diese Spiegelungsmethode hat die Absicht, einem dominanten Gesprächspartner ein indirektes Feedback zu geben. Ähnlich wie bei einem verbalen Feedback sollte die Aktion (»Spiegelung«) unmittelbar nach dem Anlass erfolgen, damit die Botschaft verstanden werden kann.

Dominanz durch überlegene Sitzpositionen

Auch die Sitzanordnung zeigt, ob die Kommunikation mit Ihnen gleichberechtigt oder hierarchisch »von oben nach unten« stattfinden soll.

Sitzpostionen, die Ihre Unterlegenheit betonen sollen:

- Der Gesprächspartner bleibt während des Gesprächs beharrlich hinter seinem Schreibtisch, obgleich ein runder Tisch im Raum zur Verfügung steht: *Er* sitzt auf einem erhöhten Sessel, was Dominanz und Stärke ausstrahlen soll, während Sie auf einem niedrigen Stuhl sitzen und kaum Platz haben, Ihre Unterlagen abzulegen.
- Ihr Gegenspieler nimmt am Konferenztisch die Position ein, die den besten Überblick und die Beherrschung des Tisches sicherstellt.
- Er nimmt als Dominanzsignal eine breite Haltung und möglichst viel Raum ein, legt die Hände auf die Rückenlehnen der benachbarten Stühle, damit niemand neben ihm Platz nehmen kann.
- Er belegt in einer Sitzecke den Mittelplatz: Dieser ist der taktisch beste Platz, weil man beide Gesprächspartner im Blick hat und sich entspannt zurücklehnen kann.
- Ihr Gesprächspartner platziert Sie so, dass Sie mit dem Gesicht zum Fenster, zu einer grellen Lichtquelle oder an einem anderen wenig komfortablen Platz (etwa neben dem geräuschvollen Beamer) sitzen.
- Er steht im Gespräch oder in Besprechungen plötzlich auf, läuft umher oder verlässt den Raum.

Abwehrmöglichkeiten

Sie sind auch bei diesen Dominanzritualen gut beraten, sie lediglich zur Kenntnis zu nehmen und sich nicht verunsichern zu lassen. Setzen Sie auf souveränes Handeln. Vielleicht können Sie den Gesprächspartner durch ein freundliches Angebot dazu bringen, seine Position zu verlassen. Falls etwa ein runder Tisch im Raum verfügbar ist, könnten Sie ihn durch eine offene Frage dazu bringen, die kommunikative Sitzposition zu wählen.

Ihre Aktion

- »Herr Dr. M., was halten Sie davon, wenn wir unser Gespräch am runden Tisch fortsetzen. So könnte ich Ihnen leichter das Handout erläutern.«
- »An diesem Platz blendet das Sonnenlicht doch sehr. Gern würde ich mich auf die
  andere Seite setzen.«

Kommentar: Setzen Sie auf Initiative! Artikulieren Sie früh in dieser oder ähnlicher Form
Ihren Wunsch. Sagen Sie, was Sie stört: Kooperativ und konsequent!

Lassen Sie sich nicht in den Tiefstatus bugsieren, wenn Ihr Gesprächspartner
plötzlich aufsteht und umherläuft. Es fällt leichter, gelassen zu bleiben, wenn
Sie die Situation positiv umdeuten (Reframing), etwa in der Richtung: Wer in
Bewegung ist, kommt häufig zu guten kreativen Ideen. Betrachten Sie dieses
Intermezzo als ein konstruktives Element und führen Sie das Gespräch einfach
weiter – auch unter diesen besonderen Rahmenbedingungen. Die Situation
wird sich nach einiger Zeit von selbst regulieren.

Falls Ihr Gesprächspartner den Raum verlässt, ist eine metakommunikative
Äußerung zweckmäßig. In einer Besprechung könnten Sie mit dem »Machtspieler« über das weitere Vorgehen und seine zeitlichen Möglichkeiten sprechen:

Ihre Reaktion

- »Herr Dr. M., was schlagen Sie vor, wie wir jetzt am besten fortfahren?« oder:
- »Herr Dr. M., wie sieht es mit Ihren zeitlichen Möglichkeiten aus? Wenn Sie es wünschen, können wir gern einen neuen Gesprächstermin vereinbaren!«

Bei einer Präsentation ist die Situation komplizierter. Verlässt der Entscheider
wiederholt den Raum und kommt wieder herein, haben Sie drei Möglichkeiten: Richten Sie eine Frage zum weiteren Vorgehen an den Stellvertreter oder
Ihren Ansprechpartner in der Gruppe. Sprechen Sie den Entscheider direkt
an, sobald er zurückkehrt.

Ihre Reaktion

a) Chef bleibt länger draußen
   - »Was schlagen Sie vor, wie wir am besten verfahren? Für den zweiten Teil der
     Präsentation benötige ich noch eine gute Viertelstunde ...« oder:
   - »Was schlagen Sie vor, sollten wir eine Pause machen oder die Präsentation fort-
     setzen?

b) Chef kommt wieder herein

— »Herr Dr. M., darf ich nach Ihren zeitlichen Möglichkeiten fragen? Ich habe noch gut eine Viertelstunde für den zweiten Teil meiner Präsentation.«

Eine weitere Variante besteht darin, mit der Präsentation wie geplant fortzufahren. Sie werden in den Augen der Teilnehmer gewinnen, wenn Sie sich durch das störende Verhalten des Chefs nicht aus der Spur bringen lassen, und bleiben damit im Hochstatus. Wenn der Chef nach einigen Minuten wieder hereinkommt, könnten Sie für ihn die Kernbotschaft der inzwischen behandelten Inhalte kurz zusammenfassen und dann fortfahren.

Wenn Sprecher Dominanz- und Drohgebärden einsetzen

Eine besonders subtile Technik besteht darin, in einem Gespräch durch Haltung und Handbewegungen Dominanz und Handlungsbereitschaft zu signalisieren und mit gezielten Gesten Argumente festzuklopfen. Dominante Handbewegungen können zum Beispiel signalisieren, dass keine (lange) Diskussion erwünscht ist und dass das Konzept nur nach den Vorstellungen des Chefs umgesetzt werden soll. Als dominant werden in der Kinesik alle Gesten bezeichnet, die von oben nach unten geführt werden und bei denen der Angegriffene nur den Handrücken zu sehen bekommt und nicht die Innenfläche der Hand, die für Offenheit und Dialogbereitschaft steht.

In der Praxis finden sich folgende dominante Gesten:

- Mit dem gestreckten Zeigefinger wird eine Anweisung gegeben oder ein Stift als »Angriffswaffe« benutzt. Hier schwingt unterschwellig der Appell mit: »Das wird so gemacht – wie ich das will. Basta!«
- Die eigenen Argumente werden durch Bewegungen der Hände verstärkt und dadurch Entschlossenheit und Kampfbereitschaft dokumentiert. Durchsetzungsfähigkeit wird signalisiert durch die – wie Samy Molcho es ausdrückt – »hackende Hand«, das heißt Handkantenschläge in der Luft betonen die Schärfe der Ausführungen.
- Die Hand wird zur Faust geballt, um zu zeigen: Ich bin bereit, für meine Idee und meine Position zu kämpfen.
- Der Machtspieler steht während des Gesprächs plötzlich auf und hält einen Monolog »von oben herab«.

Dominant sind Gesten, wenn sie die Bewegungsfreiheit des anderen einschränken und ihn dadurch emotional einengen.

Prüfen Sie vorsichtig durch eine Rückfrage, inwieweit das Verhalten »gespielt« ist oder ob hinter der Körpersprache wirklich Entschlossenheit und innere Überzeugung stehen. Durch Fragen können Sie auch herausfinden, inwieweit Entscheidungen noch diskutiert werden können oder ob sie bereits feststehen und es jetzt nur noch um deren Umsetzung geht.

Beispiele:

»Herr S., wie ist der aktuelle Stand der Dinge? Geht es noch um das ›Ob‹ oder sollten wir uns jetzt auf die operative Umsetzung konzentrieren?«

Dann – je nach Reaktion:

- »Dass dies mit Abstand die beste Lösung ist, bestätige ich gern. In einem Punkt sehen wir aus der Sicht meines Ressorts jedoch besondere Risiken …«
- »Was die zeitliche Umsetzung der Maßnahme angeht, haben wir einen Vorschlag erarbeitet. Im Einzelnen …«

Wenn Zuhörer dominant und drohend agieren

Auch beim Zuhören kann der Manipulator durch sein Verhalten negative Gefühle beim Gegenüber provozieren und zur Verunsicherung und Verwirrung beitragen.

Zum unfairen Repertoire gehört:

- Ein Zuhörer schaut provokativ weg und tut während Ihrer Ausführungen andere Dinge (im Kalender blättern, ein Schriftstück lesen, am Notebook oder iPad hantieren …).
- Der Machtspieler setzt ein unbewegtes (»cooles«) Gesicht auf. Er signalisiert durch Pokerface und geschlossene Gestik Teilnahmslosigkeit. Damit will er sagen: Ihre Argumente reichen in keiner Weise aus, um eine Wirkung auf mich zu haben.
- Ein Zuhörer unterbricht das Gespräch willkürlich, führt ein Telefonat oder lässt sich von der Sekretärin Unterlagen hereinreichen.
- Er lehnt sich demonstrativ zurück, sitzt breit und provokant gespreizt; zusätzlich kann er mit dem quergelegten Schienbein eine Barriere bauen.

Wenn sich ein Gegenüber während Ihres Redebeitrags anderen Dingen zuwendet, können Sie eine Pause machen. Warten Sie, bis sich der »Spieler« Ihnen wieder 100-prozentig zuwenden kann, und reden Sie erst dann weiter.

Setzen Sie bei einem Pokerface auf Interventionstechniken, die ihn aktivieren und in Bewegung bringen. Sie können dazu offene Fragen einsetzen, etwa: »Wie schätzen Sie xyz ein?«, »Welche Anforderungen stellen Sie an eine Problemlösung?«, »Welche Kriterien sind aus Ihrer Sicht unverzichtbar?«. Wenn Sie Ihrem Gegenüber ein Dokument überreichen, wird ihn das ebenfalls zu einer Reaktion veranlassen.

Der intensive Blickkontakt

Bei jeder Begegnung mit einem Menschen kommt es zu einem kurzen Blickwechsel. Ob ein Territorialkampf stattfindet oder eine persönliche Beziehung entsteht, zeigt sich dabei an Dauer und Intensität des Blickkontakts. Soll ein guter Kontakt entstehen, wendet man den Blick kurz ab und unterbricht die Konfrontation. Dieses Ritual signalisiert: Ich habe Sie wahrgenommen und verzichte auf Kampf. Ein intensiver, längerer Blickkontakt hingegen wird als zudringlich und einengend empfunden. Für die Dauer des kurzen, wertschätzenden Ritualblicks gelten in der westlichen Kultur etwa zwei bis vier Sekunden, wenn sich die Beteiligten nicht kennen.

Der Manipulator kann diese Erwartungen beziehungsweise deren Verletzung taktisch einsetzen: Durch einen überlangen, fixierenden Blickkontakt stellt er die Zeichen auf Kampf, um sein Gegenüber einzuschüchtern und aus dem Konzept zu bringen.

Lassen Sie sich nicht auf Machtkämpfe via Blickkontakt ein. Dosieren Sie selbst den Blickkontakt, während Sie die Aufmerksamkeit auf das Sachthema lenken. Nach kurzer Zeit wird der Manipulator merken, dass für Sie die Qualität der Sachargumente im Mittelpunkt steht und dass Sie – auch körpersprachlich – auf Augenhöhe agieren.

Ergänzend stehen für besonders aufdringliche Manipulatoren die folgenden deeskalierenden Optionen zur Verfügung:

- Vermeiden Sie es, den lang anhaltenden, fixierenden Blick Ihres Gegenübers zu erwidern. Samy Molcho rät, stattdessen mit dem Blick leicht über sein ganzes Gesicht, über Hals und Brust zu gleiten, um dann wieder zu den Augen zurückzukehren. Auf diese Weise geraten Sie nicht so leicht unter Druck.
- Wenden Sie nach einem fixierenden Blick des Manipulators Ihre Augen nicht nach links oder rechts. Das würde der Eindruck vermitteln, Sie wollten aus dem Gespräch fliehen und sich anderen Themen zuwenden. Ihre Souveränität wird darunter leiden. Besser ist es, die Augen kurz zu senken und beispielsweise auf die Schreibunterlage zu schauen, um den nächsten Gedanken zu fassen, und dann den Blick zum Partner wieder aufzunehmen.
- Wenn es der Gesprächskontext zulässt, können Sie die Aufmerksamkeit des Machtspielers auch in eine andere Richtung lenken: Reichen Sie ihm eine Unterlage oder bringen Sie ihn durch eine offene Frage zum Sprechen.

Imponiergehabe und Statussymbole

»Mein Haus, mein Auto, meine Jacht!« – Imponierverhalten und Statussymbole werden gern eingesetzt, um beim Gegenüber Unterlegenheitsgefühle auszulösen und Statusunterschiede herauszustellen. Diese Faktoren wirken unterschwellig auf den Gesprächspartner und können die bereits erwähnten Dominanzsignale verstärken.

Inwieweit dieser verstärkende Effekt eintritt, hängt allerdings davon ab, wie sehr Sie für dieses »Trommeln auf die Brust« empfänglich sind. Der Manipulator wird bestrebt sein, anschaulich und emotional eindrucksvoll zu verdeutlichen, dass eine erhebliche Differenz zwischen dem eigenen Hochstatus und dem unterlegenen Tiefstatus des Gegenübers besteht. Zum Beispiel indem er wie nebenbei, aber nicht überhörbar, auf materielle Statussymbole verweist: Das kann eine Luxusimmobilie, eine Oldtimersammlung oder auch die Mitgliedschaft in einem exklusiven Golfclub sein. Auch innerhalb eines Unternehmens zeigt diese Überlegenheitstaktik ihre Wirkung, wenn es um Privilegien geht, die der Arbeitgeber abgestuft nach Führungsebenen bereitstellt – die besonders günstige Lage eines Büros zum Beispiel, ein luxuriöser Firmenwagen oder dessen günstig gelegener Parkplatz. Auch mit Titeln aller Art, mit Orden, Preisen oder politischen Ämtern kann man wie mit einem Statussymbol prahlen, um seine vermeintliche Überlegenheit herauszustreichen.

Die besten Chancen für diese subtile Beeinflussung sind gegeben, wenn mehrere Wirkfaktoren eingesetzt werden, die in erster Linie emotionale Bedürfnisse des Gesprächspartners ansprechen. Wir alle reagieren intensiv auf Helden- und Erfolgsgeschichten: Sie berühren uns, reißen uns emotional mit und wecken unsere Bewunderung. Manipulatoren nutzen diese Neigung geschickt, indem sie mit beeindruckenden Erzählungen aus ihrem Leben ihre Dominanzstellung unterstreichen: Das Studium an der Harvard Business School, die Mitwirkung an herausragenden Forschungsprojekten, aufregende Auslandseinsätze und dergleichen. Auch sportliche Fähigkeiten wie Marathonlaufen und Tiefseetauchen oder extravagante athletische Einsätze wie Helikopter-Skiing werden mit dieser Absicht eingesetzt. In die Kategorie Imponiergehabe gehört auch das Name-Dropping, bei dem der Manipulator Namen prominenter Personen aus Wirtschaft, Politik, Wissenschaft oder Medien beiläufig erwähnt, um seinen eigenen Status zu erhöhen. Diese Kontakte können real bestehen oder aber reine Erfindung sein. Ihre Wirkung werden sie jedoch nicht verfehlen.

Reaktionsmöglichkeiten

Prinzipiell ist Vorsicht geboten, wenn jemand dick aufträgt und aus jedem Auftritt eine kleine Show macht. Dann liegt der Verdacht nahe, dass der Selbstdarsteller hinter der großartigen Fassade etwas verbergen will. Vielleicht will er von unzureichender Fachkompetenz ablenken oder Unterlegenheitsgefühle beim Opfer erzeugen. Es kommt Ihrer Gelassenheit zugute, wenn Sie Äußerlichkeiten und Imponierverhalten nur am Rande beachten. Übernehmen Sie auch hier die Initiative und lenken Sie die Aufmerksamkeit des Manipulators auf die sachbezogene Diskussion, die seinen Status relativieren dürfte. Hierbei sind die in Teil 1 erläuterten dialektischen Fähigkeiten unverzichtbar.

Ein Plädoyer für maßvolle Dominanz

Als Führungskraft sind Sie gut beraten, Dominanz mit Augenmaß einzusetzen. Hemmungsloses Dominanzverhalten bringt eine Reihe von Risiken mit sich.

Rücksichtslose Dominanz schafft Antipathie

Wer in jeder Diskussion das letzte Wort haben will und anderen in Rede und Gegenrede Niederlagen beibringt, schwächt auf Dauer seine Führungsposition. Es ist ein gefährliches Spiel, Mitmenschen einzuschüchtern und Ängste zu provozieren. Das Klima leidet, Antipathie tritt an die Stelle von Vertrauen, Misstrauen und Angst prägen das Gesprächsklima, der offene Dialog bleibt auf der Strecke und damit die wichtigste Voraussetzung für kreative Ideen und einen konstruktiven, sachgerechten Diskurs. Mitarbeiter und Kollegen werden sich mit Kritik, Einwänden und eigenen Argumenten zurückhalten, weil sie Angst haben, niedergebügelt oder vorgeführt zu werden.

Hinzu kommen unkalkulierbare Risiken für die eigene Reputation. Auf Härte geeichte dominante Akteure überschätzen häufig die eigenen Fähigkeiten und sind besonders gefährdet, die Bodenhaftung zu verlieren, weil sie von Jasagern umgeben sind und kein ehrliches und offenes Feedback erhalten.

Schließlich warten potenzielle Konkurrenten im Umfeld nur auf einen günstigen Zeitpunkt zum Gegenschlag. Wenn der geschäftliche Erfolg einmal ausbleibt, ist das Ende des dominanten Alphatiers programmiert.

Ein durch die Medien bekanntes Beispiel gab Louis van Gaal, Ex-Trainer von Bayern München. Solange der Erfolg da war – wie in der Bundesligasaison 2009/10 –, nahmen Verein und Öffentlichkeit das dominante und selbstverliebte Verhalten des Startrainers hin. Als es in der Folgesaison zu einer Reihe von Misserfolgen kam, eskalierte die Kritik an seiner Persönlichkeit. Bayern-Boss Uli Hoeneß brachte die Kritik an van Gaal in einer Talksendung bei Sky auf den Punkt: »Es ist schwierig, mit ihm zu reden, weil er anderer Leute Meinung nicht akzeptiert. Aber ein Verein ist heutzutage keine One-Man-Show mehr. Er sollte mehr Rücksicht nehmen, wenn er wie bei uns Leute mit so viel Erfahrung hat.«

In jedem Fall ist es ratsam, die eigene Machtposition durch eine glaubwürdige und wirkungsvolle Kommunikation und eigenes Vorbildverhalten zu sichern. Dies gelingt am besten, wenn man nicht einseitig führt, sondern dominante und die partnerschaftliche Führung miteinander verbindet. Wenn es gelingt, Dominanz zu dosieren, können strategische Ziele (Chefaufgaben) besser durchgesetzt werden – mit Standfestigkeit und Konsequenz und auch gegen Widerstand und Kritik. In vielen anderen Situationen ist es aber ein Zeichen von Stärke, bewusst auf die dominante Rolle zu verzichten und anderen Verantwortung zu übertragen. Damit signalisieren Sie Vertrauen in die Kompetenz Ihrer Mitarbeiter und Offenheit für den Austausch von Vorschlägen und Argumenten. Gerade dominante Charaktere sollten zudem durch positive Beziehungsbotschaften wie Lächeln, offene Gestik, wertschätzende Zuwendung und Blickkontakt zeigen, dass sie sich im Interesse optimaler Lösungen über Einwände, kritische Fragen und Gegenargumente freuen.

Eine gute Balance erzielt, wer argumentativ hart um den besten Weg ringt und dabei jedermann Wertschätzung entgegenbringt. Es wäre schade, wenn berechtigte Einwände, kritische Fragen und Gegenargumente nicht vorgetragen würden, nur weil die betreffende Person Angst vor einer Niederlage hat.

Dominante Akteure zeigen im Führungsalltag dadurch Souveränität, dass sie je nach Situation auf einen dynamischen Wechsel von Hoch- und Tiefstatus setzen. Matthias Nöllke zum Beispiel nennt dies in seinem Buch *Die Sprache der Macht* »Führung auf Augenhöhe«. Dabei dominiert je nach Tagesordnungspunkt mal die eine, mal die andere Führungskraft. Niemand ist dann während des gesamten Meetings ständig im Hochstatus, niemand ist ständig im Tiefstatus. Nehmen wir zum Beispiel eine Führungsrunde, an der der Chef wie auch die Leiter der verschiedenen Ressorts teilnehmen. In dieser Runde sollte eben nicht nur das Alphatier von A bis Z dominieren. Im Gegenteil: Der Chef nimmt sich jeweils zurück, wenn einzelne Ressortleiter zu den Themen ihres Verantwortungsbereichs das Wort ergreifen. In dieser Phase ist der jeweilige Sprecher im Hochstatus, während die übrigen Teilnehmer für die Dauer seines Wortbeitrags auf einen Dominanzanspruch verzichten. Alle respektieren auf diese Weise, dass in einem arbeitsteiligen Team jeder Teilnehmer für seinen Bereich kompetent und zuständig ist.

Natürlich wird der Vorsitzende als Leiter des Meetings darauf achten, dass dieser durch die Arbeitsteilung im Team begründete Wechsel von Hoch- und

Tiefstatus nicht zu seinen Lasten geht. Dieses Risiko hält sich allerdings in Grenzen, denn er hat ja die Moderation in den Händen und bringt während des Meetings auch eigene Wortbeiträge zur Gesamtstrategie ein. Diese werden allerdings in einer kooperativen Form und nicht mit den erwähnten kampfdialektischen Instrumenten vorgetragen.

Merkpunkte für dominante Alphatiere

- Dosieren Sie Ihre Dominanz, sonst leiden Ihre Sympathiewerte.
- Praktizieren Sie im Team einen Wechsel zwischen Hochstatus und Tiefstatus.
- Verzichten Sie darauf, in jedem Streitgespräch siegen zu wollen.
- Schenken Sie Ihren Gesprächspartnern mindestens so viel Aufmerksamkeit wie dem Sachthema.
- Sprechen Sie mit ängstlichen, zurückhaltenden Menschen eher leise und zurückgenommen – stellen Sie sich auf den Partner ein.
- Respektieren Sie den persönlichen Raum der anderen.
- Widmen Sie Ihrem Gesprächspartner zu 100 Prozent Ihre Aufmerksamkeit, wenn dieser spricht.

Ergänzende Tipps für weibliche Führungskräfte

Im Business-Alltag ist ein gewisses Maß an Durchsetzungsfähigkeit und Beharrlichkeit unverzichtbar, um zu überzeugen und Entscheidungen umzusetzen. Erfolgswichtig ist eine Portion positive Aggression, um für die Interessen zu kämpfen, wirkungsvoll mit Angriffen und Manipulation umzugehen und nicht in eine untergeordnete Rolle zu geraten.

Dies ist auch deswegen wichtig, weil Männer anders sozialisiert sind: Sie setzen eher auf Durchsetzung und Kämpfen und lassen sich von dem Motto leiten, dass bei einem Nein, einem Einwand oder einer Killerphrase die Überzeugungsarbeit erst anfängt. Daher interpretieren sie es in den meisten Fällen als Zeichen von Schwäche, wenn Frauen früh nachgeben, statt die Auseinandersetzung zu suchen.

Jede kontroverse Argumentation, jeder harte Schlagabtausch ist insofern ein Härtetest für Situationen, in denen eine jüngere weibliche Führungskraft mit dominanten Alphatieren zu tun hat. Frauen mit Führungsambitionen sind gut beraten, ihrer Umgebung zu zeigen, dass sie ihre Meinung überzeugend vertreten können, Rückgrat haben und im Umgang mit schwierigen Gesprächspartnern und brisanten Themen gelassen und standfest bleiben. Nutzen Sie in Rede und Gegenrede die Möglichkeit, situativ angemessen mit unaufdringlichem Charme zu punkten, an wichtigen Stellen die eigene Kompetenz unter Beweis zu stellen und geschickt auf eigene Leistungen hinzuweisen. Auch in Sachen Selbstmarketing haben weibliche Führungskräfte häufig Nachholbedarf.

Zwei allgemeine Empfehlungen: Versuchen Sie nicht, ein zweitklassiger Mann zu werden, sondern bleiben Sie eine erstklassige Frau! Verhalten Sie sich in Runden mit Alphatieren so, dass eine gute Geschichte von Ihnen erzählt werden könnte.

Bei der täglichen Überzeugungsarbeit geht es nicht darum, beliebt zu sein, sondern als Führungskraft Profil zu gewinnen. Wenn Sie Dinge bewegen und konsequent Strategien umsetzen wollen, sind Attribute wie »Sie ist nett und hilfsbereit« wenig nützlich. Wenn Sie Ja sagen zu einer Führungsrolle, müssen Sie bereit sein, sich bei konsequenten Entscheidungen auch mal unbeliebt zu machen. Angela Merkel, Hillary Clinton oder Ursula von der Leyen haben sich bis an die Spitze hochgearbeitet, weil sie neben Fachkompetenz und Urteilskraft auch Konfliktbereitschaft und Durchsetzungsfähigkeit entwickelt haben.

Als weibliche Führungskraft sind Sie für den verbalen Schlagabtausch in männerdominierten Gremien bestens präpariert, wenn Sie die folgenden Merkpunkte beachten:

---

10 Tipps für starke Auftritte in Männergremien

1. Zeigen Sie Durchsetzungsfähigkeit und Entschlossenheit – argumentieren Sie auf Augenhöhe!

2. Ersetzen Sie Selbstkritik durch Selbstmarketing: Stellen Sie eigene Erfolge und Leistungen Ihres Teams nicht unter den Scheffel.

3. Kommen Sie schnell auf den Punkt. Sprechen Sie klar, einprägsam und direkt – ohne Weichmacher und Konjunktive.

4. Wenden Sie sich bei Ihren Wortbeiträgen primär an die Entscheider und nicht an die Zuhörer mit dem freundlichsten Gesicht.

5. Nehmen Sie Dominanzgebärden, Kritik oder ein Nein nicht persönlich – getreu dem Motto: Sie entscheiden, von wem Sie sich ärgern lassen!

6. Vermeiden Sie, dauernd zu lächeln, zu nicken oder den Kopf seitlich zu neigen, weil dies Unterlegenheit signalisieren kann.

7. Treten Sie im Hochstatus auf: gewinnende Mimik, raumgreifende Körpersprache, laute Stimme, aufrechte Haltung. Setzen Sie Ihren Charme gezielt ein!

8. Trainieren Sie Ihre Dialektik, indem Sie konstruktiv-kritisch mitmischen, wenn Männer diskutieren.

9. Beachten Sie beim äußeren Erscheinungsbild und der Kleiderwahl die Erwartungen und Standards Ihrer Gesprächspartner.

10. Bauen Sie gezielt Ihr Netzwerk auf. Sie brauchen kollegialen Austausch und Feedback sowie Verbündete im oberen Bereich der Hierarchie für Ihre Karriere wie für Ihre Überzeugungsarbeit.

Was Angela Merkel ambitionierten Frauen auf den Weg gibt

In dem Buch *Frauen an der Macht*, das Maybrit Illner 2005 herausgab, formuliert die Bundeskanzlerin Thesen zu wichtigen Erfolgsfaktoren für Frauen, die Führungspositionen anstreben:

- »Wenn es Wettbewerb untereinander gibt, dann ist das völlig normal, wie in vielen Bereichen. Wettbewerb kann beflügeln.« (S. 206)
- »Bei Frauen kann man sehr viel mehr Äußerlichkeiten registrieren: Trägt sie Schmuck? Kostüm oder Hosenanzug? Und vieles mehr ... Wichtig ist, dass man authentisch ist, in sich selbst ruht und nicht eine Rolle spielt.« (S. 206)
- »Frauen haben es teilweise schwerer, weil sie eine höhere Stimme als Männer haben. Frauen müssen aufpassen, dass sie – wenn sie lauter oder energischer werden – nicht zu schrill werden. Das ist sicherlich ein Punkt, der bei Reden eine Rolle spielt. Hier muss jede Frau ihren Stil finden.« (S. 207)
- »In der Sache kann ich hart argumentieren, wo es nötig ist. Wichtig ist ein gutes Klima in der eigenen Truppe. Man muss streiten und man muss auch miteinander lachen können.« (S. 207)
- »Für mich zählen Leistung und die Loyalität meiner Mitarbeiterinnen und Mitarbeiter. Und es ist auch nicht so, dass dort, wo nur Frauen arbeiten, immer eitel Sonnenschein herrscht.« (S. 207 f.)

Strategien gegen manipulierte Botschaften

Die beiden folgenden Abschnitte behandeln Strategien, mit denen Sie gegen die Manipulation von Argumenten (Bluffen) und von informationsbegleitenden personalen Botschaften (Blenden) erfolgreich vorgehen. Gegen diese Taktiken kann man sich nur schwer schützen, weil sie verdeckt eingesetzt werden. Das haben sie mit den nonverbalen Macht- und Dominanzgebärden gemeinsam.

Wer auf Bluffen und Blenden setzt, hat die Absicht, andere absichtlich mit Lügen und Halbwahrheiten zu täuschen, schwache Beweismittel künstlich aufzuwerten und psychologische Prinzipien der Einflussnahme zum Nachteil des Gegenübers einzusetzen.

Bedenken Sie stets, dass der Manipulator hauptsächlich auf die Emotionen seines Gegenübers zielt. In manchen Fällen – etwa bei der Nutzenargumentation – geht es ihm darum, das Belohnungssystem seines Gegenübers zu aktivieren, also angenehme Gefühle und positive Assoziationen hervorzurufen. In anderen Fällen kann er in bestimmter Absicht auch negative Gefühle wie Bedenken oder Ängste provozieren und das Gehirn in Alarmbereitschaft versetzen.

Gefälschte Argumente als Bluffs durchschauen

Im Zentrum von Rede und Gegenrede stehen Argumente, die Meinungen und Behauptungen belegen sollen. Jenseits der fairen, sachgerechten Argumentation können Beweismittel, vom Gegenüber unbemerkt, auch beeinflusst und gefälscht werden, um sich und seine Interessen durchzusetzen. Stellen Sie sich darauf ein, dass alle Beweismittel manipuliert werden können: Zahlen, Statistiken, empirische Daten, Erfahrungen und Referenzen lassen sich genauso verfälschen und zur Täuschung einsetzen wie Geschichten, Beispiele, Metaphern und Autoritäten.

Bevor wir ins Detail gehen, sollen zwei wichtige psychologische Prinzipien dargestellt werden, die für unsere Meinungsbildung im Alltag eine große Rolle spielen. Robert B. Cialdini beschreibt in der *Psychologie des Überzeugens* (2010) die psychologischen Grundmechanismen »sozialer Bewährtheit« und »Autorität«, die eigentlich nichts mit Unfairness zu tun haben. Bedenklich wird es erst, wenn diese Prinzipien manipulativ verwendet werden.

Soziale Bewährtheit als Beweismittel: Sind Menschen unsicher, wie sie urteilen oder handeln sollen, neigen sie dazu, sich andere Menschen anzuschauen: Wie urteilen oder handeln diese in der betreffenden Situation? Hier gilt die Hypothese: Wenn sich die meisten so verhalten, muss es richtig sein. Diese Annahme prägt unser Leben: Wenn wir zu einer Veranstaltung gehen und nicht genau wissen, welches Outfit angemessen ist, orientieren wir uns gern am Mehrheitstrend. Bevor ein Straßenmusiker zu spielen beginnt, wird er Münzen und Geldscheine in den Geigenkasten legen, um die Passanten zur Nachahmung zu animieren. Auch bei der Urteilsbildung nutzen wir häufig dieses Prinzip, wenn wir unsicher sind, was wir zu einem neuen Thema denken sollen. In der EHEC-Krise im Frühling 2011 konnte man das gut beobachten. Die Situation war über Wochen unübersichtlich, die Gesundheitsrisiken nicht sicher einzuschätzen. Sollten wir auf Salat, rohe Tomaten und Gurken verzichten? Viele orientierten sich daran, was die Menschen um sie herum noch zu essen bereit waren. Das Prinzip führte schnell dazu, dass die Bauern ihre Gurken nur noch auf die Äcker schütten konnten.

Soziale Bewährtheit ist als Kriterium besonders wirkungsvoll bei Entscheidungen, die wir unter Unsicherheit treffen müssen. Dabei orientieren wir uns bevorzugt am Verhalten und an den Einstellungen von Menschen, die uns ähnlich sind oder sich in einer ähnlichen Situation befinden.

Autoritäten als Beweismittel: Menschen neigen in ihrer Meinungsbildung dazu, sich am Urteil von Autoritäten und Fachleuten zu orientieren. In vielen Situationen des Alltags verlassen wir uns mehr oder weniger blind auf deren Einschätzung: Bei einem Bandscheibenvorfall vertrauen wir auf den Rat unseres Orthopäden. Wir respektieren die Entscheidung eines Flugkapitäns, wegen schlechter Wetterbedingungen zwischenzulanden. Wir halten uns an die Verhaltensregeln eines erfahrenen Medienberaters, wenn wir das erste Mal vor die Kamera treten.

Auf die Einschätzung vertrauenswürdiger Experten bauen wir erst recht, wenn es um komplexe Themen geht. Wer sich zu Themen wie globale Erwärmung, Zukunft der Finanzwirtschaft, Chancen und Risiken der Sozialen Medien oder des Energiemix 2030 eine fundierte Meinung bilden will, kommt ohne das Spitzenwissen und die Urteile fachlicher Autoritäten gar nicht aus. Das können Hochschulprofessoren oder Experten anerkannter Forschungsorganisationen wie Max-Planck- oder Fraunhofer-Gesellschaft genauso sein wie sachverständige Gremien, renommierte Fachjournalisten oder Unternehmensberater.

Diese Orientierung an Autoritäten ist vernünftig, denn sie vereinfacht unsere Meinungsbildung in komplexen, unübersichtlichen Situationen. Wir sparen Zeit bei der Urteilsbildung und schieben für alle Fälle (denn Experten können irren) die Verantwortung auf andere. Auch Letztentscheider mit höchstem Status und größter Verantwortung können gar nicht anders verfahren, wenn sie bei komplexen Schlüsselthemen zu einem wohlbegründeten Urteil kommen wollen. Sie müssen nur sorgsam sein bei der Auswahl der Autoritäten, denen sie ihr Vertrauen schenken.

So führte der neue Bundespräsident Jochim Gauck im Fernsehinterview mit Peter Frey und Bettina Schausten vom 18. März 2012 aus, dass er schon ein bisschen besorgt sei, in dem neuen Amt etwas Falsches zu sagen: »… Denn ich [J. Gauck] muss mich ja in viele Themenfelder einarbeiten, brauche Kontakt zu Menschen, die hier Wissen und Erfahrung haben […] Da brauche ich sehr schnell Gesprächspartner, die mir erlauben, sachkundig zu diesen Themenfeldern Auskunft zu geben, die jetzt vielleicht einige bei mir vermisst haben.«

Manipulatoren kennen die Kraft der beiden Prinzipien. Sie setzen sie ein, um die Tragfähigkeit ihrer Argumente mit fingierten Mitteln zu stützen. Mit ihrer Hilfe vermitteln sie ihren Gesprächspartnern den Eindruck, ihr Vorschlag oder ihr Standpunkt biete größeren Nutzen als die Alternative.

Zahlen, Statistiken, empirische Daten

Wie leicht man mit Zahlen manipulieren kann, zeigt Hape Kerkeling augenzwinkernd in seinem Hörspiel *Ein Mann, ein Fjord.* »Auf jeden Norweger kommen 75 Elche, 90 Murmeltiere und 100 Blockhütten. In Oslo leben 10000 Norweger, unglaublicherweise 750000 Elche, 900000 Murmeltiere und 1 Million Blockhütten.«

Zahlen, Statistiken und Grafiken erwecken den Eindruck von Objektivität und Exaktheit. Manipulatoren wissen aber: Mit kleinen psychologischen Tricks lassen sie sich so frisieren, dass sie nahezu jede Argumentation bestätigen oder widerlegen. Wer Zahlen und Statistiken unkritisch aufnimmt, lässt sich leicht zu nachteiligen Entscheidungen verleiten. Der Zahlengläubige läuft Gefahr, die kritische Überprüfung auszuschalten und sich von den positiven Emotionen leiten zu lassen, die von erfreulichen Zahlen und dem zu erwartenden Nutzen ausgehen.

Gerd Bosbach und Jens Jürgen Korff haben das in ihrem Buch *Lügen mit Zahlen* von 2011 eindrucksvoll belegt. Hier einige Kostproben, die sie für den manipulativen Umgang mit der Mathematik anführen:

Informationen werden zurückgehalten: Ein Politiker verkündet, er habe 3 000 neue Lehrer eingestellt, verschweigt aber, dass im gleichen Jahr 4 500 Lehrer in Pension gegangen sind. – Ein Makler argumentiert mit dem günstigen Preis und der exklusiven Lage eines Kaufobjekts, lässt aber den Dauerlärm von der Autobahn und die hohen Nebenkosten unerwähnt.

Zahlenkosmetik zum eigenen Vorteil: Hierbei werden vorteilhafte Zahlen groß- und nachteilige Zahlen kleingerechnet. Jeder Politiker weiß: Eine Steuerentlastung von 8 Euro pro Monat und Haushalt könnte als Almosen wahrgenommen werden. Also kommuniziert er einfach die Entlastung pro Jahr oder den kumulierten Betrag der Entlastung für alle Steuerzahler: »Jeder Haushalt hat knapp 100 Euro mehr in der Haushaltskasse« (exakt 96 Euro pro Jahr) oder »Wir entlasten die Haushalte mit einem Betrag von 9 Milliarden Euro«.

Mehrbelastungen für die Menschen werden dagegen kleingerechnet. Beispiel: »Durch die Energiewende wird sich der Strom für die Haushalte um etwa einen Cent pro Kilowattstunde verteuern. Das hält sich also in einem sehr überschaubaren Rahmen.« Dass sich diese Belastung in einem Jahr auf beachtliche 500 bis 800 Euro pro Haushalt summieren kann, wird verschwiegen.

Fingierte Zahlen und Statistiken: Redner nutzen regelrechte Scheinargumente, um Gesprächspartnern Sicherheit zu suggerieren: »98 Prozent unserer Kunden sind mit dem neuen Servicekonzept sehr zufrieden« (die Zahl ist frei erfunden); »Ein Wettbewerber bietet 20 Prozent unter Ihrem Preis an« (es liegt zwar ein Angebot vor; die Preisdifferenz liegt aber bei lediglich 5 Prozent); »Ich kann Ihnen eine lange Liste von Referenzkunden nennen, deren Erwartungen unser Produkt übertroffen hat« (diese Liste gibt es nicht).

150

Durchschnittswerte verzerren die Wahrheit: Statistische Mittelwerte können zu absurden Ergebnissen führen: Statistisch gesehen steigt das durchschnittliche Vermögen in einer Stadt/Region, sobald ein einziger Millionär zuzieht.

Wer sein rechtes Bein in kochendes Wasser stellt und sein linkes in Eis, der steht durchschnittlich in angenehm warmem Wasser, im richtigen Leben ist er ein Fall fürs Krankenhaus.

Abwehrmöglichkeiten

Schärfen Sie Ihren Blick für Zahlen und Statistiken und deren Interpretation, vor allem, wenn Sie deren Hintergrund nicht kennen. Nehmen Sie präsentierte Zahlen nicht unkritisch hin, sondern achten Sie auf deren Plausibilität und Widersprüche.

Gehen Sie bei einem Anfangsverdacht auf Distanz: Prüfen Sie durch konsequente Rückfragen, ob die Beweismittel (Zahlen, Daten, Fakten, Statistiken) einer Prüfung standhalten. Skepsis ist immer geboten, wenn sich angeblich »viele« Menschen (Kunden, Referenzpersonen …) auf bestimmte Art verhalten.

Sichern Sie sich zusätzlich ab, indem Sie einen Experten Ihres Vertrauens an der Verhandlung beteiligen oder die Bewertung der Zahlen zurückstellen: »Ich möchte das Zahlengerüst gern mit unserem Controller durchgehen …«

Je weniger Sie sich in statistischen Fragen und betriebswirtschaftlichen Modellrechnungen auskennen, desto höher sollten Sie die übrigen Beweismittel für Ihre Urteilsbildung gewichten. Und schließlich: Ersetzen Sie die Frage, ob Sie den vorgetragenen Zahlen glauben oder nicht, durch die grundsätzlichere Frage, wer der Mensch ist, der Ihnen gegenübersitzt. Wenn Sie ihm vertrauen, trauen Sie auch seinen Zahlen – sonst nicht.

Vermeintliche Autoritäten und Experten

Wie dargestellt lässt sich die Überzeugungskraft einer Argumentation durch Zitate von Autoritäten verstärken. Zu den Kronzeugen für die Gültigkeit von Beweismitteln gehören auch Institutionen, statistische Ämter, Testberichte, Zeitungen und Zeitschriften mit hoher Reputation, Fallstudien erfolgreicher Projekte oder Referenzkunden. Wenn sich anerkannte Experten und meinungsbildende Instanzen für oder gegen ein Thema oder ein Angebot aussprechen, wertet das die Qualität eines Arguments in unserer Wahrnehmung auf.

Die folgenden Formulierungsbeispiele illustrieren, wie (häufig frei erfundene) Aussagen anerkannter Autoritäten, Zitate aus schwer nachprüfbaren Untersuchungen oder Hinweise auf angebliche Gespräche mit bekannten Persönlichkeiten eingebunden werden:

— »Professor Malik aus St. Gallen stützt ebenfalls meine These, dass …«
— »Amerikanische Studien bestätigen meine Schlussfolgerungen …«
— »Renommierte Forscher sprechen sich ebenfalls für diesen Ansatz aus.«
— »In der Sendung ›Quarks & Co‹ ist dieser Effekt bestätigt worden …«
— »Vor einigen Wochen hatte ich ein Gespräch mit einem Forscher des Max-Planck-Instituts …«
— »Ich kenne den Lehrstuhl für Marketing an der Universität Mannheim ganz gut. Der Meinungstrend dort geht eindeutig in die Richtung …«

Abwehrmöglichkeiten

Wenn Ihr Gegenüber mit Zitaten oder mit der Berufung auf Experten punkten will, sollten Sie prüfen, inwieweit die Autorität wirklich Fachmann auf dem diskutierten Gebiet ist. Stellen Sie präzisierende Rückfragen und achten Sie auf Ungereimtheiten und Widersprüche. Durch einen Brückensatz können Sie zudem den Wert eines Zitats relativieren: »Herr S., ich kenne die Aussage von Prof. Malik nicht. Es gibt aber in der Wissenschaft gerade zu diesem Thema eine Fülle recht unterschiedlicher Einschätzungen.« Anschließend lenken Sie auf ein anderes Thema. Beachten Sie auch hier die Empfehlungen zur Reaktion auf »Zahlen, Statistiken, empirische Daten«.

Beispiele, Geschichten und Metaphern

Argumente verstehen und behalten wir besser, wenn sie in einer bildorientierten Sprache vorgetragen werden. Die Forschung zeigt uns mithilfe von Hirnscannern in deutlichen Kontrasten: Bei einer abstrakten Sprache passiert im Gehirn der Zuhörer kaum etwas. Emotionale Beispiele, unterstützende Bilder, anschauliche Geschichten oder Metaphern hingegen bringen die Neuronen zum Feuern.

Der Manipulator nutzt diesen psychologischen Wirkfaktor, um seinen Ausführungen mit gefälschten und/oder übertriebenen Beispielen und Geschichten Nachdruck zu verleiten. Hier einige manipulative Spielarten:

Erfundene Referenzbeispiele, die große Ähnlichkeit mit der Situation des Gesprächspartners haben, werden präsentiert, um dem Gegenüber mehr Sicherheit zu vermitteln.

»Ich kenne da einen ähnlich gelagerten Fall ...«, »Kürzlich hatte ich ein Gespräch mit ...«, »Aus eigener Erfahrung kann ich Ihnen sagen ...«

Beispiel für eine fingierte Kundengeschichte:
»Kürzlich hatte ich ein Gespräch mit einem Kunden, der beim Preis ebenfalls Bedenken hatte. Als er unseren Computer einige Wochen ausprobiert hatte, lobte er Qualität und Zuverlässigkeit des Geräts über alles. Er ist außerordentlich zufrieden mit der Anschaffung und sicher, dass sich die Investition auf lange Sicht rentieren wird.«

Einzelbeispiele werden vor erfahrenen Manipulatoren geschickt verallgemeinert.

In einem Verkaufsgespräch in Baden-Württemberg geht es um die Anschaffung von Windgeneratoren. Um den Interessenten positiv zu stimmen, zeigt der Manipulator anhand eines Referenzprojekts aus Norddeutschland, dass sich Windgeneratoren schon nach wenigen Jahren amortisieren. Was er verschweigt: Die Bedingungen seines Szenarios sind nicht vergleichbar und die Windverhältnisse in Nord- und Süddeutschland erst recht nicht. Bedenken Sie: Wer von einem Einzelbeispiel auf das Allgemeine schließt, begeht einen logischen Fehler.

Emotionale Beispiele und aufwühlende Geschichten werden von Manipulatoren dramatisiert, um Ängste und negative Gefühle zu erzeugen.

In einem Change-Prozess versucht der Vorgesetzte sein Team emotional zu steuern: »... und wenn wie jetzt nicht handeln, sind die Konsequenzen dramatisch. Wir verlieren an Wettbewerbsfähigkeit, die Konkurrenz zieht vorbei, und unsere Existenz ist bedroht. Daher kommt es jetzt darauf an ...«

Abwehrmöglichkeiten

Auch hier helfen Ihnen eine gewisse Grundskepsis und das Wissen um die Wirkung von Beispielen, Geschichten und Metaphern. Die Aussagen des Manipulators können Sie leicht auf den Prüfstand stellen:

- Fragen Sie nach, um welchen Referenzkunden es sich handelt, und lassen Sie sich Detailinformationen geben.
- Machen Sie sich bewusst, dass Einzelbeispiele bestenfalls ein Argument veranschaulichen können, aber niemals generalisierbar sind.
- Lassen Sie vermutlich manipulierte Beispiele unbeachtet und lenken Sie das Gespräch auf ein anderes Thema.
- Gehen Sie bei extremen emotionalen Beispielen auf Distanz. Nennen Sie die Technik gegebenenfalls beim Namen.

Appelle an emotionale und ethische Werte

Moralische Appelle sprechen unsere Gefühle unmittelbar an und wirken daher oft stärker als Sachargumente. Der Manipulator nutzt das zu seinem Vorteil.

- »Ich wünsche mir eine faire Lösung.«
- »Der Export von Waffen in Krisengebiete ist mit den Menschenrechten nicht zu vereinbaren.«
- »Das Elend der hungernden Kinder am Horn von Afrika geht jedem mitfühlenden Menschen unter die Haut.«

Appelle können sich an Gefühle und Werthaltungen unterschiedlichster Art richten. Dazu gehören menschliche Grundgefühle wie Freude, Angst, Liebe, Neid, Mitgefühl oder Hass, aber auch berufsbezogene Werthaltungen wie Leistung, Loyalität, Pflichtbewusstsein, Fairness oder Standfestigkeit.

Allgemeine Wertvorstellungen des Unternehmens wie soziale Verantwortung, wirtschaftliche Nachhaltigkeit, Klima- und Umweltschutz bis hin zu den Werten des Corporate Governance Kodex können angesprochen werden. Appelle können sich an allgemeine ethische Standards und moralische Normen richten, wie sie im Grundgesetz, in der UN-Charta der Menschenrechte oder in den zehn Geboten formuliert sind. Sie appellieren an unser Gefühl für Menschenrechte, Meinungsfreiheit, Datenschutz oder auch Gleichberechtigung.

Appelle an Gefühle und Werte sollen den Gesprächspartner unter Druck zu setzen und eine kognitive Dissonanz erzeugen, die mit unangenehmen Gefühlen einhergeht. Der Manipulator beansprucht die positiv besetzten, edlen Werte für sich, während er den Angegriffenen als unfair, unmenschlich, illoyal, unsolidarisch oder unmoralisch darzustellen versucht.

Appell an die Angst: Nach dem Muster »Die Konsequenzen werden dramatisch sein, wenn wir jetzt nicht handeln ...« soll eine Entscheidung befördert werden.

Der Manipulator möchte sein Team für eine Fusion gewinnen. Er argumentiert mit dramatischen Konsequenzen bei Nichthandeln: »Ohne diese Fusion werden wir im Verdrängungswettbewerb keine Chance haben. Dann wird eine Standortverlagerung immer wahrscheinlicher – mit erheblichen Auswirkungen für jeden von uns ...« Dabei nutzt der Manipulator den Umstand, dass das Schlagwort »Standortverlagerung in ein Billiglohnland« existenzielle Ängste auslöst. Solche Appelle eignen sich auch, um die Gegenseite zur Ablehnung einer Maßnahme oder eines umstrittenen Themas zu drängen.

Appell an das Mitgefühl: Appelle an das Mitgefühl für Benachteiligte, Schwache und Arme berühren uns elementar. Sie können uns zu Handlungen verleiten, die ohne diesen emotionalen Impuls nicht denkbar gewesen wären. Wer kategorisch Nein sagt zu einem emotionalen Appell, erscheint gefühlskalt und unmenschlich.

»Herr Minister, ich zeige Ihnen hier einige Fotos aus Lampedusa, wo sich seit Monaten erschütternde Szenen abspielen. Die Bilder mit ausgehungerten und unterkühlten Menschen gehen unter die Haut. Können wir hier als reichste Nation Europas tatenlos zusehen?«

Appell an die Fairness: Sie sind so wirkungsvoll, weil sich jeder der allgemeinen Maxime anschließen wird. In festgefahrenen Situationen sind sie ein erfolgversprechender Weg, um Bewegung in die Verhandlung zu bringen. Auch bei der Abwehr unfairer Angriffe ist die Erinnerung an das Regelwerk des Fair Play ein probates Mittel.

»Herr S., mir geht es in der Honorarfrage um eine faire Regelung. Fairness hat sicher auch für Sie einen hohen Stellenwert. Daher halte ich einen Inflationsausgleich für angemessen. Im Einzelnen ...«

Appell an Loyalität: Er ist ein wichtiges Mittel, um ein homogenes Erscheinungsbild sicherzustellen und Abweichler auf Kurs zu bringen. Der Manipulator richtet sich hierbei vor allem an Mitarbeiter und Führungskräfte, die nicht oder nur partiell von der Notwendigkeit einer Maßnahme überzeugt werden konnten.

»Meine Damen und Herren, ich weiß, dass einige Kollegen Bedenken haben, was Richtung und Tempo des Konzernumbaus angeht. Nun ist die Entscheidung gefallen. Deswegen erwarte ich, dass wir alle die neue Strategie loyal mittragen und gegen Kritik verteidigen, und zwar bei Mitarbeitern genauso wie im Kundenkontakt und beim Umgang mit der Öffentlichkeit.«

Appell an grundlegende Werte und Rechte: In der politischen Kampfdialektik ist es ein gängiges Mittel, der Gegenseite einen Widerspruch zu elementaren Grundwerten zu unterstellen.

Jürgen Todenhöfer (Expolitiker) und Barbara Lochbihler (Grüne/EFA-Fraktion) trugen in einer Talkshow als Kritiker der Panzerexporte nach Saudi-Arabien mit Vehemenz vor: »Rüstungsexporte sind unmoralisch und lassen sich mit den Menschenrechten nicht in Einklang bringen«, »Wir dürfen keine Waffen in Krisengebiete liefern«, »Diese Panzer werden mit Sicherheit gegen die eigene Bevölkerung eingesetzt«.

Als Opponenten hielten Arnulf Baring (Historiker) und Hans-Peter Uhl (CDU) unter anderem mit diesen Appellen dagegen:

»Beide Seiten, also Menschenrechte und Realpolitik, sind bei Waffenexporten zu berücksichtigen«, »Wer die Menschenrechte für ein absolut verbindliches Instrument der Außenpolitik hält, wird scheitern«, »Bei Waffenexporten sind außenpolitische und sicherheitspolitische Aspekte genauso wie Menschenrechte und Fragen der Wirtschaftsinteressen zu beachten«.

Abwehrmöglichkeiten

Bei Appellen an Gefühle und Werthaltungen fehlen in der Regel differenzierte Beweismittel. Wie bei der Abwehr unsachlicher Spielarten sind Sie auch hier gut beraten, zunächst auf Distanz zu gehen und dann mittels Rückfragetechnik Sachargumente einzufordern. Denn bei emotionalen Appellen ist die Gefahr besonders groß, dass Sie zu rasch reagieren, weil Sie auf einen Reiz sofort anspringen, und so die Kontrolle verlieren. Gerade wenn der Angreifer eine Werthaltung aufgreift, die Ihnen besonders am Herzen liegt.

Eine andere Option besteht darin, den Appell nicht zu beachten und auf ein neues Thema zu lenken. Schließlich können Sie die angesprochenen Gefühle oder Werthaltungen aufnehmen, als wichtig herausstellen und in der weiteren Argumentation dann andere Schlussfolgerungen ziehen.

Wie Sie Blendern auf die Schliche kommen

»Mehr Schein als Sein« – so lautet ein Credo von Manipulatoren. Es soll also mehr suggeriert werden, als Substanz vorhanden ist. Dies gilt einmal für die Sachebene, bei der schwache Argumente künstlich verstärkt werden. Konterstrategien dagegen haben Sie im letzten Kapitel kennen gelernt.

In diesem Kapitel soll es um die Versuche gehen, den Eindruck von der eigenen Person zu schönen und zu manipulieren. Dazu gehören vor allem Tricks, um fachliche Kompetenz vorzutäuschen, die eigene Vita zu frisieren, durch Autoritätssymbole zu blenden und im Gespräch sympathisch wahrgenommen zu werden.

Wahrnehmung der Autorität manipulieren

Wer durch Zitieren anerkannter Autoritäten die eigene Argumentation fundiert und dadurch als kompetenter wahrgenommen wird, verbessert seine Chancen, andere zu überzeugen. Der psychologische Effekt: Ein wenig vom Ansehen der zitierten Autorität, etwa eines Wissenschaftlers oder einer Forschungseinrichtung, färbt auf den Sprecher ab. Zudem wird dem Gesprächspartner die Sicherheit vermittelt, dass er sich auf die Richtigkeit des Arguments verlassen kann. Das ist ein durchaus legitimes Mittel fairer Dialektik, wenn Autoritäten ausgewählt werden, die in der Branche Standards setzen und beim Zuhörer Ansehen genießen. Bedenklich wird diese Argumentationstechnik, wenn Zitate verzerrt oder in falschem Zusammenhang wiedergegeben oder sogar frei erfunden werden.

Wenn Manipulatoren wenig echte Autorität und Fachkompetenz mitbringen, setzen Sie umso stärker auf Autoritätssymbole. Wie die Milgram-Experimente in den 1960er Jahren gezeigt haben, neigen Menschen dazu, allein schon auf äußere Autoritätssymbole wie einen Titel oder einen weißen Kittel zu reagieren.

Um sich mit einer Aura von Kompetenz und Autorität zu umgeben, schmücken sich Manipulatoren daher gern mit Titeln, hochwertiger Kleidung und Statussymbolen wie Luxuslimousinen oder anderen Insignien. Studien belegen, dass Menschen mit prestigeträchtigen Autoritätssymbolen von fremden Menschen als überzeugender wahrgenommen werden. Schon das Tragen eines Doktortitels reicht beispielsweise aus, um Menschen leichter zu gewinnen, auch wenn man keine weiteren Referenzen vorzuweisen hat.

An die Stelle fehlender akademischer Abschlüsse treten zum Beispiel gekaufte Titel, Abschlüsse von Schmalspurstudiengängen, Urkunden von Scheinuniversitäten, aufgeblähte Homepages und kostspielige Selbstinszenierungsaktionen. Wenn fachliche Expertise und Referenzen nicht verfügbar sind, wird dieses Defizit durch geschönte Lebensläufe, fingierte Erfolgsgeschichten oder gefälschten Referenzen kompensiert.

Hinzu kommt häufig die Fähigkeit, rasch Kontakte zu knüpfen und ein positives Gesprächsklima aufzubauen. Weil äußeres Erscheinungsbild, Rhetorik und Gesprächsverhalten auf den ersten Blick kaum Angriffsflächen bieten, ist es so schwierig, Blendern auf die Schliche zu kommen.

Sympathie durch Ähnlichkeit und Gemeinsamkeiten

Wir lassen uns von Menschen, die uns ähnlich sind, eher überzeugen. Dieses Prinzip nutzen Manipulatoren gern, um sympathisch zu wirken und Vertrauen aufzubauen. Sie können zum Beispiel Ähnlichkeiten vorgeben, das Verhalten des Gegenübers spiegeln oder sich den Sympathiewert von Ereignissen oder das Image bekannter Personen zunutze machen.

Manipulatoren können einfach behaupten, die gleichen oder ähnliche Interessen, Einstellungen und Präferenzen wie der Gesprächspartner zu haben. Dabei scheint es unerheblich zu sein, ob Ähnlichkeiten im Bereich von Interessen, persönlichen Eigenschaften, beruflichen Themen oder etwa im Lebensstil bestehen. Wenn jemand unsere Sympathie gewinnen will, nutzt er Gespräche und insbesondere den Small Talk dazu, den Eindruck zu erwecken, uns in möglichst vielen Lebensbereichen ähnlich zu sein, also zum Beispiel:

• bei sportlichen Interessen wie Fußball, Segeln, Laufen, Radfahren, Golf, Bergsteigen, Automobil;
• bei Reisezielen und Erfahrungen mit anderen Kulturkreisen;

- bei der Herkunft und bei den Themen Schule, Ausbildung, Studium;
- bei Themen, die mit der beruflichen Laufbahn und Erfolgsgeschichten zu tun haben, oder etwa
- bei sozialem Engagement oder Sponsering-Initiativen.

Beim Aufbau vertrauensvoller, längerfristiger Beziehungen ist es eine gute Übung, für den Small Talk Themen ausfindig zu machen, wo wirklich Gemeinsamkeiten bestehen. Dem Manipulator aber geht es darum, gleiche oder ähnliche Interessen wie der Gesprächspartner vorzutäuschen.

Der Grundsatz der Ähnlichkeit eignet sich auch zur Manipulation der emotionalen Beziehung. Je ähnlicher die Körpersprache, desto besser der Kontakt! Um guten Kontakt rascher herzustellen, wird das Verhalten des Gegenübers gespiegelt: Ihr Gesprächspartner versucht, Ihrer Körperhaltung, Stimmung und Ausdrucksweise nahezukommen.

Werden diese nonverbalen Spiegelungstechniken mit Augenmaß, einfühlsam und respektvoll eingesetzt, um auf eine Wellenlänge zu kommen, mag das noch legitim sein. Bedenklich wird es, wenn jemand das nonverbale Verhalten seines Gegenübers exakt imitiert und auch kleine Signale wie Gewichtsverlagerungen beim Sitzen, Sprechtempo, Atemrhythmus, Stirnrunzeln, Lidschlag oder Sprechrhythmus nachmacht. Derartige »Psycho-Spiele« sind mit Glaubwürdigkeit und ehrlicher Vertrauensbildung nicht vereinbar.

Profitieren von beliebten Ereignissen und Personen

Manipulatoren verstehen es, mithilfe von Name-Dropping positiv besetzte Ereignisse und Gespräche mit beliebten Spitzensportlern, Wissenschaftlern, Schauspielern oder Fernsehstars in die täglichen Gespräche mit einfließen zu lassen. Hierbei setzt der Manipulator darauf, den eigenen Sympathiewert dadurch zu fördern, dass er die eigene Person in Verbindung bringt mit Ereignissen oder Personen, die in der Öffentlichkeit als sympathisch und positiv wahrgenommen werden. So kann er zum Beispiel durch die Teilnahme an Tagungen, Sport-Highlights, Kongressen, Messen, Fernsehshows oder Sponsoring-Veranstaltungen vom Image dieser Veranstaltungen und beteiligter Prominenter selbst profitieren.

Es gibt nach aktuellem Stand des Wissens keinen sicheren Weg, um unredliche Einflussnahme zu entlarven. Manipulatoren haben ihre Taktik jahrelang trainiert und beherrschen sie virtuos. Suchen Sie gezielt nach Indizien für Halbwahrheiten und Täuschungen.

Grundsätzlich hilft Vorsicht und geschärfte Sensibilität für verdächtige Signale:

Achten Sie auf Übertreibungen. Nehmen Sie sich zurück, wenn Sie jemanden schneller sympathisch finden als sonst üblich, und prüfen Sie die Gründe. Lassen Sie sich durch Symbole der Autorität, durch geschliffene Rhetorik oder Name-Dropping nicht beeindrucken.

Drei Prüffragen können vor falschen Einschätzungen schützen:

- Wodurch ist belegt, dass mein Gegenüber tatsächlich ein Fachmann auf dem diskutierten Gebiet ist?
- Wodurch verdient er als Experte mein Vertrauen?
- Passt meine Einschätzung zu den Vorinformationen über den Ruf, die Vita und die Persönlichkeit des Gesprächspartners?

Die erste Frage lenkt weg von den äußeren Symbolen, die manipuliert sein könnten, hin zu seiner wirklichen Autorität und Kompetenz. Durch die zweite Frage prüfe ich, inwieweit das Verhalten meines Gegenübers im Gespräch vertrauenswürdig erscheint. Schließlich vergleiche ich durch die dritte Frage, ob mein Gesprächseindruck in Einklang steht mit den sachlichen Vorinformationen über meinen Gesprächspartner.

Kappen Sie einen Small Talk, wenn Sie den Verdacht haben, dass die angesprochenen gemeinsamen Interessen vorgetäuscht sind. Falls Ihr Gegenüber Ihr Verhalten erkennbar spiegelt, rate ich Ihnen, das Auftreten Ihres Gegenübers möglichst auszublenden. Konzentrieren Sie sich voll auf die Qualität des Angebots und der Sachargumente.

Haben Sie Verdachtsmomente für Irreführung und Täuschung, sollten Sie die Körpersprache Ihres Gegenübers im Blick behalten. Sie ist schwerer zu kontrollieren als das gesprochene Wort. Schwindeleien können sich nonverbal verraten.

Achten Sie bei Ihrem Gesprächspartner vor allem auf plötzliche Veränderungen in Gestik, Mimik und Körperhaltung. Vergleichen Sie hierbei Gesprächsphasen, in denen Sie sicher sind, dass Ihr Partner nicht lügt, mit solchen, die Ihnen verdächtig vorkommen.

Bei Menschen, die lügen oder Halbwahrheiten sagen, lassen sich zum Beispiel Asymmetrien zwischen Stimme und Körpersprache beobachten: Die Stimme zittert und die Tonhöhe steigt an, während die Körpersprache Selbstsicherheit suggeriert. Oder die Stimme klingt fest und überzeugend, während Verlegenheitsgesten wie Nasereiben, hektischer Blick, zuckende Augenlider, Hin- und Herpendeln zunehmen.

Denken Sie zum Beispiel an den unsteten, fahrigen Blickkontakt von Karl-Theodor zu Guttenberg, als er seine ersten öffentlichen Statements zur Plagiatsaffäre gab (»Ich werde meinen Doktortitel vorübergehend ruhen lassen«), an die letzten Statements des Exbundespräsidenten Christian Wulff, bei denen eine Dissonanz zwischen fester Stimme und angespannter, unsicherer Körpersprache mit hochgezogenen Schultern, eingefrorenem Lächeln, Verlegenheitsgesten und starkem Blinzeln der Augen zu beobachten war, oder an die hektische, verkrampfte Körpersprache von Bill Clinton, als er vor der Grand Jury zur Lewinsky-Affäre kritische Fragen wahrheitsgemäß beantworten sollte. Die feste Stimme des Präsidenten stand im Kontrast zum unruhigen Hin- und Herrutschen auf dem Stuhl, zum beständigen Blinzeln sowie zu Verlegenheitsgesten wie dem regelmäßigen Griff zur Coladose oder dem unruhigen Spiel mit der Brille.

Mit dem »Test der Glaubwürdigkeit« können Sie vorgebrachte Informationen hinterfragen:

— »Auf welche Informationsquellen stützen Sie sich?«
— »Woher nehmen Sie die Sicherheit, dass Ihre These zutrifft?«
— »Könnten Sie mir den Hintergrund Ihrer Einschätzung erläutern?«
— »Sie sprechen von führenden Wissenschaftlern. Wen meinen Sie genau?«
— »Wie sehen Ihre Kontakte zur Universität xy aus?«
— »Inwieweit lässt sich Ihr Referenzbeispiel auf meine Situation übertragen?«

Achten Sie bei diesem Faktencheck darauf, ob Ihr Partner sich (auch körpersprachlich) verunsichern lässt und inwieweit er seine Aussagen relativiert.

In der Summe bleibt festzuhalten: Manipulationen in der Argumentation und im Auftritt lassen sich nicht allein über körpersprachliche Signale entdecken. Prüfen Sie stets das Gesamtverhalten auf Stimmigkeit. Berücksichtigen Sie bei Ihrer Urteilsbildung auch die Vorinformationen über Vita, Persönlichkeit, Verhandlungsstil und Ruf Ihres Gesprächspartners. Ergreifen Sie die Initiative, wenn Sie den begründeten Verdacht haben, dass Ihr Gegenüber die Unwahrheit sagt. Dann ist es unverzichtbar, kleine Kontrollschritte einzubauen und sich bei anderen Fachleuten Ihres Vertrauens rückzuversichern, bevor Sie Entscheidungen treffen.

Verdeckte Angriffe und üble Machtspiele abwehren

In diesem Kapitel lernen Sie sieben verdeckte Manipulationstechniken kennen. Diese sind allesamt darauf gerichtet, Sie in den Tiefstatus zu drängen, Ihr Ansehen zu beschädigen oder Sie kleinzuhalten: Stresstest, Partisanentechnik und Drohungen findet man in allen Kommunikationssituationen. Die anderen vier der vorgestellten Machtspiele hingegen werden vorrangig von Vorgesetzten eingesetzt, die die eigene Position auf Kosten anderer festigen und Rivalen auf Distanz halten wollen.

Wenn Sie Manipulationsabsicht und unfaire Taktiken erkennen und verdeckte Tricks früh durchschauen, sind Sie auf dem besten Weg, um stark kontern zu können.

Achten Sie darauf, dass Sie auch in den von Unfairness geprägten Szenarien das Heft in der Hand behalten und sich die Machtverhältnisse nicht zu Ihrem Nachteil verschieben. Die besten Voraussetzungen dafür schaffen Sie, wenn Sie neben den folgenden speziellen Empfehlungen die in Teil 1 beschriebenen sieben Grundregeln für den verbalen Schlagabtausch beherzigen.

Letztlich entscheiden *allein Sie* darüber, was Sie sich gefallen lassen und was nicht. In den meisten Auseinandersetzungen dürfte es klüger sein, den verbalen Schlagabtausch zugunsten der Sache und des künftigen Miteinanders zu deeskalieren. Dann sollten Sie darauf verzichten, die betreffende Manipulationstaktik beim Namen zu nennen. Merken Sie sich allerdings, bei wem Sie in Zukunft vorsichtig sein müssen und auf wen Sie setzen dürfen.

So überstehen Sie Stresstests

Bei dieser subtilen Taktik stellt der Manipulator die Stressresistenz seines Gegenübers auf die Probe. Anders als bei den Stresstests für Banken oder Atomkraftwerke geht es in der Kampfdialektik darum, mit verdeckten verbalen Mitteln herauszufinden, wo der Gesprächspartner Schwachstellen und Grenzen der Belastbarkeit zeigt.

Solche Spiele zur Taxierung können in jeder Kommunikationssituation eingesetzt werden, in Mitarbeitergesprächen und in Verhandlungen genauso wie in Meetings oder in Diskussionsrunden. In der Unternehmenshierarchie funktionieren sie sowohl von oben nach unten wie auch von unten nach oben. Solange es beim Stresstest darum geht, den Gesprächspartner besser einschätzen zu können, ist gegen dieses Vorgehen nichts einzuwenden. Bedenklich wird es erst dann, wenn der Manipulator diese Taktik einsetzt, um sein Gegenüber vor den Augen anderer – etwa in einer Besprechung – bloßzustellen und ihm dadurch zu schaden.

Fasst man den Begriff Stresstest so weit, dass er auch manipulative Aktionen umfasst, die das Opfer gezielt überfordern sollen, dann ist auch die später behandelte Delegation von Sisyphus-Aufgaben eine Art Stresstest.

Dies sind typische Szenarien, in denen die Betroffenen mit Stresstests konfrontiert werden können:

- Ein neuer Vorgesetzter hat sich in der Einstiegsphase zu behaupten. Deshalb wollen sich Schlüsselpersonen oder informelle Führer durch diese verdeckte Strategie ein Bild davon machen, wie der neue Chef mit abweichenden Meinungen, mit kreativen Vorschlägen, mit Nebenkriegsschauplätzen oder mit Gegenargumenten umgeht und inwieweit er sich Respekt verschaffen kann.

- Eine Hochschulabsolventin wird nach ihrem Trainee-Programm von einer Fachabteilung übernommen. Dort trifft sie auf etablierte Kollegen, die sie einer Feuertaufe unterziehen. Sie testen beispielsweise, ob die Neue durchsetzungsfähig ist, wie sie mit Kritik und Einwänden umgeht oder wie viel fachliche Kompetenz sie mitbringt.

- Ein erfahrener Verhandlungsführer fühlt dem jüngeren Verhandlungspartner auf den Zahn, um sich ein Bild von seiner Persönlichkeit, seiner Branchen- und Produktkenntnis, seinem Verhandlungsstil, seiner Souveränität und Entscheidungsfreude zu machen.

Beim Stresstest werden zum Beispiel folgende Taktiken verdeckt eingesetzt:

- Durch regelmäßiges Unterbrechen setzt der Angreifer kleine Machtsignale nach dem Motto: »Den kann man unterbrechen, von dem geht keine Gefahr aus.«

- Die Standfestigkeit des Gegenübers wird durch subtile Angriffe auf Person, Argumente und Formulierungen »getestet«. Auch die oben behandelten manipulierenden Fragen gehören zu den Mitteln, um ahnungslose Menschen schlecht aussehen zu lassen und Druck zu erzeugen (siehe Abschnitt »Manipulierende Fragen ins Leere laufen lassen«).
- Durch subtile körpersprachliche Dominanz- und Kampfgebärden zielt der Machtspieler darauf, Sie in einen Tiefstatus zu drängen. Zum Beispiel fixiert er Sie mit Blicken, betätschelt Ihren Unterarm, platziert Sie im Büro strategisch ungünstig und beschäftigt sich mit anderen Dingen, während er mit Ihnen spricht (siehe Abschnitt »Nonverbaler Dominanz selbstsicher begegnen«).

Konterstrategien

Die Kenntnis dieser Manipulationsmethode ist von entscheidender Bedeutung, um die Angriffe früh erkennen und neutralisieren zu können.

Je weniger Sie Ihren Gesprächspartner kennen und je schlechter sein Ruf, desto sorgfältiger sollte Ihre Vorbereitung sein. Auf jeden Fall sollten Sie Ihre Kernbotschaften im Kopf haben. Zusätzlich sollten Sie Reaktionen wie Brückensätze auf mögliche sachliche Einwände wie auch auf unfaire Angriffe und Fangfragen durchdacht haben. Wir empfehlen Ihnen, Vorinformationen über Argumentationsstil und Charakter des Gesprächspartners zu sammeln.

Wenn ein potenzieller Rivale der gleichen Ebene Machtkämpfe mit Ihnen provoziert, müssen Sie dagegenhalten und versuchen, Verbündete ins eigene Boot zu holen. Achten Sie bei Ihren Reaktionen darauf, die Situation zu deeskalieren, indem Sie gelassen zum Sachthema und zum Gesprächsziel zurückführen. Wenn Sie den Eindruck haben, dass bestimmte Mitarbeiter oder Kollegen regelmäßig unfaire Taktiken einsetzen, können Sie deren Verhalten auch in einem Gespräch unter vier Augen thematisieren und offenes Feedback geben. Dies empfiehlt sich vor allem dann, wenn Sie solches Verhalten als störend erleben und Sie mit diesen Personen in Zukunft zusammenarbeiten müssen.

Partisanentechnik schnell unterbinden

Bei dieser Taktik sucht der Manipulator nach jedem noch so kleinen Anzeichen von Verwundbarkeit, um Kompetenz und Reputation des Gegenübers zu beschädigen.

Das Verhalten des Angreifers ähnelt dem eines Partisanen: Er verfügt über kampfdialektische Waffen, er agiert aus dem Hinterhalt und hat in der Regel das Überraschungsmoment der Attacke auf seiner Seite. Zudem spielt er sein eigenes manipulatives Spiel, er nimmt nicht an dem regulären Austausch der Argumente teil.

Beispiel: Als designierter Projektmanager haben Sie Ihre erste Präsentation vor einem größeren Führungskreis Ihres neuen Arbeitgebers zu halten. Trotz anfänglicher Bedenken und spürbarer Nervosität läuft Ihre Präsentation hervorragend: Sie haben beim Vortrag ein gutes Gefühl. Die Zuhörer sind von A bis Z aufmerksam. Es gelingt Ihnen offenbar, die Inhalte verständlich, praxisbezogen und mit Engagement darzulegen. Ihre Zuhörer zeigen sich beeindruckt und spenden Beifall – alle bis auf einen Kollegen. Der hat Ihren Auftritt mit Argusaugen beobachtet, weil er in Ihnen einen potenziellen Konkurrenten sieht.

Er meldet sich in der anschließenden Diskussion zu Wort und versucht, die Aufmerksamkeit der Zuhörer mit der »Partisanentechnik« weg von Ihren überzeugenden Inhalten zu lenken – hin zu vermeintlichen Schwachstellen. Um diese zu finden, stellt er zum Beispiel Detailfragen nach der Belastbarkeit Ihrer Zahlen, Daten und Fakten, zweifelt Ihre Beweismittel an oder greift zu Fangfragen auf der Metaebene: »Wo stehen Sie mit Ihrem Ansatz im internationalen Maßstab?«

Übrigens können bei Präsentationen auch formale Mängel Ziel kritischer Attacken sein: Da werden Diagramme und überladene Schaubilder aufs Korn genommen, da wird die Anzahl der Schaubilder als »Information-Overload« abgewertet. Dabei werden im Grunde marginale Layout-Aspekte zu beherrschenden Themen aufgeblasen, obwohl sie mit dem Hauptthema wenig zu tun haben.

Abwehrstrategie

Um sich der Partisanentechnik zu erwehren, sollten Sie darauf achten, dass die Diskussion untergeordneter Kritikpunkte nicht zu viel Zeit in Anspruch nimmt. Dies erreichen Sie, indem Sie den Beitrag des Angreifers mithilfe eines Brückensatzes wieder auf das Hauptthema lenken.

Bei einer spitzfindigen Detailfrage könnten Sie etwa wie folgt reagieren: »Herr L., das ist eine außerordentlich spezielle Frage. Vorschlag: Ich kläre das für Sie und maile Ihnen morgen dazu die Antwort.« (Danach kehren Sie zum Thema zurück:) »Darf ich noch einmal auf den zentralen Punkt meiner Präsentation zu sprechen kommen …«

Eine weitere elegante Möglichkeit besteht darin, befreundete Teilnehmer des Meetings vorher dahingehend zu briefen, bei überkritischen und marginalen Beiträgen einzugreifen und Ihnen zur Seite zu springen. Die Kooperationspartner können dann bei Bedarf ein argumentatives Gegengewicht aufbauen.

Folgende Brückensätze bieten sich zum Beispiel an, um zum Kernthema zurückzulenken:

Reaktionen der gebrieften Kollegen

- »Herr L., das ist doch eher ein Randaspekt. Stattdessen möchte ich noch einmal auf den Kern und die strategische Bedeutung des Lösungsansatzes zu sprechen kommen …« oder:
- »Ich schlage vor, dass Sie diesen Randaspekt in der Pause diskutieren. Was ich spannend finde, ist dieser Aspekt xyz …« oder:
- »Wir sind schlecht beraten, diesen Details so viel Zeit zu widmen. Ich befürworte das präsentierte Konzept ohne Wenn und Aber. Denn es ist für unsere Wettbewerbsfähigkeit am Markt überaus wichtig …«

Wie Sie auf Drohungen kalkuliert reagieren

Drohungen zielen darauf, beim Manipulierten durch Ankündigung unangenehmer Maßnahmen Ängste und Stress auszulösen und ihn dadurch zu einer erwünschten Reaktion zu veranlassen.

Dieser inneren Logik folgen beispielsweise typische Mahnschreiben: »Wenn Sie nicht innerhalb von zehn Tagen zahlen, werden wir eine Inkassofirma mit dem Einzug der Forderung beauftragen.« Die Androhung negativer Konsequenzen verfehlt ihre Wirkung selten: Sie aktivieren beim Empfänger Vorstellungen (»Inkassofirma«), die das Stressniveau in die Höhe treiben, Ängste auslösen und damit die gewünschte Handlungsweise bewirken.

Ähnlich ist es auch mit Drohungen, die in Verhandlungen eingesetzt werden: Sie sind deshalb so wirksam, weil oft wenige Worte ausreichen, um erwünschte Reaktionen zu erzeugen oder sogar Angst auszulösen. Das Muster lautet: »*Wenn* du nicht tust, was ich will, *dann* hat das diese oder jene negative Konsequenz für dich!« Diese Drohung konfrontiert Sie mit zwei Übeln in der Erwartung, dass Sie sich für das kleinere Übel (Wenn-Satz) entscheiden, um das angedrohte Übel (Dann-Satz) zu vermeiden.

Neben solchen offenen Drohungen können auch verdeckte, subtile Techniken zum Einsatz kommen. Sie verfehlen vor allem bei sensiblen Menschen ihre Wirkung nicht. Da genügt schon die Andeutung einer negativen Konsequenz, um den erwünschten Effekt zu erreichen.

Beispiel 1: Offene Drohung

Ein mittelständisches Unternehmen arbeitet seit Jahren mit einem Automobilhersteller zusammen. Cost-Cutting-Programme und eine aggressive Verhandlungsstrategie des Chefeinkäufers haben die Gewinnmargen gedrückt. Weitere Preissenkungen würden langfristig das Überleben des Mittelständlers gefährden.

In der neuen Verhandlungsrunde erklärt der Chefeinkäufer dem Vertriebsrepräsentanten des Zulieferers: »Aufgrund des dramatischen Verdrängungswettbewerbs fordern wir Preissenkungen in der Größenordnung von 15 Prozent. Anderenfalls hat unsere Geschäftsbeziehung keine Zukunft. Wir wären dann gezwungen, das gesamte Auftragsvolumen an einen günstigeren Wettbewerber zu vergeben.«

In dieser aggressiv vorgetragenen Aussage steckt ein enormes Drohpotenzial mit konkreten Konsequenzen für den Zulieferer. Der Vertriebler ist in der Gefahr, unter großen Stress zu geraten und die Kontrolle zu verlieren.

Beispiel 2: Subtile Drohung

Ein DAX-Unternehmen errichtet eine neue Produktionsstätte in Brasilien. Gesucht wird ein kompetenter Manager, der dort innerhalb eines Jahres den IT-Bereich aufbauen soll. Der Ressortchef hält den 35-jährigen, ambitionierten Informatiker Uwe S. für die ideale Besetzung: Der verfügt über die fachliche Kompetenz, spricht Englisch und Portugiesisch und bringt die notwendige Durchsetzungs- und Teamfähigkeit mit. Doch gibt es ein Problem: Die Frau des Informatikers möchte nicht nach Lateinamerika, weil ihr die dortige hohe Kriminalität Angst macht und sie zudem die gewachsenen Bindungen in ihrer deutschen Heimat nicht aufgeben will.

Im entscheidenden Gespräch mit seinem Lieblingskandidaten formuliert der dominante Linienvorgesetzte seinen Wunsch so: »Ein Jahr Brasilien ist eine wirkliche Chance für Ihre Zukunft. Sie können zeigen, dass Sie ein anspruchsvolles Projekt im Ausland selbstverantwortlich stemmen können. Und Sie werden sehen, das Jahr ist schnell vorbei.« Weiter führt der Fachvorgesetzte aus: »Für uns als weltweit agierendes Unternehmen ist es unabdingbar, dass unsere Führungsnachwuchskräfte für den nächsten Karriereschritt Auslandserfahrungen nachweisen. Interkulturelle Erfahrungen sind zudem Voraussetzung für den Einstieg ins obere Management. Und das Zeitfenster für solche Erfahrungen ist nicht unbegrenzt geöffnet ...« Die letzten Sätze des Chefs verfehlen ihre Wirkung nicht.

Konterstrategien

Analysieren Sie zunächst die Situation: Ist die Drohung glaubwürdig? Welcher Ruf geht dem Gesprächspartner voraus? Inwieweit ist er überhaupt in der Lage, die angedrohten Sanktionen zu verwirklichen? Handelt es sich vielleicht um bloße Rhetorik, um Imponier- und Dominanzgehabe ohne Substanz? Oder gibt es Anhaltspunkte dafür, dass Ankündigungen konsequent umgesetzt werden? Verfügt der Drohende zum Beispiel über die konkrete Entscheidungsbefugnis und die finanziellen und personellen Möglichkeiten dazu?

Bei geschäftlichen Verhandlungen ist es in der Regel günstig, Drohungen zunächst zu ignorieren, ruhig und gelassen zu bleiben und auf eigene Initiative zu setzen. Dies fällt leichter, wenn Sie

- Brückensätze zur Stressreduktion einsetzen,
- prinzipiell Verständnis für den Wunsch der Gegenseite signalisieren,
- den Partner bitten, Hintergrundinformationen und Sachargumente zu nennen,
- je nach dem Stand der Verhandlung andere Vorschläge ins Spiel bringen.

Ein eigener alternativer Vorschlag bietet die Chance, den Machtspieler in eine sachliche Verhandlung zu ziehen.

- »Für uns ist wichtig, dass wir zu einer Lösung kommen, die Sie zufriedenstellt und die für uns machbar ist.« oder:
- »Leider kann mein Unternehmen nicht unter Deckungsbeitrag anbieten. Ich schlage daher vor, Optionen zu prüfen, die für uns machbar sind und Spielräume beim Preis

eröffnen.« Danach lenken Sie auf Ihre Option: »Was halten Sie davon, eine längere Laufzeit in Erwägung zu ziehen/eine Paketlösung zu vereinbaren?«

Bei offenen Drohungen wie in Beispiel 1 geht es zunächst darum, die Situation zu deeskalieren. Daher sollten Sie auf keinen Fall die negativ besetzten Formulierungen wie »Preissenkungen«, »15 Prozent«, »Geschäftsbeziehung hat keine Zukunft« oder »günstigerer Wettbewerber« wiederholen. Stattdessen können Sie die Aussage mithilfe von Brückensätzen deeskalierend umformulieren, damit Droh- und Stresslevel abgebaut werden. Hierbei können Sie a) eine Rückfrage stellen oder b) selbst einen neuen Aspekt ins Spiel bringen:

Reaktion zu Beispiel 1: Offene Drohung

»Herr M., ich danke Ihnen, dass Sie das heikle Thema ›Preis‹ so offen ansprechen. Wenn ich Sie richtig verstehe, erwägen Sie, unsere langjährige Zusammenarbeit zu überdenken, falls wir zu keinem Ergebnis kommen.

a) Damit ich Ihnen einen tragfähigen Vorschlag machen kann, benötige ich Hintergrundinformationen. Können Sie mir Ihre Situation genauer darstellen …?«

b) Ich stelle Ihnen gern dar, unter welchen Voraussetzungen uns ein Entgegenkommen beim Preis möglich ist …«

Kommentar: Sie reagieren mit einer Rückfrage auf einer allgemeinen Ebene und vermeiden in der Drohung enthaltene Reizwörter. Dann stellen Sie a) Fragen zur Situationsanalyse oder sprechen b) die Voraussetzungen für ein Entgegenkommen an.

Auch bei subtilen Drohungen wie in Beispiel 2 ist man gut beraten, dem Druck nicht nachzugeben. Folgt man den Grundsätzen des *Harvard-Konzepts*, wie es Roger Fisher und andere (2009) in ihrem Klassiker unter diesem Titel darstellen, wären bei einer sachgerechten Argumentation folgende Aspekte zielführend:

- Das Gesprächsklima (Beziehungsebene) sollte nicht belastet werden, auch wenn in der Sache unterschiedliche Erwartungen und Vorstellungen existieren.
- Der Kandidat sollte nicht bei den festen Positionen des Entweder-oder hängen bleiben, sondern überlegen und durch Rückfragen herausfinden, wo Kompromisslinien verlaufen. Vielleicht gibt es Schnittmengen, die sowohl die Vorstellungen des Vorgesetzten als auch die eigenen Interessen berücksichtigen.
- Er sollte mit dem Vorgesetzten besprechen, ob andere Optionen infrage

kommen, etwa mehrere Kurzaufenthalte in Brasilien, Einweisung eines Kollegen oder Auslandseinsatz in einer anderen Region.

- Bei der Besprechung alternativer Optionen kann ein Kriterienkatalog hilfreich sein, der neben den betrieblichen Anforderungen auch die private Situation des Kandidaten einbezieht.

Hier ein Formulierungsbeispiel, das darauf abzielt, in dieser Situation das Heft in der Hand zu behalten:

Reaktion zu Beispiel 2: Subtile Drohung

»Ich freue mich, dass Sie mir zutrauen, diese anspruchsvolle Herausforderung in Brasilien zu stemmen. Die strategische Bedeutung dieser Aufgabe ist mir klar. Ich teile Ihre Überzeugung, dass Auslandserfahrungen für Karriereziele im oberen Management unverzichtbar sind. Trotzdem möchte ich in Ruhe auch mit meiner Frau über dieses Angebot sprechen. Bis wann brauchen Sie eine Entscheidung?«

Kommentar: Für den Vertrauensvorschuss danken. Die Wichtigkeit des Projekts bestätigen und Bedenkzeit erbitten. Auch hier: Die subtile Drohung nicht beachten! In den Folgegesprächen könnte dann versucht werden, eine Lösung zu finden, die den Vorstellungen beider Seiten Rechnung trägt.

Exkurs: Warnungen als »Schuss vor den Bug«

Zwischen einer »Drohung« und einer »Warnung« bestehen große Ähnlichkeiten. In beiden Fällen geht es um die Ankündigung negativer Konsequenzen. Dabei gibt es aber auch Unterschiede – insbesondere im Hinblick auf das Stressniveau: Eine Warnung droht nicht nur bestimmte Konsequenzen an, sondern hat eine pädagogische Komponente.

Das Muster lautet nach *Harvard-Konzept* (2009): »Wenn Sie meine legitimen Interessen nicht respektieren, haben ich keine andere Wahl, als die Ebene des Good Will zu verlassen und auf einer eskalierenden Ebene dafür zu sorgen, dass meine Interessen gewahrt bleiben. Aber das ist vielleicht nicht das, was Sie wirklich wollen.« Hier geht es also hauptsächlich darum, dem Angreifer ein klares und eindeutiges Stopp-Signal zu setzen, um dadurch Problembewusstsein für sein unfaires Verhalten zu erzeugen und im günstigsten Fall eine Verhaltensänderung anzustoßen. Die folgenden Beispiele zeigen, wie Sie »Warnungen« als Konterstrategie einsetzen können.

1. Eine weibliche Führungskraft wird auf dem Flur zum wiederholten Male von einem Kollegen mit sexistischen Sprüchen belästigt. Sie möchte sich die Sprüche nicht länger gefallen lassen und hat sich für den Täter ein Statement zurechtgelegt: »Ich lasse mir Ihr Gerede nicht weiter bieten. Ihre Bemerkungen finde ich beleidigend und herabsetzend. Kommt das noch einmal vor, werde ich mich beim Personalleiter offiziell beschweren.«
2. Der Mitarbeiter einer IT-Firma ist in seinem Büro wiederholt bei privaten Telefonaten erwischt worden. Als er sein Verhalten fortsetzt, nimmt ihn sein Chef eines Tages zur Seite, um eine Verhaltensänderung zu erreichen: »Lieber Kollege, ich habe nichts dagegen, wenn Sie vereinzelt Privatangelegenheiten mit dem Bürotelefon klären. Doch wenn das so häufig vorkommt, dass Sie erheblich vom Arbeiten abgehalten werden, bleibt uns in Zukunft nichts anderes übrig, als personelle Konsequenzen zu ziehen.«

Der Einsatz von Drohungen birgt hohe Risiken

Drohungen belasten in der Regel die emotionale Beziehung zum Gegenüber nachhaltig, oft sogar irreversibel. Überdenken Sie daher die psychologischen Konsequenzen einer offenen Drohung, die Sie auch in eine zeitraubende Auseinandersetzung hineinziehen kann. Oder Sie verlieren an Glaubwürdigkeit und Autorität, falls Sie nicht in der Lage sind, die angedrohten Sanktionen auch nur annähernd durchzusetzen. Gerade wenn Sie in Anwesenheit Dritter Drohungen formuliert haben, die Sie nicht einlösen können, entlarven Sie sich schnell als zahnloser Tiger. Setzen Sie dieses Machtmittel daher wohlüberlegt als letztes Mittel und mit Augenmaß ein. Verzichten Sie auch aus Gründen Ihrer Reputation auf besonders extreme Drohungen. In vielen Fällen reicht eine Warnung aus, um Ihrer Forderung Nachdruck zu verleihen.

Die nächsten vier Machtspiele beschreiben Manipulationstaktiken von Vorgesetzten, die ihren Status auch mit bösartigen Mitteln hochhalten.

Demontage als Machtspiel zurückweisen

Die Demontage zielt darauf, sich auf Kosten eines anderen Menschen zu profilieren und Durchsetzungsfähigkeit zu demonstrieren: Ein Mitarbeiter wird bewusst »auseinandergenommen«, um Kollegen und Mitarbeitern zu zeigen, dass jeder, der nicht mitzieht, mit unangenehmen Konsequenzen rechnen muss. Dieses Machtspiel setzt auf Angst und Einschüchterung: Wer nicht kuscht, hat keine Chance. Als Opfer eignen sich vor allem Personen, die hohes Ansehen genießen und erfolgreiche Arbeit leisten, aber dem Manipulator nicht gefährlich werden können.

Beispiel: Der Unternehmensberater Jens S. führt seit mehr als 15 Jahren sehr erfolgreiche Seminare für DAX-Unternehmen durch. Die Veranstaltungen haben den Status einer Premiummarke. Das Teilnehmerfeedback ist stets exzellent, die Nachfrage nach den Seminaren ebenso. Diese Faktoren haben über die Jahre dazu beigetragen, dass er mehr Honorar bekommt als die meisten anderen Referenten. Jens S. ist bei den Mitarbeitern im Human-Resources-Bereich und auch beim Geschäftsführer der unternehmenseigenen Akademie sehr beliebt – nicht zuletzt wegen seiner Kompetenz, seiner großen Akzeptanz bei den Teilnehmern und seiner Zuverlässigkeit.

Diese Erfolgsgeschichte ist schlagartig beendet, als ein neuer Geschäftsführer kommt. Ihm eilt der Ruf eines Cash-orientierten Managers voraus, der sich seine Sporen bei McKinsey verdient hat. Er gilt als ausschließlich auf Zahlen und Deckungsbeiträge fixiert und wenig interessiert an weichen Faktoren wie Fairness, Motivation und Vertrauensbildung. In den ersten Tagen seiner Amtszeit beauftragt er einen Seminarmanager, Herrn S. in einem Telefonat (!) mitzuteilen, dass sein Honorar um 50 Prozent gekappt werden soll. Fadenscheinige Begründung: Die Deckungsbeiträge der Seminare seien zu gering.

Wie der Managementtrainer später von einem vertrauten Seminarmanager erfuhr, waren die Deckungsbeiträge nur ein vorgeschobenes Argument. Mit S. sollte ein Exempel statuiert werden, um jedem Mitarbeiter zu zeigen, woher der neue Wind weht: In der neuen Führungs-»Philosophie« sollte alles den Zahlen untergeordnet werden.

Wie bei anderen Machtspielen ist es auch beim Versuch der Demontage wichtig, die unfaire Spielart früh zu durchschauen und zu dieser Attacke emotional auf Distanz zu gehen. Das fällt nicht so schwer, wenn man weiß: Dieses Theater kommt nur zur Aufführung, weil der Machtspieler mangelnde Kompetenz und Persönlichkeit durch diese Machtdemonstration ausgleichen will. Das Ergebnis einer derartigen Inszenierung ist jedoch in den meisten Fällen, dass sich der Machtspieler auch in der Wahrnehmung der Umwelt ein Armutszeugnis ausstellt und sich die meisten Kollegen und Kolleginnen emotional mit dem Opfer identifizieren.

Reaktion

Jens S. hat das Spiel sofort durchschaut und kurzfristig seine Tätigkeit als Referent quittiert. Er wusste: Aussichtslose Kraftproben sollte man besser unterlassen und keine Energie dafür aufwenden. Es war mit seinem Selbstwertgefühl nicht vereinbar, ein rechtfertigendes Gespräch mit einem Geschäftsführer zu suchen, der auf unfaire und pure Machtdemonstration setzte.

Von den drei Handlungsmöglichkeiten »Love it, change it, or leave it« entschied er sich also direkt für die Variante »Leave it«, zumal er die entgangenen Trainertage kurzfristig bei anderen Kunden unterzubringen konnte. Übrigens führte der demotivierende Führungsstil des neuen Geschäftsführers dazu, dass sich die besten Trainer, die für dieses Unternehmen arbeiteten, sowie einige Mitarbeiter der Akademie nach einigen Wochen ebenfalls neu orientierten.

Wenn der Trainer nicht die Möglichkeit gehabt hätte, bei anderen Kunden vor Anker zu gehen, wäre die Option »Change it« ratsam gewesen. In einem Gespräch mit dem neuen Geschäftsführer hätte er versuchen müssen, die Situation zu sondieren und nach Lösungswegen zum gegenseitigen Nutzen zu suchen. Als erfahrener Berater hätte S. die Qualitätsstandards seiner Seminare erläutert, eine Zusammenstellung der außerordentlich guten Teilnehmerrückmeldungen vorgelegt und dem Manipulator durch sein Auftreten und seine Verhandlungsführung Glaubwürdigkeit und Kompetenz demonstriert.

Wehren Sie sich gegen Sisyphus-Aufgaben

Von Sisyphus-Aufgaben spricht man dann, wenn sie trotz großer Mühen so gut wie nie zu erledigen sind. Der griechische Mythos erzählt, dass Sisyphus in der Unterwelt zur Strafe einen Felsblock einen steilen Hang hinaufrollen musste. Kurz vor dem Ziel entglitt ihm jedes Mal der Stein, und er musste wieder von vorn anfangen.

Wie Sisyphus wird der Mitarbeiter mit Herausforderungen konfrontiert, die jenseits seiner Belastbarkeit oder seiner Kompetenzen liegen. Bei diesem Machtspiel werden ihm Aufgaben übertragen, die quantitativ und/oder inhaltlich nicht zu bewältigen sind. Damit geht die Manipulationstechnik über den einfachen Stresstest hinaus.

Die Motive des Vorgesetzten können vielfältig sein: Er will dem promovierten Ingenieur einen Dämpfer verpassen, er möchte dessen Image durch einen Misserfolg beschädigen und tarnt das Unterfangen als Bewährungsprobe.

Die erste Sisyphus-Variante besteht darin, nörgelnden und kritisierenden Kollegen Aufgaben zu übertragen, und zwar in einer Menge, die quantitativ nicht mehr zu bewältigen ist. Der Vorgesetzte steigert durch »geschickte« Delegation das Arbeitspensum, während er nach außen so tut, als hätte sich nichts geändert. Wenn der Mitarbeiter seine Ziele nicht erreicht, folgt die Kritik des Machtspielers: »Herr M., ich beobachte seit Wochen mit Sorge, dass Sie den Anforderungen unserer Abteilung nicht mehr gerecht werden. Vor allem Ihr Selbst- und Zeitmanagement scheint mir wenig professionell zu sein.«

Jens Weidner spricht in der *Peperoni-Strategie* (2011) vom »Looping-Effekt«: Man überlastet jemanden bewusst, um dann zu kritisieren, dass er die Last nicht tragen kann. Für den nörgelnden Mitarbeiter hat das zur Folge, dass sein Image leidet und der Chef seine eigene Position stärkt.

Eine andere Variante dieser Vorgehensweise: Der Vorgesetzte vergibt Aufgaben, die qualitativ außerordentlich schwierig, unangenehm oder gar nicht lösbar sind. Vor allem ehrgeizigen Führungsnachwuchskräften mit großem Potenzial und Tatendrang sollen durch dieses Machtspiel Grenzen aufgezeigt werden.

Beispiel: Der Personalleiter eines Konzerns bittet den aufstrebenden Absolventen einer Eliteuniversität, sich eines Themas anzunehmen, das in der Vergangenheit stiefmütterlich behandelt wurde. »Herr N., ich möchte Ihnen eine spannende Aufgabe übertragen, die für unseren Konzern sehr wichtig ist. Wir investieren zig Millionen in die Weiterbildung. Aber keiner weiß genau, was das bringt. Erarbeiten Sie doch einmal Lösungen, wie wir den Effekt (Return of Investment in Euro) von Weiterbildungs- und Personalentwicklungsmaßnahmen eindeutig quantifizieren können.«

Zu einem Machtspiel wird die Aktion, wenn er den Mitarbeiter später vor einem größeren Gremium »vorführt«, um dessen Reputation durch das unbefriedigende Ergebnis der Arbeit zu mindern. Dabei sind der Phantasie des Machtspielers keine Grenzen gesetzt: Er kann delegierte Aufgaben bewusst mit einem unrealistischen Zeitziel verbinden; er kann den Kandidaten für drei Monate zu einem Spezialprojekt in die Mongolei schicken; er kann eine Aufgabe delegieren, an der sich bereits andere Mitarbeiter die Zähne ausgebissen haben.

Abwehrmöglichkeiten

Zunächst hilft die Kenntnis dieses Machtspiels, sich zu wappnen und frühzeitig gegenzusteuern. Sobald Sie feststellen, dass Sie Ihre Aufgaben nicht mehr bewältigen können, sollten Sie ein klärendes Gespräch mit Ihrem Vorgesetzten führen.

Ohne offenes Feedback wird sich Ihre Situation nicht verbessern. Wer nicht gelernt hat, eine Grenze zu ziehen und begründet Nein zu sagen, wird sich auf Dauer kaum schützen können. In einem klärenden Gespräch können Sie den Chef danach fragen, wie er die Gewichtung der zusätzlich delegierten Aufgaben zu den übrigen sieht. Bei einer quantitativen Überlastung ist es ratsam, über ein bis zwei Wochen schriftlich zu analysieren, wie viel Zeit Sie für welche Tätigkeit aufwenden. So haben Sie eine überzeugende Reaktion auf Killerphrasen wie »Das schaffen Sie schon!« verfügbar.

Menschen mit Helfersyndrom sind besonders anfällig dafür, ein Übermaß an Aufgaben zu akzeptieren. Sie haben es nicht gelernt, die eigenen Interessen argumentativ zu verteidigen. Und sie befürchten, Sympathie zu verlieren, wenn Sie Nein sagen. Weiterführende Tipps zum Thema »Grenzen ziehen« beziehungsweise »Diplomatisch Nein sagen« finden Sie im Kapitel »Starke Reaktionen bei anstrengenden Zeitgenossen«.

Wer eine komplexe Aufgabe zugewiesen bekommt, ist gut beraten, zunächst zu klären, welche Anforderungen an die Problemlösung zu stellen sind. Beim Thema »Weiterbildungseffekte evaluieren« wäre nach den ersten Recherchen oder Gesprächen mit erfahrenen Führungskräften, Wissenschaftlern und Spezialisten des eigenen Unternehmens ein Folgegespräch mit dem Chef ratsam. Dabei sollte der aktuelle Stand des Wissens erörtert und der Korridor für tragfähige Lösungen ausgelotet werden. Versuchen Sie, Ihren Vorgesetzten davon zu überzeugen, dass der Effekt einer Weiterbildungsinvestition nicht in Euro oder Dollar quantifiziert werden kann. Empfehlen Sie stattdessen eine alternative Lösung, indem Sie nach Ersatzkriterien suchen, die den Erfolg einer Weiterbildungsmaßnahme widerspiegeln, etwa die Teilnehmerzufriedenheit, der Praxisbezug oder der Grad der Individualisierung einer Trainingsmaßnahme.

Lob als Taktik durchschauen

Manipulatoren nutzen die emotionale Wirkung persönlicher Wertschätzung, um anderen zu schaden. Bei diesem Psychotrick schmeicheln sie zunächst dem Gesprächspartner, loben Arbeitsergebnisse und machen Komplimente, um Selbstwertgefühl und Stimmungslage des Mitarbeiters zu heben. Danach jedoch folgt das dicke Ende.

Der Dirty Trick besteht darin, dass es dem Vorgesetzten nicht wirklich darum geht, Erfolge glaubhaft anzuerkennen. Vielmehr setzt er Lob als taktisches Mittel ein, um auf Kosten anderer bestimmte Ziele zu erreichen und die eigene Position zu stärken. Ein gerade empfangenes Lob macht nämlich viele Menschen wehrlos gegen Anforderungen und Zumutungen aller Art.

Mit dieser Manipulationstechnik kann man sowohl in Gesprächen unter vier Augen wie auch in Besprechungen oder Teamsitzungen konfrontiert werden. Beim taktischen Lob unter vier Augen geht es meist darum, den Manipulierten durch Lob und Anerkennung für Leistungen, Erfolge oder kommunikative Fähigkeiten in eine positive Stimmung zu bringen und im Gegenzug die Erfüllung bestimmter Aufgaben zu fordern.

Szenario 1: Unter vier Augen

»Herr S., ich fand Ihre Präsentation gestern wirklich sehr ansprechend«, sagt der Vorgesetzte am Freitagnachmittag in einer entspannten Minute zu seinem Mitarbeiter und klopft ihm anerkennend auf die Schulter. »Sie haben die wichtigsten Botschaften sehr klar und einprägsam herausgestellt. Und – was mich ebenfalls beeindruckt hat – Sie haben Ihr Publikum über den gesamten Zeitraum begeistert und auf der richtigen Sprachebene abgeholt. Ausgezeichnet!«

Der Chef macht eine Pause, um sich den Dank des Mitarbeiters für das ausführliche Lob abzuholen. Dann startet er die eigentliche Aktion: »Ich hätte da noch eine kleine Bitte, bevor wir ins Wochenende gehen. Könnten Sie sich die Unterlagen zum Projekt xyz am Wochenende mal anschauen ...«

Ein anderes Ziel hätte dasselbe Lob im Beisein von Kollegen (Szenario 2). Wenn ein Vorgesetzter einen Mitarbeiter vor Dritten ausdrücklich lobt – zum Beispiel in einer Teamsitzung –, freut sich dieser zunächst darüber: Seine Leistung wird offenbar honoriert, und jeder im Team bekommt es mit.

Das Vertrackte an diesem Machtspiel: Die Lobeshymnen bringen dem Mitarbeiter keinen konkreten Nutzen – weder für die eigene Laufbahn noch in materieller Hinsicht. Die Stoßrichtung dieser subtilen Technik ist eine ganz andere. Sie zielt auf die Kollegen, die Zeugen der Anerkennung sind. Innere Monologe und Neidgedanken dieser Art sind die Folge: »Wieso wird der hier laufend herausgehoben? Was steckt dahinter, wenn der gelobt wird? Wieso geht die Anerkennung nicht an andere?«

Die Hintergründe dieses Machtspiels: Den übrigen Kollegen – insbesondere denen, die das Lob eigentlich verdient hätten – soll deutlich werden, wer hier die Macht hat. Der gelobte Mitarbeiter wird zur Spielfigur eines manipulativen Dominanzspiels degradiert. Eine unangenehme Begleiterscheinung dieser Taktik kann sein, dass neidische Kollegen im Team Front gegen den Gelobten machen, die persönliche Beziehung zu ihm herunterfahren und ihm vielleicht sogar das Leben schwermachen.

Abwehrmöglichkeiten

Dienen Lob und Komplimente nur als Mittel, um weitere Forderungen zu stellen (Szenario 1), ist es ratsam, sich dagegen zu immunisieren. Wenn das anerkennende Wort ehrlich gemeint ist und mit den Fakten im Einklang steht, spricht nichts dagegen, sich für das Feedback zu bedanken und sich darüber zu freuen. Sollten Sie hingegen eine manipulative Strategie erkennen, können Sie sich kurz bedanken, das Kompliment zurückgeben und dann sofort zum Sachthema kommen:

Zu Szenario 1: Unter vier Augen

»Vielen Dank für das positive Feedback, Herr M. Mir hat die Präsentation viel Freude gemacht. Auch mein Eindruck war, dass ich die Erwartungen der Zuhörer gut getroffen haben. Was das Projekt xyz angeht: Ich würde gern übernehmen, aber an diesem Wochenende ist es schwierig. Ich sehe aber am Montagmorgen eine Chance …«

Anmerkung: Der Mitarbeiter dankt für das Lob, sagt diplomatisch Nein und bringt eine andere Option zur Problemlösung ins Spiel.

Wenn Sie Anhaltspunkte dafür haben, dass Sie als Spielfigur missbraucht werden sollen (Szenario 2), könnten Sie dieses Lob herunterspielen: Verweisen Sie darauf, dass andere Personen des Teams und letztlich die gesamte

Mitarbeiterschaft an dem Erfolg beteiligt waren. Damit Ihre Reaktion in der Teamsitzung abrufbereit ist, empfehle ich Ihnen, ein entsprechendes kurzes Statement für alle Fälle bereitzuhalten.

Zu Szenario 2: Vor der Gruppe

»Vielen Dank, Herr Dr. E., für Ihre lobenden Worte. Da die Leistung in Teamarbeit erbracht wurde, möchte ich diese Anerkennung gern weitergeben an die Kollegen S., J. und Dr. B. Ohne die exzellente Zusammenarbeit mit diesen drei Kollegen wäre der Projekterfolg so nicht möglich gewesen.«

Ein positiver Nebeneffekt dieser Taktik: In jedem Fall können Sie Lob und Komplimente des Vorgesetzten als argumentative Verhandlungsmasse bei der nächsten Gehaltsrunde oder bei der Wahrnehmung der eigenen Laufbahn-interessen verwenden.

Der Preis für taktisches Lob ist hoch

Wer häufig aus taktischen Gründen lobt, riskiert viel – im Hinblick auf sein Ansehen im Team genauso wie als Vorgesetzter. Lob und Anerkennung sind nämlich wichtige Führungsinstrumente, die nicht x-beliebig und inflationär eingesetzt werden sollten. Sie entfalten erst dann ihre positive Wirkung, wenn sie ehrlich und glaubwürdig verwendet werden.

Das erfordert es, bei den Fakten zu bleiben und auf Übertreibungen zu verzichten. Wer zu häufig und ohne konkreten Anlass lobt, kann echte Höchst-leistungen und besondere Erfolge kaum noch wertschätzend hervorheben. Das muss sich längerfristig negativ auf die Motivation der Mitarbeiter und letztlich auf die Unternehmens-Performance auswirken. Gleichzeitig zeigt der maßlos Lobende, dass er nicht das Unterscheidungsvermögen und die Kompetenz mitbringt, um die Leistungen der Teammitglieder angemessen, differenzierend und echt zu beurteilen. Bedenken Sie, dass es Ihrer Glaub-würdigkeit zugutekommt, wenn Sie zeigen, dass Sie auch emotional berührt sein können, etwa durch positive Ich-Botschaften wie: »Ich freue mich über dieses exzellente Feedback der Kunden …« oder »Mich begeistert, mit welcher Sorgfalt Sie das Projekt von A bis Z geplant haben …«.

Kleinmachen und dann aufbauen gilt nicht

Bei einem weiteren Machtspiel lautet das Motto: Erst kleinmachen, dann Mut machen. Dabei geht es dem Vorgesetzten zunächst darum, Dominanz zu zeigen, den Mitarbeiter unter Druck zu setzen und Unterlegenheitsgefühle bei ihm zu erzeugen. Dann folgt das fingierte psychologische Aufbauprogramm.

Beispiel: Der Chef sitzt dem Neuen mit verschränkten Armen und zusammengezogenen Augenbrauen gegenüber: »Was Sie da erarbeitet haben, entspricht ja in keiner Weise unseren Qualitätsstandards!« Der Mitarbeiter schaut betrübt auf seine Füße, ist am Boden zerstört. Da steht der Chef plötzlich auf, legt seinem Mitarbeiter väterlich den Arm auf die Schulter und sagt freundlich: »Kommen Sie, ich helfe Ihnen, das wiedergutzumachen.«

Der Chef demonstriert, dass er in der Lage ist, seinen Willen durchzusetzen: Er ist oben, der Mitarbeiter unten. Er bestimmt, was die Qualitätsstandards sind, was richtig und was falsch ist, was das Beste für das Unternehmen ist. Und er kann sich aufgrund seiner exponierten Position sogar erlauben, die Regeln eines partnerschaftlichen Gesprächs außer Kraft zu setzen.

Dieses unsaubere Spiel wird vor allem dann seine Wirkung nicht verfehlen, wenn der Mitarbeiter sehr gute Arbeit leistet und ein hohes Maß an Sensibilität und Empathie mitbringt.

Um den Mitarbeiter kleinzumachen und sein Selbstwertgefühl zu schädigen, bedient sich der Machtspieler beispielsweise der Partisanentechnik (»Ich vermisse xy in Ihrer Ausarbeitung!«), pauschalisierender Killerphrasen (»Auf mich wirkt das zu oberflächlich«) oder Angriffen auf Sprache und Stil (»Mich stören in Ihrer Präsentation die Amerikanismen«, Kritik an Weichmachern und am Satzbau). Auch Unterstellungen (»Haben Sie das von jemand anderem schreiben lassen?«) gehören hierher. Ist der Mitarbeiter sensibel, genügen kleinste Signale, um bei ihm den gewünschten Effekt zu erreichen.

Wenn der Mitarbeiter nach harter Kritik emotional am Boden liegt, folgt das Kontrastprogramm: Ermutigung. Dazu dienen aufbauende Formulierungen wie: »Wir schaffen das, und ich helfe Ihnen bei der Beseitigung der Mängel« oder »Lassen Sie uns mal schauen, wie wir jetzt am besten vorgehen, um den Bericht in eine präsentable Form zu bringen«.

Abwehrmöglichkeiten

Suchen Sie sich aus den verschiedenen Abwehrmöglichkeiten diejenige Gegenstrategie heraus, die zu Ihren Zielen passt, die die gemeinsame Sache weiterbringt und die es im Zweifel auch dem Chef ermöglicht, sein Gesicht zu wahren:

- Zeigen Sie sich betroffen, wenn Kritik geäußert wird. Verleihen Sie Ihrer Überraschung Ausdruck und gehen Sie dann durch präzisierende Rückfragen in die Offensive. Gerade bei Killerphrasen schafft das Respekt beim Vorgesetzten.
- Lassen Sie sich nicht verunsichern, bleiben Sie souverän. Vielleicht können Sie durch eine geschickte Einwandtechnik und durch aufwertende Brückensätze (siehe Teil 3, »Materialien zum Selbstlernen«) zu einem Win-win-Ergebnis kommen.
- Vermeiden Sie es, das Machtspiel beim Namen zu nennen und auf Konfliktkurs zu gehen. Damit laufen Sie nämlich Gefahr, dass die Zusammenarbeit dauerhaft leidet und Ihre Tage in der Abteilung gezählt sind. Allerdings können Sie vom Konkreten zu einem allgemeinen Thema lenken und nachfragen: »Ich habe den Eindruck, dass Ihnen die Qualität meiner Arbeit nicht zusagt.« Oder: »Was genau bemängeln Sie an meiner Arbeit?« Im Zweifel führt eine differenzierende Analyse weiter, indem Sie zum Beispiel das Gespräch darauf lenken, was gut läuft und was konkret zu verbessern ist.

Starke Reaktionen bei anstrengenden Zeitgenossen

Manchmal fühlt man sich in Gesprächen und Diskussionen unwohl und eingeengt, obwohl keiner der Beteiligten unfaire Taktiken einsetzt. Das geht häufig auf das Konto von Zeitgenossen, deren Verhaltensweisen uns nerven, weil sie uns mit Wünschen und Forderungen bedrängen, ohne Punkt und Komma reden, ständig Recht haben wollen, als Moralapostel auftreten oder indiskrete Fragen stellen. Solche Menschen trüben oft auch im privaten Umfeld die Freude an entspannten Gesprächen und an Geselligkeit.

Um sich gegen solche störenden Verhaltensweisen zu wappnen, benötigen Sie Lenkungstechniken und Brückensätze, die es Ihnen – je nach Ihrer Zielsetzung und Situation – ermöglichen,

- Grenzen zu setzen,
- dem Gespräch eine andere Richtung zu geben,
- darauf hinzuweisen, worüber Sie nicht sprechen wollen, oder
- die Gesprächssituation mit höflichen Worten zu verlassen.

Bei den folgenden Praxistipps gehen wir in erster Linie von Szenarien aus dem privaten Umfeld aus. Die meisten Konterstrategien sind jedoch leicht auf die berufliche Kommunikation übertragbar, soweit die Person, deren Verhalten als störend wahrgenommen wird, ihrem Gegenüber hierarchisch gleichgestellt oder niedriger gestellt ist. Was im Umgang mit ranghöheren Führungskräften zu beachten ist, haben wir in einem vorausgehenden Abschnitt (siehe »Verbale Dominanz in Besprechungen und Diskussionen«) erläutert.

Lernen Sie Nein zu sagen bei Wünschen und Forderungen

Jeder kennt Zeitgenossen, die Hilfsbereitschaft und Gutmütigkeit anderer ausnutzen. Sie kommen häufig überraschend mit Wünschen und Forderungen, ohne sich um Situation und Bedürfnisse des Gegenübers zu kümmern. Und manchmal steckt dahinter sogar die Absicht, uns bewusst zu schaden, wie bei der bereits beschriebenen Delegation von Sisyphus-Aufgaben.

Menschen mit Helfersyndrom und geringem Selbstvertrauen fällt es besonders schwer, jemandem einen Wunsch abzuschlagen. Sie haben Angst, andere zu enttäuschen, Beziehung und Klima zu belasten oder gar den Job aufs Spiel zu setzen. Und Menschen aus ihrem Umfeld lernen sehr schnell, diesen wunden Punkt auszunutzen – im beruflichen Alltag genauso wie im privaten Bereich.

Beispiel 1: Ihr Chef will Sie davon überzeugen, zusätzlich die Leitung eines zeitintensiven Projekts zu übernehmen. Sie arbeiten aber bereits seit Monaten an Ihrer Belastungsgrenze und befürchten daher, dass die Qualität Ihrer täglichen Arbeit leiden könnte.

Beispiel 2: Ein Kollege bittet Sie, für ihn eine längere Präsentation ins Englische zu übersetzen. »Sie können das besser als ich, weil Sie ja zwei Jahre in den USA studiert haben«, lautet seine Begründung. Sie haben weder Lust noch Zeit für diese fremdbestimmte Zusatzarbeit. Zudem gehören englischsprachige Präsentationen durchaus zum Tätigkeitsprofil seines Arbeitsplatzes.

Beispiel 3: Ein befreundeter Künstler bittet Sie, ihm für die Renovierung seines Studios 7 000 Euro zu leihen. Sie wissen aus Erfahrung, dass er mit Geld nicht umgehen kann. Daher möchten Sie den Wunsch in einem freundlichen Ton ablehnen.

Jeder kennt ähnliche Situationen, in denen man lange mit sich ringt. Häufig gehen wir dann den konfliktärmeren Weg und sagen Ja, obwohl wir gern Nein gesagt hätten. Wir machen gute Miene zum bösen Spiel, ärgern uns jedoch später, dass wir am Freitagabend widerwillig Überstunden gemacht, den ungelegenen Besuch der lieben Verwandtschaft akzeptiert oder dem Nachbarn einen ganzen Tag beim Umzug geholfen haben. Und das alles nur, um eine unangenehme Gesprächssituation zu vermeiden und unser Gewissen zu beruhigen.

Wer sich ausgenutzt oder überfordert fühlt, muss lernen, Nein zu sagen, Grenzen zu ziehen und das zu behaupten, was ihm wichtig ist. Sonst werden diese Menschen leicht – wie Barbara Berckhan es ausdrückt – zu Packeseln, die Lasten tragen, oder zu Billiardkugeln, die herumgestoßen werden. Sie laufen Gefahr, dass sich ihre Mitmenschen daran gewöhnen, sie rund um die

Uhr verfügbar zu haben, wenn sie eine lästige Aufgabe abgeben möchten oder Rat und Hilfe suchen.

Reaktionsmöglichkeiten

Um stark kontern zu können, benötigen Sie eine Handlungsmaxime und eine Anleitung für psychologisch geschicktes Vorgehen sowie geeignete Brückensätze und Formulierungen.

Eine bewährte Maxime, die Sach- und Beziehungsebene gleichermaßen berücksichtigt, finden Sie im *Harvard-Konzept* von Roger Fisher und anderen (2009). Dort heißt es: Verbinde eine wertschätzende Haltung mit Konsequenz in der Sache.

Das bedeutet vor allem: Springen Sie nicht zu schnell auf Wünsche und Forderungen anderer an. Nehmen Sie sich Zeit, um sowohl die eigenen Ziele, Bedürfnisse und Begrenzungen wie auch die Motivation des Gegenübers zu durchdenken, bevor Sie Ihre Entscheidung formulieren. Bleiben Sie bei einer ablehnenden Antwort durchgängig wertschätzend und bringen Sie wenn möglich eine andere Lösungsoption ins Spiel, um die eigenen Interessen mit denen der Gesprächspartner in Einklang zu bringen.

Wenn Ihnen an der Beziehung zu Ihrem Gegenüber viel liegt, ist es ratsam, sich an dem folgenden psychologischen Phasenkonzept zu orientieren:

Phasenkonzept zum Neinsagen

1. Zuhören und Verständnis ausdrücken
2. Nein sagen und wenn notwendig begründen
3. Andere Lösungen aufzeigen
4. Thema wechseln oder Dialog beenden

Phase 1: Zuhören und Verständnis ausdrücken

Beginnen Sie mit einer Ich-Botschaft, denn das fördert den emotionalen Kontakt:

— »Ich freue mich, dass Sie bei der Projektleitung an mich gedacht haben.«
— »Ich verstehe Ihren Wunsch, die Übersetzung in andere Hände zu geben.«
— »Ich kann deine finanzielle Misere gut nachvollziehen.«

184

Nehmen Sie sich Bedenkzeit, wenn Sie sich durch einen überraschenden Wunsch unter Druck gesetzt fühlen:

- »Ich lasse mir Ihren Vorschlag gern durch den Kopf gehen.«
- »Ich möchte das Thema zunächst gern durchdenken.«
- »Ich möchte gern eine Nacht darüber schlafen.«
- »Ich benötige für die Antwort Bedenkzeit.«

So stolpern Sie nicht so leicht in eine kognitive Dissonanz. Denn Sie haben vor Ihrer Reaktion diese Fragen geklärt: Was ist mein Interesse? Will ich zusagen oder nicht? Welche Konsequenzen hat ein Ja, welche ein Nein?

Phase 2: Nein sagen und wenn notwendig begründen

Formulieren Sie Ihre Ablehnung klar und deutlich. Eine kurze Begründung hilft dem Gesprächspartner, Ihr Nein zu verstehen:

- »Ich bedaure, dass ich die Leitung des Projekts nicht übernehmen kann; mein Terminplan lässt mir keinen Spielraum.«
- »Ich kann Ihren Wunsch aus Zeitgründen leider nicht erfüllen.«
- »Leider ist es mir momentan nicht möglich, dir zu helfen.«

Hinweis: Gehen Sie sparsam mit Begründungen um. Jedes Argument kann Ihrem Gegenüber Ansatzpunkte für Kritik und Diskussion liefern. Schlimmstenfalls geraten Sie in einen Rechtfertigungszwang.

Im Teil 3 finden Sie eine Liste mit Formulierungsbeispielen, wie Sie freundlich Nein sagen können. Schreiben Sie sich drei bis fünf Sätze heraus, die Ihnen gefallen, und passen Sie diese Ihrer Sprechweise an, damit Sie Ihnen leichter über die Zunge kommen.

Phase 3: Andere Lösungen aufzeigen

Wenn Sie Alternativen anbieten können, entlasten Sie Ihr schlechtes Gewissen und fördern die Zufriedenheit des Gesprächspartners. Beispiele:

- »Was halten Sie davon, Herrn Dr. M. mit der Projektleitung zu betrauen. Er hat vergleichbare Erfahrungen als Moderator und Projektleiter.«
- »Ich habe einen Vorschlag, den ich zeitlich verantworten kann: Sie übersetzen zunächst die Präsentation, und ich korrigiere dann das Ergebnis. Was meinen Sie?«

Wenn Sie keine Alternative haben, bleibt Ihnen keine andere Wahl, als freundlich, aber bestimmt Nein zu sagen.

Phase 4: Thema wechseln oder Dialog beenden

Lässt sich Ihr Gesprächspartner nicht abweisen, können Sie versuchen, dessen Aufmerksamkeit auf ein anderes Thema zu lenken, oder das Gespräch resolut beenden:

— »Es tut mir leid, dass ich dir finanziell nicht helfen kann. Aber vielleicht kann ich dich in Zukunft in anderer Weise unterstützen. An welchen Projekten arbeitest du denn gerade?«

— »Wir drehen uns jetzt im Kreis. Ich habe dir schon mehrfach gesagt, dass ich dir nicht aus deiner finanziellen Misere helfen kann. In jedem Fall drücke ich dir die Daumen, dass du die Mittel auf anderen Wegen auftreiben kannst. Für heute muss ich mich verabschieden. Wir sehen uns dann bei deiner Ausstellung im nächsten Monat. Auf Wiedersehen.«

Üben Sie das Neinsagen im Alltag. Am besten beginnen Sie damit in harmlosen Situationen und steigern danach schrittweise die Schwierigkeit. Versuchen Sie dabei, das Phasenkonzept und Ihre vorbereiteten Formulierungen anzuwenden.

Wichtig ist, dass Sie damit nicht etwa Ihre Fähigkeit über Bord werfen, Ja zu sagen, wenn Sie das für angemessen halten. Nehmen Sie sich im Zweifel die notwendige Zeit, um die jeweiligen Konsequenzen zu durchdenken. Entscheiden Sie sich dann für die Antwort, die zu Ihrem Selbstkonzept passt und bei der Sie sich daher wohlfühlen.

Übung 14: Diplomatisch Nein sagen

Szenario 1: Umzug eines guten Bekannten

»Wir ziehen am kommenden Wochenende um. Kannst du mir einen halben Tag beim Transport der Kisten und Möbel helfen? Abends gibt es dann im nahen Restaurant Essen und Trinken für alle Beteiligten.«

Ihr Ziel: Sie wollen ablehnen, weil Sie das besagte Wochenende bereits privat verplant haben. Wie würden Sie freundlich und bestimmt Nein sagen? Fällt Ihnen eine Alternative ein, die Sie ins Spiel bringen könnten, um dem Bekannten eine Brücke zu bauen?

Szenario 2: Im Kasino des Unternehmens

Sie führen zum Ende der Mittagspause gerade ein wichtiges Gespräch mit einer Praktikantin. Ein Kollege möchte sich dazusetzen, den Sie allerdings nicht dabeihaben wollen.

Ihr Ziel: Sie wollen das Gespräch ungestört weiterführen. Wie sagen Sie höflich, aber bestimmt Nein?

Szenario 3: Nach einer Präsentation

Sie haben bei einer Fachtagung viel Applaus für Ihre Präsentation bekommen. Während sich der Saal leert, tritt ein Teilnehmer mit dieser Bitte an Sie heran: »Mir hat Ihr Vortrag sehr gefallen. Könnten Sie mir Ihre PowerPoint-Datei und die beiden Videoclips zur Verfügung stellen – ich habe einen Stick dabei. So kann ich mir die Inhalte noch einmal in Ruhe anschauen.«

Ihr Ziel: Sie wollen ablehnen, weil sie Know-how-Transfer befürchten. Wie würden Sie Ihr Nein wertschätzend und konsequent in der Sache formulieren?

Lösungsvorschläge zu dieser Übung finden Sie in Teil 3.

Beenden Sie Monologe ohne Punkt und Komma

Jeder kennt Zeitgenossen, die mit vielen Worten wenig sagen und denen es an Einfühlungsvermögen und Dialogfähigkeit genauso fehlt wie an Zeitbewusstsein. Vielfach ist dem Monologisierenden nicht klar, wie sein Verhalten auf andere wirkt. Besonders anstrengend wird es, wenn die Tatsache, dass nur einer redet, mit uninteressanten oder unverständlichen Themen einhergeht. Beim Zuhörer entsteht leicht das Gefühl, ein austauschbarer Statist zu sein, was sich in inneren Dialogen dieser Art ausdrückt: »Wie kann ich mich aus diesem nervtötenden Gespräch befreien? Wie kann ich den Monolog stoppen?« oder »Wie kann ich das Gespräch in eine andere Richtung lenken?«.

Wenn Sie einem Vielredner etwas entgegensetzen wollen, sollten Sie kein geduldiger Zuhörer sein, denn das ermutigt nur zum Weiterreden. Je mehr Empathie Sie mitbringen und je besser Sie zuhören können, umso größer ist die Gefahr, dass Sie durch verbale Verstärker wie »Hmhm«, »Aha«, »Interessant«, »Ich verstehe«, »Erstaunlich« Interesse bekunden. Auch nonverbale Signale wie Blickkontakt, Kopfnicken, Lächeln, Zuwendung, ein erstauntes Gesicht bestärken den Monologisierenden in seinem Eindruck: »Endlich habe ich jemanden gefunden, der mir zuhört.«

Interventionsmöglichkeiten

Es gibt keine andere Chance: Unterbrechen Sie den Monolog freundlich, aber bestimmt. Am besten haken Sie bei einem Schlüsselwort ein und verwenden dabei den Namen Ihres Gegenübers. Der Name geht nämlich direkt ins emotionale Gehirn und weckt unmittelbar Aufmerksamkeit.

Je nach Situation, Gesprächspartner und Ziel können Sie danach eine präzisierende Frage stellen, um interessante Aspekte des Themas herauszufinden, oder auf die Kernbotschaft oder das Fazit der Überlegungen zu kommen. Formulierungsbeispiele:

- »Herr S., das waren sehr viele Gedanken (Brückensatz). Was ist Ihnen denn besonders wichtig?« Oder: »Was ist für Sie das entscheidende Argument?«
- »W., mir ist nicht klar geworden, worauf du hinauswillst/was dein Fazit ist ...«
- »M., ich nehme das Stichwort Burn-out gern auf (Brückensatz). Gibt es in deinem Freundeskreis jemanden, der Erfahrungen in dieser Richtung gemacht hat?« Oder: »Apropos Burn-out (Brückensatz). Kennst du persönlich jemanden, der mit Burn-out zu tun hatte?«
- »Herr S., ich habe den Eindruck, dass Ihnen das Thema ›Interkulturelles Training‹ sehr am Herzen liegt (Brückensatz). Was genau ist daran so reizvoll für Sie?«

Wenn Sie das Gespräch auf ein anderes Thema lenken wollen, wechseln Sie zunächst mit einem Brückensatz auf eine allgemeinere Gesprächsebene und führen danach das neue Thema ein.

Szenario 1

Ihr Kollege spricht langatmig, unverständlich und mit wenig Nutzwert für Sie über das Thema »Finanzkrise«. Er neigt offenbar zu raschen Urteilen, ohne fundiertes Hintergrundwissen zu besitzen.

Ihre Reaktion

»Das ist ein sehr vielschichtiges Thema, Herr B. (Brückensatz). Selbst in der Wissenschaft gibt es dazu keine herrschende Meinung. (Kleine Pause) Darf ich noch ein anderes Thema kurz ansprechen: Nächste Woche ist unsere Sponsoring-Veranstaltung in Berlin. Werden Sie wieder daran teilnehmen?«

Szenario 2

Eine Nachbarin schwärmt von ihren ersten Facebook-Erfahrungen. Sie reiht nonstop und in schriller Tonlage alle Belanglosigkeiten aneinander, die man sich vorstellen kann – von den 14 Freundinnen, die in New York auch gern shoppen gehen, bis hin zu der gelungenen Fotocollage des Rüden Charly, den ihre Freundin mit Videoclip hochgeladen hat.

Ihre Reaktion

»Ich finde es erstaunlich, Frau T., welche Möglichkeiten Facebook und die anderen sozialen Netzwerke bieten (Brückensatz). Was sich da an Veränderungen in den letzten Jahren vollzogen hat, kann ich nur mit den neuen technischen Möglichkeiten bei Handy und Smartphone vergleichen. Welches Handy nutzen Sie denn?«

Sie können das Gespräch auch mit folgenden oder ähnlichen Brückensätzen beenden:

- »Ein interessanter Ansatz, den Sie da formulieren. Leider fehlt mir jetzt die Zeit, um das Gespräch fortzusetzen. Wir haben sicher bei passender Gelegenheit die Chance, das Thema weiterzuführen.«
- »Das Thema ›Rentenmodelle‹ ist mir zu kompliziert. Wir werden hier leider zu keiner Lösung kommen können. Ich bedanke mich für den Gedankenaustausch und freue mich unser nächstes Gespräch. Bis demnächst, Herr S.«

Übung 15: Vielredner stoppen

Welche Gesprächstaktiken wollen Sie anwenden, um

a) ans Wort zu kommen,
b) auf ein Fazit oder ein anderes Thema zu lenken oder
c) das Gespräch zu beenden?

Mit welchem Gesprächspartner wollen Sie Ihren Vorsatz konkret ausprobieren?

Geben Sie Rechthabern höflich Kontra

Im Privatleben wie im Beruf sind sie nie weit weg, denn es gibt viele davon: jene spezielle Zeitgenossen, die in Gesprächen immer das letzte Wort haben wollen. Rechthaber treffen wir am Stammtisch, in der Familie, in politischen Zirkeln oder bei informellen Treffen mit Freunden und Bekannten. Rechthaberische Auseinandersetzungen können sich an allem und jedem entzünden – an Alltagsthemen wie Übergewicht, Fernsehsendungen oder Autos wie auch an anspruchsvollen Themen wie Klimawandel, Armut in der Dritten Welt oder Wirtschafts- und Währungsfragen.

Bei diesem Typus eines Kontrahenten spüren Sie schon nach kurzer Zeit, wohin es geht: Er verteidigt energisch seine Position, weicht keinen Millimeter davon ab. Wer einen Einwand formuliert oder eine abweichende Meinung vorträgt, sieht sich schnell in ein erbittertes Streitgespräch verwickelt.

Ihr Gegenüber lebt in der subjektiven Gewissheit, bei dem diskutierten Thema Recht zu haben, weil er den besseren Überblick, die größere Kompetenz besitzt. So fühlt er sich legitimiert, andere Meinungen lautstark abzuwerten: »Du hast keine Ahnung«, »Du musst dich mal sachkundig machen«, »Totaler Blödsinn, was du da von dir gibst«. Boshafte Spielarten und schlagfertig-ironische Spitzen können zur Verhärtung und Emotionalisierung des Schlagabtauschs beitragen.

Rechthaberei geht immer zulasten eines partnerschaftlichen Dialogs. Das Gespräch läuft auf unterschiedlichen Ebenen. Man hört einander nicht mehr zu. Man lässt den anderen nicht ausreden. Es geht nicht mehr darum, die Position der Gegenseite zu verstehen. Gemeinsamkeiten geraten völlig aus dem Blick. Die erbitterte Verteidigung des Trennenden fordert die ganze Aufmerksamkeit. In einer solchen Situation ist es unmöglich, den anderen zu erreichen oder gar zu überzeugen.

Es gibt zwei hauptsächliche Beweggründe für rechthaberisches Verhalten: Einmal geht es dem Angreifer darum, Überlegenheit zu demonstrieren, insbesondere dann, wenn er das Gefühl hat, persönliche Defizite kompensieren zu müssen. Diese Defizite können mit mangelnder Fachkompetenz wie auch mit geringem Selbstwertgefühl zu tun haben. Häufig ist ein weiterer Punkt entscheidend: Der dominante Akteur identifiziert sich total mit seiner eigenen Meinung. Er setzt seinen Standpunkt mit der eigenen Persönlichkeit und Identität gleich. Wird dieser Standpunkt mit Argumenten angegriffen, fasst der Rechthaber dies als persönliche Kränkung auf. Das führt häufig zu Kurzschlussreaktionen, denn der Rechthaber denkt etwa: »Wenn der andere meinen Standpunkt zum Thema angreift, greift er mich als Person an. Es bleibt mir keine andere Wahl, als dagegenzuhalten und mich mit allen Mitteln zu verteidigen.« Dann entsteht Kampfdialektik.

Wenn Sie den Eindruck haben, ein Gedankenaustausch könnte aus diesem Grund in ein polarisierendes Streitgespräch münden, müssen Sie eine Grundsatzentscheidung treffen: Will ich mitmachen in diesem kampfdialektischen Spiel oder will ich Nein sagen zu diesem Machtritual?

Interventionsmöglichkeiten

Analysieren Sie zunächst die Situation und Ihre Interessen: Überlegen Sie sich, inwieweit Ihnen ein Streitgespräch einen Nutzen bringt. Wenn Sie der rechthaberische Ton Ihres Gegenübers ärgert, können Sie die Reißleine ziehen.

Wenn absurde Thesen vertreten werden, sollte Ihnen spätestens dann klar werden, dass eine Diskussion nur Zeitverschwendung ist. Niemand zwingt Sie, Ihre kostbare Zeit mit Dogmatikern, Fundamentalisten oder Verschwörungstheoretikern zu verbringen, die zum Beispiel darauf beharren, die US-Amerikaner hätten die Mondlandung in Hollywoodstudios produziert, die Kreuzzüge hätten gar nicht stattgefunden oder die Russenmafia stecke hinter der Arbeitslosigkeit in Mecklenburg-Vorpommern.

Drei taktische Manöver bieten sich an:

1. Deeskalieren durch »Chunking-up«

Mit Chunking-up wird eine Technik aus dem NLP bezeichnet, bei der Sie auf eine allgemeinere Ebene wechseln. So können Sie die Aufmerksamkeit Ihres Gegenübers auf eine unstrittige allgemeine These oder auf eine Gemeinsamkeit lenken.

Szenario

Ihr Gesprächspartner vertritt dogmatisch die These, dass der einzige Weg zur Lösung der Finanzkrise in der Abschaffung des Euro liege.

Ihre Reaktion

— »Ich kann gut damit leben, dass wir unterschiedliche Einschätzungen zur Euro-Krise haben. Wir sind uns einig darüber, dass wir verschiedener Meinung sind.« (dann Thema wechseln)

- »Die Lösung der Euro-Krise ist ein schwieriges Problem. Selbst unter Experten gibt es unterschiedliche Vorschläge. Wir werden hier und heute das Problem nicht lösen können.« (dann Thema wechseln)

Besonders schwierig ist die Situation mit Zeitgenossen, die sich einem -ismus, also einem Glaubenssystem oder einer Ideologie verpflichtet fühlen.

Szenario:
Sie werden in einem Taxi in ein Gespräch mit einem iranischen Dogmatiker gezogen, der Gottesstaaten lobt und kein gutes Haar an den westlichen Kulturen lässt.

Ihre Reaktion:
- »Ich finde es gut, dass wir hier im Westen die Möglichkeit haben, unterschiedliche Meinungen zu formulieren, ohne negative Sanktionen befürchten zu müssen. Wie lange sind Sie schon in Deutschland?«
- »Ich respektiere Ihre Meinung, auch wenn ich eine andere Sicht der Dinge habe. Gibt es etwas, was Ihnen hier in Deutschland gefällt?«

2. Denkpause vorschlagen

Bei polarisierenden Auseinandersetzungen können Sie auf eine Denkpause drängen, wenn die Sachdiskussion an Grenzen stößt. Erinnern Sie zum Beispiel daran, dass man leider ad hoc keinen Zugriff auf den Stand des Wissens oder die beste Expertenkompetenz aus Wissenschaft, Forschung, Wirtschaft und anderen gesellschaftlichen Bereichen hat und sich ohne vollständige Information kein Urteil erlauben kann.

Szenario:
Ihr Gegenüber behauptet als leidenschaftlicher Anhänger der Kernenergie, dass es in Fukushima niemals zu einer Kernschmelze gekommen sei.

Ihre Reaktion:
- »Schade, dass wir jetzt keinen unabhängigen Experten der Max-Planck-Gesellschaft verfügbar haben, der die Frage eindeutig beantworten könnte.«
- »Die Frage kann ich aus dem Stand beim besten Willen nicht beantworten. Vorschlag:

Wir klären die Frage/ich kläre die Frage, und wir nehmen das Thema bei Gelegenheit wieder auf.«

3. Verzichten Sie!

Ein weiteres Mittel im Umgang mit Rechthabern besteht darin, auf die Fortsetzung der Diskussion zu verzichten. Dies können Sie psychologisch geschickt durch einen geeigneten Brückensatz anmoderieren: Hierbei signalisieren Sie Verständnis für die Auffassung Ihres Gegenübers, heben hervor, dass er seine Sicht der Dinge verdeutlicht hat und dass Sie seine Meinung respektieren.

Alternativ können Sie auch darauf hinweisen, dass Sie noch im Prozess der Meinungsbildung sind. Wer hat schon ein fertiges Urteil zu allen Schlüsselfragen der Zukunft, etwa dazu, wie sich der Klimawandel auswirken wird, wie die Armut in der Dritten Welt nachhaltig überwunden werden kann oder wie sich die zunehmende Gewalt in der Gesellschaft eindämmen lässt?

Bei dieser abschließenden Intervention verzichten Sie darauf, sich weiter in der Diskussion zu positionieren oder die Argumentation Ihres Gegenübers kritisch zu hinterfragen.

– »Ich habe Ihre Argumentationskette verstanden und werde darüber nachdenken.«
– »Ich verstehe, dass Sie aufgrund Ihrer Daten und Fakten zu einer anderen Bewertung kommen.«
– »Ich kann nachvollziehen, dass Ihre Argumentation aus Ihrer Sicht schlüssig und plausibel ist.«

Durch Signale dieser Art haben Sie die Chance, die Situation zu entspannen. Es zwingt Sie niemand, sich an einem Streitgespräch zu beteiligen. Letztlich ist es Ihre freie Entscheidung, Ihren Standpunkt in die Diskussion einzubringen oder auch nicht.

Übung 16: Brückensätze bei Rechthaberei
Welche Formulierungen verwenden Sie, um

a) auf eine allgemeinere Ebene zu lenken (Chunking-up),
b) eine Denkpause vorzuschlagen oder

c) auf das Gespräch zu verzichten?

Lösungsvorschläge zu dieser Übung finden Sie in Teil 3.

Lenken Sie Gespräche mit Moralaposteln gekonnt

Manche Gesprächspartner versuchen den Eindruck zu vermitteln, sie hätten die höheren ethischen Standards und den besseren Durchblick. Besonders anstrengend wird es, wenn Ihr Gesprächspartner übertriebene moralische und ethische Normen dogmatisch vertritt und seine Argumentation mit Halbwissen und simplen Erklärungen für komplizierte Zusammenhänge unterfüttert.

Der abwertende und irreführende Gebrauch von »Gutmensch« hat in der Gesellschaft stark zugenommen. Deshalb rügte die Jury der Aktion »Unwort des Jahres« das Wort 2011. Begründung: »Mit dem Ausdruck Gutmensch wird […] das ethische Ideal des ›guten Menschen‹ in hämischer Weise aufgegriffen, um Andersdenkende pauschal und ohne Ansehung ihrer Argumente zu diffamieren und als naiv abzuqualifizieren.«

Im verbalen Schlagabtausch wird in diesem Zusammenhang manchmal das Wort »Gutmensch« diskriminierend und herabsetzend verwendet.

Wer auf moralisierende Statements zu rasch anspringt, gerät leicht in eine Rechtfertigungsposition. Es kommt Ihrer Gelassenheit zugute, wenn Sie sich bewusst machen: Ihr Gegenüber vertritt eine andere Werthaltung und Überzeugung als Sie. Aber: Was ihm wichtig ist, muss nicht zwangsläufig auch Ihnen wichtig sein.

Reaktionsmöglichkeiten

Klären Sie zunächst für sich, welches Ziel Sie haben und wie wichtig Ihnen der Gesprächspartner ist. Überlegen Sie, ob Sie das Gespräch höflich beenden oder vertiefen wollen. Der Gedankenaustausch lässt sich leichter weiterführen, wenn Sie sich bewusst machen, wo Schnittmengen liegen zwischen Ihren Werthaltungen und denen Ihres Gesprächspartners.

Wenn Sie den Dialog aufrechterhalten und ein Streitgespräch vermeiden wollen, sollten Sie zunächst Anerkennung für das ehrliche Engagement des Gegenübers für ethische Standards aussprechen. Welche Schlussfolgerungen daraus zu ziehen sind, ist jedoch eine andere Sache. Um Ihrem Gesprächspartner entgegenzukommen, gleichzeitig Grenzen zu ziehen und den Dialog deeskalierend weiterzuführen oder zu beenden, brauchen Sie die oben erwähnten Lenkungstechniken.

Beispiel 1: Moralisierende Aussage

»Ist ja gut und schön, dass du mit der Solaranlage auf dem Dach den Energieverbrauch senken willst. Aber das reicht nicht mehr, um mit den großen ökologischen Problemen fertig zu werden. Ich bin bei Attac und im BUND aktiv. Da geht es ums Überleben des Blauen Planeten ...«

Ihre Reaktion

»Ich finde es gut, dass du dich für Umweltschutz engagierst. Meine Investition in die Solarenergie leistet dazu einen kleinen Beitrag (Stimme senken; kurze Pause). Bei einer passenden Gelegenheit würde ich dieses Thema gern weiterführen.«

Beispiel 2: Moralisierende Aussage

»Dass dir dein Kalbssteak schmeckt! Ich als Vegetarier verstehe das nicht. Die Tiere werden mit Hormonen gemästet und auf dem Transport zusammengepfercht, bevor man sie im Schlachthof tötet. Tiere sind auch Geschöpfe Gottes, haben aber keine Lobby.«

Ihre Reaktion

a) »Was die Zustände in einigen Bereichen der Lebensmittelindustrie betrifft, stimme ich mit dir vollkommen überein! Doch hat die Frage, ob man vegetarisch lebt oder nicht, damit wenig zu tun. Welche Erwartungen hast du in Sachen Tierschutz an die Politik?«
b) »Ich finde dein Engagement für den Tierschutz sehr gut (Brückensatz). Ich denke, da könnte die Politik sehr viel mehr tun. Wie steht es eigentlich mit der Verankerung des Tierschutzes im Grundgesetz?« oder
»... Vielleicht können wir bei passender Gelegenheit das Gespräch fortsetzen.«

Kommentar: Bei Variante a) starten Sie Ihre Antwort mit einer Gemeinsamkeit und lenken durch eine Rückfrage die Aufmerksamkeit auf ein anderes Thema. Sie können auch wie in b) mit einem Brückensatz beginnen und danach ein allgemeines Statement abgeben. Dazu können Sie entweder eine Rückfrage stellen oder das Gespräch beenden.

Übung 17: Umgang mit Moralaposteln

»Es ist ethisch nicht in Ordnung, dass in Afrika täglich Tausende von Kindern elendig krepieren, weil das Geld fehlt, während Sie als Manager dieses teure Auto fahren, ein exklusives Haus in bester Lage besitzen und die hochpreisige First Class bei Langstreckenflügen nutzen. Ist es nicht höchste Zeit, die materiellen Ansprüche zugunsten der Ärmsten der Armen zu reduzieren?«

Wie formulieren Sie Ihre Reaktion, indem Sie mit einem gemeinsamen Interesse beginnen und danach auf Ihr Thema lenken? Stellen Sie Ihrem Gegenüber dazu eine Frage oder beenden Sie das Gespräch.

Lösungsvorschläge zu dieser Übung finden Sie in Teil 3.

Weisen Sie indiskrete Fragen höflich und bestimmt zurück

Jeder hat Themen, über die er nicht oder nur mit wenigen Vertrauten spricht. Denken Sie im Privatleben an Krankheiten, Finanzen, Sexualität, Fragen der Partnerschaft oder Kindererziehung oder im beruflichen Alltag an Konfliktsituationen mit Kollegen, Fragen nach Karrierezielen oder nach dem Gehalt.

Wenn aufdringliche Zeitgenossen indiskrete oder gar unverschämte Fragen stellen, fällt es gerade einfühlsamen und ängstlichen Menschen schwer, ihnen Grenzen zu setzen. Die wichtigsten Fehler: Man antwortet spontan und ärgert sich später, zu viel preisgegeben zu haben. Oder man hat keine schlagfertige Antwort verfügbar und lässt sich in eine Stresssituation drängen.

Reaktionsmöglichkeiten

Bei den folgenden Empfehlungen gehen wir davon aus, dass Sie im Gespräch eine klare Grenze ziehen und dabei einen höflichen Ton beibehalten wollen. Lassen Sie sich nicht zu Antworten verleiten, die Sie nicht geben wollen. Bei Ihrer Reaktion können Sie die erwähnte Technik des Chunking-up nutzen, indem Sie mit einem vagen Statement antworten. In vielen Fällen können Sie Ihre Replik durch eine Ich-Botschaft einleiten. Hier einige Formulierungsbeispiele:

Privater Bereich

Frage

»Du lebst schon über sieben Jahre mit deiner Freundin zusammen. Warum heiratet ihr nicht?« (ein »besorgter« älterer Freund der Familie)

Reaktion

a) »Ich bin mir sicher, dass noch viele Jahre hinzukommen werden. Uns gefällt diese Lebensform am besten.«

b) »Bitte seien Sie mir nicht böse (Brückensatz). Das ist ein sehr persönliches Thema, das wir nicht mit Außenstehenden besprechen.«

Kommentar: Die Variante a) nimmt das Thema mit einer Ich-Botschaft auf und beendet den Dialog mit einem knappen Statement. Bei der Variante b) hat der Brückensatz die Funktion, das Gesprächsklima auch bei der klaren Aussage nicht zu belasten.

Frage

»Ihr habt euch dieses Eigenheim in exklusiver Lage gekauft. Wie habt ihr das finanziell stemmen können?« (ein neidischer Verwandter)

Reaktion

»Schön, dass du dich für unser neues Heim interessierst (Brückensatz). Eine solche Investition lässt sich nur durch eine kluge Finanzplanung realisieren.«

Kommentar: Sie starten mit einem Brückensatz, der den Gesprächspartner wertschätzend abholt, und beenden dann das Thema mit einem knappen (allgemeinen) Statement (Chunking-up).

Beruflicher Bereich

Frage

»In Ihrer Branche herrscht scharfer Wettbewerb. Laufen Ihre Geschäfte auch so schlecht wie die anderer Unternehmensberater?« (ein beamteter Lehrer, der gern provoziert)

Reaktion

a) »Hier kann ich Sie beruhigen (Brückensatz). Wir sind mit der geschäftlichen Entwicklung sehr zufrieden. Danke, dass Sie nachgefragt haben.«

b) »Ich stimme zu: Der Wettbewerb hat wirklich zugenommen. Wir jedoch sind mit dem Geschäftsverlauf in dem schwierigen Umfeld sehr zufrieden.«

Kommentar: Mit beiden Varianten blocken Sie den neugierigen Frager. Die Variante a) beginnt mit einem Brückensatz und wirkt daher wertschätzender.

Übung 18: Abwehr indiskreter Fragen

Mit welchen Formulierungen würden Sie folgende indiskrete Fragen kontern?

1. »Was verdienen Sie eigentlich?« (ein neugieriger Kollege)
2. »Ärgern Sie sich nicht, dass man Ihnen den jungen Quereinsteiger vor die Nase gesetzt hat?« (ein Kollege, der Sie als Konkurrenten sieht)

Lösungsvorschläge zu dieser Übung finden Sie in Teil 3.

Teil 3:
Ihr Trainingsprogramm für den Transfer

In diesem Teil des Buches erhalten Sie Empfehlungen, wie Sie Ihr persönliches Trainingsprogramm entwickeln können, um die neuen Strategien für den verbalen Schlagabtausch in den Alltag zu integrieren.

Als Ergänzung stehen Ihnen die Materialien zum Selbstlernen, Übungen zur Stimmbildung sowie Lösungsvorschläge zu den Übungen aus dem Buch zur Verfügung.

Wie Sie nachhaltige Verhaltensänderungen erreichen

Sicherlich haben Sie beim Lesen der ersten beiden Teile dieses Buches Erkenntnisse und Strategien gefunden, die zu Ihrem Bedarf passen und die Sie in die Praxis übernehmen wollen.

Einen Teil der Empfehlungen aus diesem Buch werden Sie relativ leicht umsetzen können. Dies gilt zum Beispiel für die Vorbereitung von Argumentationsmodulen und die Erarbeitung von Konterstrategien für sachliche Einwände und unfaire Angriffe.

Schwieriger ist es, das *Verhalten* bei der Argumentation und die zugrunde liegenden *Einstellungen* nachhaltig zu verändern, sodass Sie im Ernstfall die passende Strategie im richtigen Moment anwenden können.

Mit der Lektüre haben Sie erste Voraussetzungen für den Transfer Ihrer wichtigen Erkenntnisse in den Alltag geschaffen.

Durch theoretisches Wissen und kluge Ratschläge zum verbalen Schlagabtausch allein werden Sie kaum Fortschritte auf der Verhaltensebene erzielen. Unser Gehirn löst sich von alten verfehlten Prägungen nämlich erst dadurch, dass wir neue Erfahrungen machen. Wenn wir erleben, dass die Anwendung neuer dialektischer Techniken funktioniert, wenn wir also Erfolg haben, wird diese neue Erfahrung im Hirn »eingebrannt«. Und dies umso mehr und umso dauerhafter, je größer Ihre Begeisterung dabei ist und je häufiger Sie diese neuen Argumentationstechniken einsetzen.

Nutzen Sie alle Gelegenheiten, um mit Begeisterung neue Erfahrungen beim Argumentieren zu machen.

Die Neurowissenschaft erklärt dies dadurch, dass die emotionalen Zentren des Gehirns durch das Belohnungssystem besonders intensiv aktiviert werden. Es kommt zur Freisetzung neuroplastischer Botenstoffe, die immer dann ausgeschüttet werden, wenn einem etwas besonders gut gelungen ist.

Dass Erfahrungen, die wir mit Begeisterung machen, im Gehirn jahrzehntelang Spuren hinterlassen, zeigen Beispiele aus der eigenen Biografie: So denken wir gern an Lehrer oder Professoren zurück, die uns in der Schule oder an der Universität für ein Fach begeistern konnten. Das Gleiche gilt auch für Dinge, die uns faszinieren: eine Hochgebirgswanderung, die Restaurierung eines Oldtimers in Eigenarbeit, japanische Kirschblüten im Frühling, eine persönliche Spitzenleistung im Sport oder eine aufregende Erfahrung in einem anderen Kulturkreis.

Erfolgreiche neue Erfahrungen verdichten sich im Frontalhirn zu positiven Einstellungen und mittelfristig unter günstigen Umständen zu überdauernden Haltungen. Diese sind der Dreh- und Angelpunkt für ein höheres Kompetenzniveau beim Argumentieren. Wenn wir neue argumentative Herausforderungen meistern, werden wir selbstbewusster und sind von unserer Kompetenz überzeugt. Dann tritt eine erfolgsmotivierte Grundhaltung an die Stelle einer negativen Haltung, die durch Angst und Unsicherheit geprägt ist.

Schritte für Ihr individuelles Training

Im Zentrum aller Maßnahmen zur Transferförderung steht also das Ziel, neue argumentative Erfahrungen zu machen. Berücksichtigen Sie dabei Ihre persönliche Ausgangssituation und Ihren individuellen Lernbedarf. Die Abbildung 9 zeigt Ihnen, wie Sie die Anwendung relevanter Inhalte in die Praxis zielwirksam organisieren können:

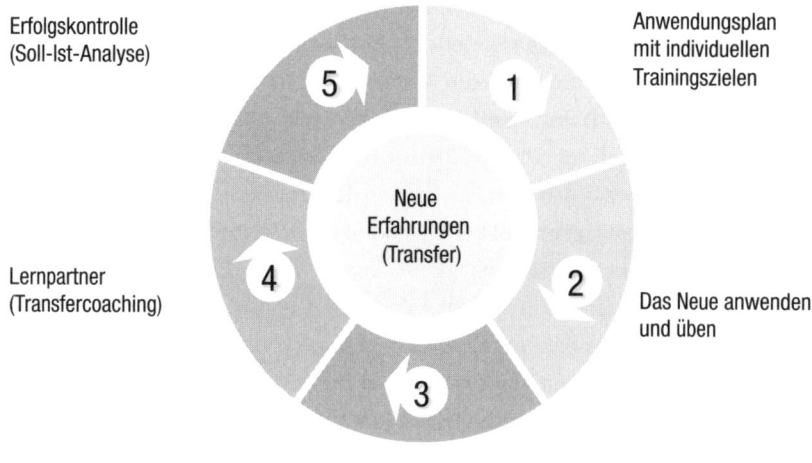

Abb. 9: Ansatzpunkte zur Transferförderung auf einen Blick

1. Anwendungsplan mit individuellen Trainingszielen

Wählen Sie zunächst aus den Angeboten dieses Buches Ideen und Strategien heraus, die zu schwierigen Situationen Ihres Alltags und zu Ihrer Persönlichkeit passen. Notieren Sie Ihre Vorsätze in Form von Lernzielen in einem Anwendungs- oder Aktionsplan. Denn letztlich geht es ja darum, für individuelle Probleme (unfairer Angriff, dominantes Alphatier, nerviger Zeitgenosse) geeignete Problemlösungsstrategien zu finden und umzusetzen.

Im Gehirn führen die erlebten Probleme zu einem inkohärenten Zustand. Diese Irritation erklärt sich dadurch, dass im Verhaltensrepertoire Problemlösungen fehlen, was dann zu Unsicherheit und Stress führt. Wenn Sie mit einer neuen Problemlösungsstrategie Erfolg haben, stellt sich wieder Kohärenz, also Ruhe im Gehirn ein.

Beschränken Sie sich auf drei bis fünf Trainingsziele und achten Sie darauf, dass Sie bei den zuerst ausgewählten Zielen eine hohe Erfolgswahrscheinlichkeit haben. Es empfiehlt sich, für die einzelnen Vorsätze genaue Zeitziele für Beginn und Erfolgskontrolle einzutragen und zu überlegen, welche Personen, zum Beispiel ein Kollege, Freund oder Coach, Sie bei der Realisierung der betreffenden Aktionen unterstützen können.

Beispiele für Trainingsziele
— »Ich schreibe mir bis Ende der Woche fünf Brückensätze auf, präge sie mir ein und wende sie in der Alltagskommunikation an.«
— »Ich bemühe mich ab sofort in Gesprächen, Besprechungen und Diskussionsrunden stärker um das Wort und nutze dabei die Interventionstechniken xy von Seite z.«
— »Ich fertige eine kurze Zusammenfassung der 4-I-Methode für mich an und speichere sie auf meinem iPad. Vor schwierigen Gesprächen schaue ich mir die vier Strategien noch einmal an.«
— »Ich trainiere, meine Kernbotschaften mithilfe der Fünfsatztechnik klar und einprägsam zu formulieren. Zusätzlich trainiere ich zusammen mit meinem Kollegen W. vier Wochen lang (jeweils am Mittwoch um 18.00 Uhr) die Argumentation mit Fünfsätzen.«

Damit Sie Ihre Trainingsziele nicht vergessen, brauchen Sie schriftliche und symbolische Merkhilfen. Sonst gilt: »Aus den Augen, aus dem Sinn.«

Sie können zum Beispiel Merkzettelchen oder Klebepunkte dort anbringen, wo Sie häufig hinschauen: in der Brieftasche, auf dem Schreibtisch oder im Zeitplaner. Im Allgemeinen genügt es, die einzelnen Trainingsziele mit einem Wort oder einem Symbol zu notieren. Eine weitere Möglichkeiten, der Vergessenskurve ein Schnippchen zu schlagen: Definieren Sie Ihr persönliches Lernprojekt zum Beispiel zum Thema »Brückensätze«, »Positive Glaubenssätze«, »4-I-Methode« und lassen Sie sich von Notebook, iPad oder Smartphone täglich an die Vorsätze erinnern. Und zwar so lange, bis Sie das betreffende Lernziel erreicht haben.

2. Das Neue anwenden und üben

Wenn Sie Ihre Trainingsziele fixiert haben, geht es darum, das Neue im Alltag umzusetzen. Suchen Sie dazu Situationen, in denen die erwünschten argumentativen Fähigkeiten gefordert sind und die Ihnen Gelegenheit geben, neue Erfahrungen zu sammeln. Je unterschiedlicher die Situationen, in denen Sie das Neue mit Erfolg anwenden und wiederholen, umso differenzierter wird Ihr Verhaltensrepertoire und umso größer die Wahrscheinlichkeit, dass sich das neue Verhalten festigt.

Wenn Sie zum Beispiel das Lernziel verfolgen, sich stärker an Diskussionen zu beteiligen, bietet Ihr Arbeitsalltag vielfältige Gelegenheiten: in Gesprächen und Verhandlungen, in Pausengesprächen, in Besprechungen und Meetings, im Rahmen von Präsentationen sowie in Auseinandersetzungen mit der kritischen Öffentlichkeit und mit Medienvertretern.

> Signalisieren Sie Ihrem Gehirn durch Anwendung der Argumentationsstrategien in unterschiedlichen beruflichen wie privaten Situationen, dass diese von Bedeutung sind für Ihre Persönlichkeit und für Ihre Laufbahnziele.

Auch außerhalb des beruflichen Wirkungsraumes können Sie Ihre Dialektik auf die Probe stellen, etwa am Stammtisch mit Freunden, in Debattierclubs, in Vereinen und politischen Zirkeln, in Parteien oder in anderen gesellschaftlichen Organisationen.

Je häufiger Sie mit Erfolg eine Argumentationstechnik oder eine Konterstrategie anwenden, desto leichter wird es Ihnen zukünftig fallen. Keine Kunst ohne Übung. Dieses Motto gilt in besonderer Weise für den Aufbau von Konterstrategien, die Sie sich für schwierige und als stressig erlebte Situationen auf Dauer aneignen wollen.

Wenn Sie sich dabei unsicher fühlen und Ängste haben, können Sie schwierige Situationen wie Gespräche, Diskussionen, Besprechungen zunächst simulieren, zum Beispiel in einem Seminar oder in einem Coaching. Der Praxisnutzen einer Simulation ist dann besonders groß, wenn die trainierte Aufgabe der späteren Aufgabe in der Realität möglichst ähnlich ist. Flugzeugpiloten werden aus gutem Grund im Simulator auf schwierige Wetterlagen, auf kritische Situationen oder neue Flugzeugmuster vorbereitet.

Der Vorteil: Sie können in der geschützten Situation eines Trainings neue Techniken der Rhetorik und Dialektik risikofrei ausprobieren, deren Auswirkungen abschätzen und aus Fehlern lernen. Videogestütztes Feedback hilft Ihnen, die eigenen Stärken und Verbesserungspotenziale realistisch zu beurteilen und mehr Sicherheit zu erlangen.

Sie können ergänzend die Übungen aus diesem Buch nutzen, um im Alltag allein bedarfsgerechte Übungen durchzuführen. Dieses Selbstlernen empfehle ich all jenen, die sich mehr Sicherheit bei der Anwendung dialektischer Tools wünschen. Ein Blick auf die Übersicht unter »Materialien zum Selbstlernen« zeigt, dass Sie zum Beispiel selbstgesteuert üben können, unfaire Angriffe mithilfe von Brückensätzen abzuwehren oder Ihren Standpunkt in 30 Sekunden überzeugend zu begründen. Fragen Sie sich nach jedem Übungsdurchgang, was gelungen ist und was Sie hätten besser machen können. Diese Selbstevaluation fällt natürlich leichter, wenn Sie mit Diktiergerät oder Videokamera trainieren und sich die Aufzeichnung Ihrer Übungen noch einmal in Ruhe ansehen können.

3. Selbstvertrauen gegen Angst

Der wichtigste Faktor, der uns hemmen kann, unsere Potenziale beim Argumentieren und Diskutieren zu nutzen, ist die eigene Angst.

Wenn Ängste zu Handlungsblockaden führen und Sie hindern, neue Erfahrungen zu machen, helfen die folgenden Bewältigungsstrategien weiter:

- Entwicklung eines positiven Selbstkonzepts: Entscheidend ist die schrittweise Entwicklung von Selbstvertrauen durch positive Glaubenssätze und gleichgerichtete positive Erfahrungen.
- Unterstützer, Helfer, Trainer: Dies können die unten erwähnten Lernpartner sein sowie Verbündete, die Ihnen beim Argumentieren zur Seite springen, wenn Sie es allein nicht schaffen.
- Übungen und Simulation der Praxis: Sie ermöglichen die angstfreie Einübung neuer Verhaltensmuster und die schrittweise Vorbereitung auf Realsituationen.

Wenn wir eine neue Argumentationsstrategie mit Begeisterung einsetzen, bleibt diese im Gehirn gut hängen und wir können sie später leichter erinnern und reproduzieren.

Zur Angstreduktion trägt es bei, wenn Sie in Realsituationen einen unfairen Angriff oder eine andere Schwierigkeit im Gespräch als Lernchance für sich umdeuten. Eine Verbalattacke ist gleichsam ein »Trigger«, um Fortschritte zu machen und dialektische Verbesserungspotenziale zu erschließen: Scharfe Kritiker und Kampfdialektiker geben Ihnen die Chance, weiterzukommen und Neues auszuprobieren. Dankbarkeit ihnen gegenüber wäre zu viel, aber Sie können die Lebenserfahrungen mit ihnen positiv umbewerten.

Wenn Sie erlebt haben, dass Sie sich mithilfe geeigneter Strategien gegen bedrohliche Menschen, nervige Zeitgenossen oder bösartige Taktiken behauptet haben, fördert dies das eigene Selbstvertrauen und aktiviert im Gehirn das Belohnungssystem. Damit signalisiert Ihnen Ihr Gehirn: Mit der Konterstrategie liegst du richtig. Und dafür wirst du mit positiven Gefühlen belohnt.

4. Lernpartner unterstützen und fördern

Je anspruchsvoller Ihre Lernziele und die zu bewältigenden Ausgangssituationen sind, desto wichtiger sind Menschen, die Sie unterstützen. Dies können Partner, Freunde, Kollegen, Vorgesetzte oder Trainer sein, die Sie ermutigen, fördern und Ihnen mit Lern- und Transferberatung zur Seite stehen. Besonders empfehlenswert ist eine vertrauensvolle Lernpartnerschaft, bei der die Beteiligten wechselseitig voneinander profitieren.

Der Grundgedanke: Sie definieren zunächst die erwähnten drei bis fünf Trainingsziele und besprechen diese mit ihrem Lernpartner: Was will ich in welchen Kommunikationssituation anwenden? Woran erkenne ich den Erfolg? Danach gehen Sie in die Anwendungsphase und sammeln neue Erfahrungen.

5. Erfolgskontrolle

Beim nächsten Treffen besprechen Sie wechselseitig Ihre neuen Erfahrungen und prüfen in einer Soll-Ist-Analyse, inwieweit Sie Ihre Trainingsziele erreicht haben. Sie tauschen zudem aus, was gut gelaufen ist, und besprechen Lösungen für aufgetretene Transferprobleme. Wenn kein Lernpartner zur Verfügung steht, können Sie diesen Schritt auch allein durchführen.

Dann werden die Trainingsziele aktualisiert (neuer Anwendungsplan!), und man beginnt die nächste Transferphase. Sie starten also erneut mit dem ersten Schritt in der Abbildung 9. Zwischen den Treffen sollten etwa drei bis vier Wochen liegen. Das gemeinsame Lernprojekt dauert so lange, bis Sie Ihre Trainingsziele erreicht haben.

Eine alternative Option besteht darin, mit einem Coach die Erfahrungen und Probleme bei der Umsetzung zu besprechen. Auch der Vorgesetzte kann die Rolle eines Transfercoachs übernehmen, wenn er über Erfahrungen in Sachen Coaching und Personalentwicklung verfügt und Sie ein vertrauensvolles Verhältnis zu ihm haben.

Mit Begeisterung neue Erfahrungen machen

Sie haben in diesem Buch Strategien zur Abwehr kampfdialektischer und manipulativer Taktiken kennen gelernt und wissen, wie Sie ein individuelles Trainingsprogramm entwickeln können.

Mit dem grundlegenden Rüstzeug aus Teil 1 haben Sie ein allgemeines Schutzprogramm, das es ermöglicht, personale Stärke im verbalen Schlagabtausch zu entwickeln, unfaire Attacken auf Distanz zu halten und selbstbewusst das Heft des Handelns in der Hand zu behalten.

Im Teil 2 ging es um spezielle Konterstrategien. Bei persönlichen Angriffen erlaubt die 4-I-Methode eine angemessene flexible Reaktion auf vier Eskalationsstufen. Dabei kommt es – wie auch bei der Abwehr von Macht- und Dominanzgebärden – wesentlich auf die innere Haltung an, um sich nicht in den Tiefstatus drängen zu lassen und auf Augenhöhe zu kommunizieren. Wie Sie letztlich in einer konkreten Situation reagieren, hängt von Ihren Interessen, dem Szenario und dem Status des Angreifers ab. So werden Sie auf Dominanzgebärden ranghöherer Führungskräfte in der Regel anderes reagieren als auf dominante Interventionen von Personen, die den gleichen oder einen niedrigeren Status haben.

Bei manipulativen Angriffen, beim Bluffen und Blenden und bei bösartigen Spielarten ist die Kenntnis der verdeckten Taktiken schon die halbe Miete, um diese Dirty Tricks früh zu durchschauen und stark zu kontern. Nutzen Sie den »Test der Glaubwürdigkeit«, um Täuschungsmanöver und fingierte Beweismittel zu erkennen.

Gegen anstrengende Zeitgenossen wappnen Sie sich am besten, wenn Sie durch spezielle Lenkungstechniken und Brückensätze Grenzen setzen, dem Gespräch eine andere Richtung geben oder die Gesprächssituation mithilfe höflicher Formulierungen verlassen.

Sie haben die besten Chancen, Ihre Argumentationsfähigkeit auf ein höheres Niveau zu heben und im günstigsten Fall einen Meistergrad (»schwarzer Gürtel«) zu erreichen, wenn Sie sich nachhaltig für die »Kunst der Argumentierens« begeistern und mit eben dieser Begeisterung gezielt neue Erfahrungen machen.

Wer in der Komfortzone seiner eigenen vier Wände oder seines Arbeitsplatzes bleibt, wird kaum Neues kennen lernen. Er kann zwar Neues lesen und Strategien durchdenken, aber reale Erfahrungen machen und die eigenen Potenziale auf die Probe stellen, das kann er nur draußen im verbalen Schlagabtausch des Alltags mit möglichst unterschiedlichen Menschen.

Verabschieden Sie sich daher von Bewältigungsstrategien, bei denen Sie schwierigen Situationen aus dem Weg gehen oder bei verbalen Attacken in Schockstarre fallen. Setzen Sie vielmehr auf engagiertes Handeln. Freuen Sie sich darüber, dass Sie bei einer unfairen Attacke Gelegenheit haben, Ihre favorisierte Konterstrategie auszuprobieren.

Haben Sie Angst vor Dominanz, dann argumentieren Sie mit dominanten Gesprächspartnern, haben Sie Angst vor Verhandlungen, dann führen Sie Verhandlungen, haben Sie Angst vor schlagfertigen Menschen, dann gehen Sie in die Disputation und halten mit geeigneten Kontern dagegen, haben Sie Angst, in Besprechungen das Wort zu ergreifen, dann melden Sie sich zu Wort. Jedes Erfolgserlebnis macht die Angst kleiner und die Lust größer.

Neue, häufige und vielfältige Erfahrungen beim Argumentieren sind die Voraussetzung, um eine souveräne Grundhaltung aufzubauen.

Wer auf eine Fülle von Erfahrungen im verbalen Schlagabtausch zurückblickt – wie etwa große Kommunikatoren aus Politik, Wirtschaft oder Medien –, wird über eine polemische Fußnote oder einen emotionalen Angriff lächeln, weil er dies Hunderte Mal in ähnlichen kontroversen Diskussionen erlebt und bewältigt hat.

Veränderungen Ihres Verhaltens und Ihrer Haltung werden Sie nicht von heute auf morgen verwirklichen können. Sie benötigen Geduld und Ausdauer.

Ich hoffe, dass es Ihnen im verbalen Schlagabtausch immer häufiger gelingt, unfaire Taktiken zu durchschauen, Kampfdialektiker zu entwaffnen, Manipulatoren zu entlarven und bösartige Machtspiele abzuwehren. Es ist eine lohnende Daueraufgabe, sich nicht ablenken zu lassen durch den Schein

»blendender Rhetorik« und die Wucht aggressiver, aber oft inhaltsleerer Attacken. Machen Sie sich stark für das Regelwerk des Fair Play und nutzen Sie alle Möglichkeiten einer offensiven und klugen Argumentation, um dem besseren Sachargument zum Durchbruch zu verhelfen.

Materialien zum Selbstlernen

Negative Glaubenssätze

A. Das Selbstkonzept betreffend

- »Ich darf keine Fehler machen – ich muss perfekt sein.«
- »Ich habe Angst, nicht der/die Beste zu sein.«
- »Ich habe Angst, abgelehnt zu werden.«
- »Ich kann mich bei Dominanzgebärden nicht wehren.«
- »Ich habe Angst, dass man meine Unsicherheit sieht.«
- »Ich habe Angst, meine hochgesteckten Ziele nicht zu erreichen.«
- »Mein Äußeres gefällt mir nicht.« Andere Männer/Frauen sehen besser aus.«

B. Zuhörer und Angreifer betreffend

- »Ich habe Angst vor kritischen und schlagfertigen Gesprächspartnern.«
- »Ich fühle mich meinem Gegenüber unterlegen.«
- »Ich habe Angst, unsicher und inkompetent zu wirken.«
- »Ich sage besser nichts, sonst blamiere ich mich vor der Gruppe.«
- »Ich habe Angst, von erfahrenen Kollegen nicht ernst genommen zu werden.«
- »Ich habe Angst, im verbalen Schlagabtausch zu unterliegen.«

C. Kommunikation und Inhalt betreffend

- »Ich habe Angst vor Verlegenheitspausen und einem Blackout.«
- »Ich werde bei Diskussionen immer mundtot gemacht.«
- »Ich verliere in Gesprächen stets den roten Faden.«
- »Mein schrecklicher Dialekt verunsichert mich.«
- »Immer kommen nur die anderen zu Wort.«
- »Was ich zu sagen habe, interessiert doch niemanden.«

Positive Glaubenssätze

A. Das Selbstkonzept betreffend

- »Ich bleibe in Diskussionen souverän und gelassen.«
- »Ab jetzt erlaube ich mir, auch mal Fehler zu machen.«
- »Ich genieße meinen Auftritt.«
- »Ich habe eine positive Ausstrahlung.«
- »Zum Leben gehören Erfolge und Misserfolge: Ich lerne aus meinen Fehlern.«
- »Ich bin gut – daran besteht kein Zweifel.«
- »Ich mache mit Begeisterung neue Erfahrungen.«

B. Zuhörer und Angreifer betreffend

- »Ich habe Freude daran, mich in Diskussionen mit anderen zu messen.«
- »Ich sehe unfaire Angriffe als Trainingschance.«
- »Ich kann gut damit leben, wenn mein Gegenüber eine andere Auffassung hat und kritische Einwände formuliert.«
- »Ich kann gut damit leben, wenn Einzelne mich und meine Inhalte ablehnen.«
- »Ich kann gut damit leben, wenn mich nicht alle Menschen sympathisch finden.«
- »Ich finde es normal, wenn ich bei meinen Entscheidungen auch auf Widerstand und Kritik treffe.«
- »Ab jetzt nehme ich persönliche Angriffe mit Humor.«

C. Kommunikation und Inhalt betreffend

- »Ab jetzt ergreife ich das Wort, wenn ich Wichtiges zu sagen habe.«
- »Ich trage standfest meine Argumente vor und gehe souverän mit Einwänden um.«
- »Ich konzentriere mich auf perfekte Vorbereitung und gehe entspannt in jedes Gespräch.«
- »Ich beteilige mich mit Freude an Diskussionen.« Nur so kann ich meine Fähigkeiten entwickeln.«
- »Ab jetzt erlaube ich mir, mehr Raum in Anspruch zu nehmen und laut zu sprechen.«
- »Ich argumentiere mit jedem Menschen auf Augenhöhe, und zwar unabhängig von seinem Status.«

Übungen zur Fünfsatztechnik

Hinweis: Für das Training benötigen Sie ein Aufzeichnungsgerät oder Video-kamera sowie eine Uhr mit Sekundenanzeiger.

Übung: Standpunkt formulieren

1. Wählen Sie aus der Liste »50 Übungsthemen zur Fünfsatztechnik« ein Thema aus.
2. Wählen Sie einen Fünfsatz (siehe »Die sechs wichtigsten Fünfsatzstrukturen«), den Sie als Strukturplan verwenden wollen.
3. Formulieren Sie Ihren Standpunkt und notieren Sie sich Stichworte dazu.
4. Sprechen Sie anschließend Ihr Statement auf ein Aufzeichnungsgerät, zuerst mit Stichwortzettel, dann ohne. Stoppen Sie die Zeit.
5. Fragen Sie sich bei der Analyse, was gelungen ist und was Sie hätten besser machen können.
6. Wiederholen Sie die Übung, bis Sie mit dem Ergebnis zufrieden sind.

Übung: Stegreif-Sprechen

1. Wählen Sie eine Zahl zwischen 1 und 50 und schauen in der Liste (»50 Übungsthemen zur Fünfsatztechnik«) nach, welches Thema dieser Zahl entspricht. Bei der Zahl 47 lautet Ihr Thema »WikiLeaks«.
2. Sprechen Sie Ihr Statement ohne schriftliche Vorbereitung direkt auf Ihr Aufzeichnungsgerät.
3. Fragen Sie sich bei der Analyse, was gelungen ist und was Sie hätten besser machen können.
4. Wiederholen Sie die Übung, bis Sie mit dem Ergebnis zufrieden sind.

Die sechs wichtigsten Fünfsatzstrukturen

Standpunktformel

1. Standpunkt/These
2. Argument
3. Beispiel
4. Schlussfolgerung
5. Zwecksatz

Drei-Punkte-Formel

1. Situativer Einstieg
2. Erstens …
3. Zweitens …
4. Drittens …
5. Zwecksatz

Kette (chronologisch)

1. Situativer Einstieg
2. Früher …
3. Heute …
4. Morgen …
5. Zwecksatz

Dialektischer Fünfsatz

1. Thema nennen
2. Argument(e) pro
3. Argument(e) kontra
4. Schlussfolgerung
5. Zwecksatz

Kompromissformel

1. Situativer Einstieg
2. Position A
3. Position B
4. Dritter Weg
5. Zwecksatz

Problemlösungsformel

1. Warum rede ich?
2. Wie ist die Situation?
3. Was soll erreicht werden?
4. Wie kann das erreicht werden?
5. Was soll geschehen?

50 Übungsthemen zur Fünfsatztechnik

1. Alkoholmissbrauch
2. Apple
3. Ausländerfeindlichkeit
4. Beamtentum
5. Bologna-Prozess
6. Bundesliga
7. Demografischer Wandel
8. Deutsche Bahn
9. Duzen am Arbeitsplatz
10. Energiewende
11. Entwicklungshilfe
12. Ethikunterricht
13. Eurokrise
14. Facebook
15. Fernsehkonsum
16. Fliegerei und Umweltschutz
17. Formel 1
18. Frauenquote
19. Freigabe leichter Drogen
20. Gewalt in der Schule

21. Glaubwürdigkeit in der Politik
22. Homebanking
23. Image der Banker
24. Kernenergie
25. Kirchensteuer
26. Klimaschutz
27. Ladenschlussgesetz
28. Latein in der Schule
29. Managergehälter
30. Mülltrennung
31. Pkw-Maut
32. Praxisgebühr
33. Private Hochschulen
34. Rating-Agenturen
35. Rauchen in Bahnhöfen
36. Rauchverbot in Kneipen
37. Rente mit 67
38. Schönheitsoperationen
39. Solidaritätszuschlag
40. Sondersteuer für Kinderlose
41. Soziale Medien
42. Sponsoring
43. Tempolimit auf Autobahnen
44. Tierversuche
45. Vegetarier
46. Weltraumfahrt
47. WikiLeaks
48. Windenergie
49. Zigarettenwerbung
50. Zocken an den Finanzmärkten

Angreifbare Weichmacher und Füllwörter

1. Absolute Aussagen und Verallgemeinerungen

»immer«, »absolut sicher«, »nie«, »alle«, »ein für alle Mal«
Beispiel: »Wir haben immer gesagt …«; »Das ist absolut sicher.«

Kommentar: Derartige pauschale Aussagen sind angreifbar und lassen sich leicht durch ein Gegenbeispiel widerlegen.

2. Abschwächende Wörter

»eigentlich«, »vielleicht«, »ein bisschen«, »scheinbar«, »vermutlich«, »wahrscheinlich«, »irgendwie«, »eventuell«

Beispiel: »Wir sind eigentlich der Meinung, dass diese Strategie erfolgversprechend ist.«
Kommentar: Ein abschwächendes Füllwort mindert die Stringenz Ihrer Argumentation und ist eine dialektische Angriffsfläche. Ein »eigentlich« kann eine Aussage sogar in ihr Gegenteil verkehren.

3. Relativierende Begriffe

»grundsätzlich«, »im Prinzip«

Beispiel: »Ich bin grundsätzlich gegen diese Art von Schnellschüssen.«

Kommentar: In dem Wort »grundsätzlich« steckt eine latente Dominanzgebärde. Der Sprecher reklamiert für sich einen besonders kompetenten Status.

4. Vorgeschaltete Weichmacher

»Also, wenn Sie mich fragen …«; »Also, ehrlich gesagt …«; »Ich will mal sagen …«, »Ich will nicht lügen, aber …«; »Normalerweise würde ich sagen …«

Kommentar: Die nachfolgende Argumentation wird durch den vorgeschalteten Halbsatz relativiert.

5. Vorgeschaltete Entschuldigungen

»Ich weiß nicht genau, ob …«; »Vielleicht ist es ja so …«; »Ich bin mir nicht sicher …«

Kommentar: Die Wirkung der Argumentation wird durch die vorgeschaltete Entschuldigung gemindert.

6. Schwache Verben

»Wir versuchen …«; »Wir sehen darin eine Möglichkeit …«; »Wir probieren das …«

Kommentar: Diese und vergleichbare Verben werden assoziiert mit einer zögerlichen und wenig durchdachten Strategie.

7. Formulierungen im Konjunktiv

»Vielleicht wäre es möglich …«; »Dies könnte eine sinnvolle Variante sein …«; »Wir würden dies für eine tragfähige Lösung halten …«

Kommentar: Drückt Inkompetenz und Unsicherheit aus und provoziert entsprechende Gegenfragen. Die eigene Meinung wird verdeckt.

8. Superlative

»toll«, »super«, »wahnsinnig«, »phantastisch«, »sagenhaft«

Beispiel: »Wir haben da eine super Software, wirklich spitze – vor allem die Menüführung.«

Kommentar: Der Sprecher bewertet einen Gegenstand mit euphorischen Begriffen. Es mangelt dabei allerdings an Differenzierung. Die Wirkung dieser Wortwahl geht zulasten der Seriosität und Kompetenz (»Der hat es nötig, so zu sprechen«).

Formulierungsbeispiele für Brückensätze

Hinweis: Die folgenden Beispiele sind nach den Konterstrategien der 4-I-Methode gruppiert. Wählen Sie diejenigen Sätze aus, die Ihnen gefallen. Sie sollten die Brückensätze für sich so formulieren, dass sie zu Ihrem Sprachstil und zu Ihrem Wortschatz passen.

Brückensätze zu Strategie 1: Ignorieren des persönlichen Angriffs und zur Sache lenken

Reaktion mit Ich-Botschaften

— »Ihre Frage erstaunt mich.«, »Das überrascht mich sehr.«
— »Ihre letzte Aussage irritiert mich.«
— »Ich weiß nicht, wie Sie zu Ihrer Einschätzung kommen …«
— »Ich habe den Eindruck, dass meine Argumente noch nicht rübergekommen sind …«

Reaktion mit anderen Brückensätzen und Rückfragen

— »Ihr Einwand zeigt mir, dass Sie meinen Vorschlag mit Skepsis sehen.«
— »Schade, dass es mir noch nicht gelungen ist, Sie zu überzeugen …«
— »Das ist eine recht pauschale Feststellung. Ich darf Ihnen die Vorteile des Konzepts noch einmal verdeutlichen.«
— »Ihre Reaktion zeigt mir, dass Sie meine Argumente mit gewissen Vorbehalten sehen.«
— »Ihre Unterstellung trifft so nicht zu …«
— »Sie haben offenbar noch Fragen. Wo konkret liegen Ihre Bedenken?«
— »Ihre Aussage lässt noch nicht erkennen, wo konkret Ihre Bedenken liegen.«
— »Es fällt mit leichter zu antworten, wenn Sie mir sagen, welche Einwände Sie in der Sache haben.«
— »Ich bin mir nicht sicher, ob ich Sie richtig verstanden habe, würden Sie bitte …«
— »Würden Sie Ihre Aussage bitte konkretisieren, damit ich gezielt darauf antworten kann?«

Reaktion mit kurzen Rückfragen (insbesondere bei Killerphrasen)

— »Was genau meinen Sie damit?«
— »Worauf bezieht sich Ihre Behauptung?«
— »Was schlagen Sie stattdessen vor?«

- »Warum ist Ihnen dieses Kriterium so wichtig?«
- »Habe ich Sie richtig verstanden, wenn ...«
- »Welche Informationen fehlen Ihnen noch?«

Brückensätze zu Strategie 2: Ironisieren des persönlichen Angriffs und zur Sache lenken

Hinweis: Wählen Sie aus der Liste schlagfertiger Konterattacken drei bis fünf Sätze aus, die Ihnen gefallen und die Sie später als Pfeil im Köcher verfügbar haben.

Ironisierend reagieren

- »Was meinen Sie: Hat sich Ihr Image mit Ihrer Bemerkung eher verbessert oder verschlechtert? (kleine Pause) Nun aber zurück zum Sachthema. In welchen Punkten haben Sie Bedenken?«
- »Ich merke, dass Sie sehr erregt sind. Greifen Sie mich persönlich an oder reden Sie über die Sache?«
- »Sie haben einen guten Moment verpasst, um den Mund zu halten.«
- »Ich hoffe, jetzt geht es Ihnen besser. Wollen wir nun mit unserem Thema fortfahren?«
- »Sie müssen sich in einer schwachen Position befinden, wenn Sie zu solchen Redewendungen greifen. (kleine Pause) Was haben Sie konkret gegen den Vorschlag einzuwenden?«
- »Was ist Ihr Motiv, dass Sie mit solchen Bemerkungen Ihr Image so leichtfertig aufs Spiel setzen?«
- »Ich erspare es mir, mit gleicher Münze zurückzuzahlen. (kleine Pause) Welche Bedenken haben Sie in der Sache?«
- »Beleidigungen können Sachargumente nicht ersetzen. Mir ist nicht klar geworden, wo Ihre Bedenken liegen.«
- »So erregt kenne ich Sie noch gar nicht. Worum geht es Ihnen in der Sache?«
- »Ich finde, eine Prise Humor könnte Ihnen auch ganz guttun.«
- »Ich würde es begrüßen, wenn wir das Gesprächsniveau wieder anheben könnten.«
- »Bitte haben Sie Verständnis, dass ich auf den unsachlichen Teil Ihrer Bemerkung nicht eingehe. An welchem Punkt haben Sie Bedenken?«

Für extreme Situationen (außerhalb des beruflichen Alltags):
- »Wissen Sie, was eine Projektion ist? (kleine Pause) Ich helfe Ihnen: Projektion bedeutet, eigene Schwachstellen auf andere zu übertragen.«
- »Das sind ja interessante Umgangsformen. So verschafft man sich Beliebtheit.«
- »Das schreib ich gleich mal in mein Mobbing-Tagebuch.«
- »Können Sie das auch rückwärts?«

Kontern mit einem überraschenden Kompliment

Diese Strategie ist zum Beispiel bei Gesprächspartnern gut geeignet, die alles besser wissen. Ihr Gegenüber wird sich irritiert zeigen, weil er damit nicht gerechnet hat.

- »Ich bewundere Ihre Erfahrungen.«
- »Vielen Dank für Ihre kompetenten Ratschläge.«
- »Ihre Hinweise sind von unschätzbarem Wert.«
- »Toll, Sie kennen sich aus.«
- »Danke für das Kompliment.«
- »So viel Fachkompetenz findet man selten.«
- »Es macht mir Freude, mit Ihnen zu reden.«
- »Ihre Brillanz werde ich niemals erreichen.« (Vorsicht: ernst bleiben.)
- »Am besten gefällt mir Ihre partnerschaftliche Art.«

Einfache Standardsätze (für alle Fälle)

Ziel: Unmittelbar reagieren und zum Thema lenken.

- »Was wollen Sie damit genau sagen?«
- »Ich habe nicht die Absicht, Ihre Bemerkung zu kommentieren.«
- »Ich werde Ihre Bemerkung einfach mal überhören.«
- »Warum sagen Sie so etwas?«
- »Können Sie das konkretisieren?«
- »Das ist Ihre Sichtweise/Meinung.«
- »Muss ich das verstehen, was Sie gerade gesagt haben?«
- »Kommen wir zurück zum Thema.«
- »Danke für Ihren Hinweis. Um fortzufahren …«

Diese Beispiele harter Schlagfertigkeit sind nicht geeignet für ein partner-
schaftliches Miteinander. Zu den Risiken harter Konter siehe Teil 2, Kapitel
»Strategien gegen offene Angriffe«.

— »Können Sie sich das vorstellen: Ein Tag ohne Sie ist wie ein Monat Urlaub.«
— »Reden Sie einfach weiter. Irgendwann wird schon was Sinnvolles dabei herauskom-
   men.«
— »Ich habe von Ihnen auch nichts anderes erwartet als Polemik. In der Sache scheinen
   Sie wohl keine Argumente zu haben.«
— »Es gibt viele Möglichkeiten, einen guten Eindruck zu machen. Warum lassen Sie alle
   ungenutzt?«
— »Ich beende Gespräche eher ungern. Aber wenn Sie ein Opfer brauchen, um Ihre
   Komplexe abzureagieren, stehe ich nicht zur Verfügung.«
— »Bevor Sie Ihre Sprechmotorik in Gang setzen, sollten Sie besser Ihr Denkhirn ein-
   schalten.«
— »Warum gehen wir beide nicht irgendwohin, wo jeder von uns allein sein kann?«

Brückensätze zu Strategie 3: Identifizieren des unfairen Verhaltens und Feedback geben

Ziel: Sie weisen den Angreifer darauf hin, dass Sie die unfaire Gangart nicht
durchgehen lassen. Sie ziehen eine klare Grenze und lenken dann zum Sachthema zurück.

Bei persönlichen Angriffen (unterhalb der Beleidigung)

— »Ich halte es für wenig hilfreich, auf diesem Niveau fortzufahren. (kleine Pause) Reden
   wir über die Sache. In welchen Punkten haben Sie Bedenken?«
— »Es ist schade, wenn wir durch solche unsachlichen Spielarten kostbare Zeit ver-
   geuden. (kleine Pause) Welche Einwände haben Sie in der Sache?«
— »Herr S., was ist der Grund für Ihre Erregung? Vielleicht können wir ihn ausräumen
   und anschließend wieder normal miteinander reden.«
— »Ich würde es sehr begrüßen, wenn wir wieder sachlich miteinander sprechen würden.«

- »Einen Moment mal. Das wird mir jetzt zu persönlich. Ich schlage vor, wir gehen zum Sachthema zurück ...«
- »Sie bewerten meine Aussagen in abschätziger Weise (Brückensatz). Mir ist nicht klar geworden, welche Bedenken Sie in der Sache haben.«

Bei Beleidigungen

- »Nun mal langsam, Herr S. Ich bin bereit, mir Ihre Sachargumente anzuhören. Aber ich bin nicht bereit, mich beleidigen zu lassen.«
- »Stopp. Für eine Schlammschlacht stehe ich nicht zur Verfügung. Ich werde das Gespräch mit Ihnen erst wieder fortsetzen, wenn Sie emotional abgerüstet haben.«
- »Beleidigungen bringen uns nicht weiter. Bitte lassen Sie das.«
- »Solche Pauschalattacken bringen wenig. (kleine Pause) Welchen Beitrag haben Sie in der Sache?«
- »Persönliche Angriffe sind für mich nicht akzeptabel. (kleine Pause) Lassen Sie uns schauen, wie wir in der Sache weiterkommen ...«
- »Ich finde es nicht fair, wenn Sie meine Argumente als Unsinn bezeichnen. (kleine Pause) Was haben Sie in der Sache einzuwenden?«

Bei cholerischen Attacken

- »Wenn Sie emotional abgerüstet haben, können wir gern unser Gespräch fortsetzen.«
- »Ein kleiner Hinweis. Meine Ohren sind intakt. Ich frage mich: Warum diese Lautstärke?«
- »Entschuldigung, geht es auch eine Phonstärke leiser? Ich habe Schwierigkeiten, mich auf das Thema zu konzentrieren.«
- »Ich kann nicht erkennen, inwieweit uns dieser Ton in der Sache weiterbringt. Ich schlage vor ...«
- »Wenn Sie sich beruhigt haben, bin ich bereit, das Gespräch fortzuführen.«
- »Bisher habe ich nur Ihr Brüllen wahrgenommen, nicht aber Ihre Argumente. Wie sieht es damit aus?«
- »Brüllattacken bringen uns nicht weiter. Ich möchte mit Ihnen gern über das Thema reden.«

Brückensätze zu Strategie 4: Isolieren der unfairen Taktik durch Abbruch oder Unterbrechung des Gesprächs

— »Ihre Lautstärke ist keine Voraussetzung für ein gutes Gespräch. Ich schlage daher vor, wir beenden hier die Konversation. Bei einem besseren Gesprächsklima nehme ich gern das Gespräch wieder auf.«
— »Ihre beleidigenden Worte akzeptiere ich nicht. Unter diesen Umständen bin ich nicht bereit, das Gespräch mit Ihnen fortzusetzen.« Vielleicht ergänzend: »Sie können mich jederzeit anrufen, wenn Sie wieder zu einem sachlichen Gespräch bereit sind.«
— »Mit beleidigenden Redewendungen kommen wir nicht weiter. Auf dieser Basis bin ich nicht bereit, das Gespräch fortzusetzen …«
— »Für einen unsachlichen Schlagabtausch stehe ich nicht zur Verfügung. Sie können sich jederzeit melden, wenn Sie zu einem sachlichen Gespräch bereit sind.«

Brückensätze bei einseitiger Kritik

Ziel: Sie wollen den Beitrag des Gesprächspartners aufnehmen und auf die eigene Kernbotschaft lenken.

— »Ich kann Ihre Bedenken gut nachvollziehen. Darf ich Ihnen erläutern, warum wir uns für diese Lösungsvariante entschieden haben/warum diese Lösungsvariante günstiger ist?«
— »Das mag auf den ersten Blick so aussehen; wenn man jedoch genauer hinschaut …«
— »Ihre Bewertung deckt sich nicht mit meinen Erfahrungen. Die Fakten sehen so aus …«
— »Das ist nur *ein* Aspekt, den Sie ansprechen. Es gibt mindestens noch zwei weitere Gesichtspunkte, die in der Situation xy zu beachten sind.«
— »Das ist nicht der Normalfall. Das sind Einzelfälle. Unser Kundenfeedback zeigt …«
— »Ich stimme Ihnen zu. Jedoch gibt es einen weiteren Punkt, der zu beachten ist …«
— »Im Prinzip stimme ich Ihnen zu. Was Ihren Punkt B angeht, kommen wir jedoch zu anderen Ergebnissen …«
— »Ich erläutere Ihnen gern, welche Aspekte für diese Lösung sprechen.«
— »Neben den angesprochenen Risiken gibt es eine ganze Reihe von Chancen.«
— »Zugegeben, es gibt Risiken. Zur Gesamtbeurteilung gehört aber auch die Würdigung der Vorteile dieser Lösungsvariante.«
— »Sie sprechen negative Erfahrungen an. Dabei wird häufig übersehen, was wir schon erreicht haben.«

- »Das kann ich gut nachvollziehen, und darüber hinaus …«
- »Das ist ein Teilaspekt. Zum Gesamtbild gehört jedoch auch, dass …«

Brückensätze, um bei brisanten Fragen zu »blocken«

Ziel: Diese Brückensätze leiten von einem unerwünschten zu einem erwünschten Thema über; sie sind insbesondere bei Stressinterviews oder in Pressekonferenzen von Bedeutung.

- »Ihre Frage lässt sich nur vor dem Hintergrund der gesamten Strategie beantworten.«
- »Ihre Frage trifft nicht den zentralen Punkt unserer Strategie …«
- »Ihre Frage zeigt, dass der Gesamtkontext dieses Programms noch nicht deutlich geworden ist …«
- »Ich möchte Ihre Frage in einen größeren Zusammenhang stellen …«
- »Zu Ihrem Thema gibt es eine Fülle von Untersuchungen …«
- »Wie bei jeder Neuerung gibt es auch hier Pro und Kontra.«
- »Bei der Beurteilung sind neben den wirtschaftlichen Aspekten noch andere Kriterien zu berücksichtigen …«
- »Ich möchte einen anderen wichtigen Aspekt ins Spiel bringen, der bisher noch gar nicht angesprochen wurde.«
- »Das Thema ist vielschichtiger, als es auf den ersten Blick erscheint …«
- »Es würde den Rahmen dieser Veranstaltung sprengen, wenn wir an dieser Stelle ins Detail gehen würden …«
- »Zunächst eine Vorbemerkung …«, »Zunächst möchte ich klarstellen …«
- »Würden Sie Ihre Frage bitte konkretisieren, damit ich darauf antworten kann …«

Brückensätze, um freundlich Nein zu sagen

Ziel: Sie markieren in einem freundlichen Ton eine Grenze.

Beispiele aus dem privaten Bereich:
- »Du weißt ja, dass ich deinen Wunsch gern erfüllen würde. Ein anderes Mal gerne. Aber heute geht es nicht.«
- »Leider kann ich dir die Sachen aus dem Duty-Free-Shop nicht mitbringen. Ich habe nur ganz wenig Zeit.«

- »Es tut mir leid, aber dazu muss ich Nein sagen. Unter anderen Bedingungen würde ich deinen Wunsch gern erfüllen.«
- »Ich kann nachvollziehen, dass die Sache für dich sehr wichtig ist. Leider kann ich dir im Moment jedoch nicht weiterhelfen, denn mein Terminplaner hat keinen Spielraum.«
- »Ich sehe dich sehr gern. Im Augenblick passt es gerade nicht. Können wir uns in der nächsten Woche treffen?«
- »Beim nächsten Mal gern. Jetzt geht es leider nicht. Ich muss noch dringende Erledigungen machen.«
- »Leider ist es mir momentan nicht möglich, dir zu helfen.«
- »Ich fühle mich im Moment überrumpelt. Gib mir eine halbe Stunde – dann sage ich dir gern Bescheid.«

Beispiele aus dem beruflichen Bereich:
- »Ihr Lob freut mich natürlich. Und trotzdem kann ich leider diese Aufgabe heute nicht mehr für Sie erledigen.«
- »Ich fühle mich geehrt, dass Sie da an mich denken, aber mein Terminkalender ist leider komplett voll.«
- »Ihnen ist es offenbar sehr wichtig, mich umzustimmen. Aber leider kann ich nur noch einmal wiederholen: Es geht heute nicht.«
- »Es tut mir leid, aber ich habe zu diesem Zeitpunkt schon eine andere Verabredung.«

Übungen zur Stimmbildung

1. Artikulation verbessern durch Korkensprechen

Nehmen Sie einen Weinkorken (oder Daumen) zwischen Ihre Zähne und sprechen Sie so deutlich wie möglich einen Text. Beginnen Sie mit drei bis vier Textzeilen, möglichst ohne den Korken/Daumen mit Ihrer Zunge zu berühren. Anschließend lesen Sie den Text noch einmal ganz normal. Der Effekt: Die an der Artikulation beteiligten Muskeln gewöhnen sich an die weite Kieferstellung, wodurch die Aussprache spürbar deutlicher wird.

2. Warming-up durch Zungenbrecher-Übung

- Brautkleid bleibt Brautkleid, und Blaukraut bleibt Blaukraut.
- Fischers Fritz fischt frische Fische; frische Fische fischt Fischers Fritz.

- Die Katze tritt die Treppe krumm.
- Ein plappernder Kaplan klebt klappbare Pappplakate. Klappbare Pappplakate klebt ein plappernder Kaplan.

3. Die Stimme nach vorn holen

Sprechen Sie zur Übung ganz leise, sodass Ihr Kehlkopf frei von jedem Druck ist und die Stimme weich und entspannt klingt. Nun erhöhen Sie den Luftdruck wieder und sprechen automatisch lauter. Sie sensibilisieren sich durch diese Übung dafür, wie es sich anfühlt, vorne zu sprechen. Die Lautstärke kommt dann schrittweise von selbst.

4. Sprechen ohne Füll- und Verlegenheitslaute

Sprechen Sie alle Vokale im Abstand von zwei Sekunden:

a – e – i – o – u

Sie sprechen also:

a – 2 Sek. Pause – e – 2 Sek. Pause – i – 2 Sek. Pause – o – 2 Sek. Pause – u

Dann einfache Sätze wie: »Am Abend ist alles aus.«

Sie sprechen: Am – 2 Sek. Pause – Abend – 2 Sek. Pause – ist – 2 Sek. Pause – alles – 2 Sek. Pause – aus.

Nächster Beispielsatz: »Im ersten Ärger aß er alles auf.«

Als weiterführende Übungen bietet sich an:

a) das Sprechen anhand eines Manuskripts,
b) das Sprechen anhand eines Stichwortkonzepts und
c) das freie Sprechen.

5. Eigenton finden

Die »Kauübung« nach E. Froeschels ist geeignet, Ihren Eigentonbereich zu finden und gleichzeitig die Artikulationsmuskulatur zu entspannen:

Stellen Sie sich vor, Sie kauen Ihr Lieblingsessen (nichts Flüssiges oder zu Weiches) – ganz entspannt und mit geschlossenem Mund. Während Sie beim Kauen intensiv an Ihr

»Filetsteak«, Ihre »Pekingente« oder Ihre »Nusstorte« denken, lassen Sie Ihre Stimme mitklingen. Dadurch entsteht ein angenehmer Brumm- oder Summton (Mhhmmm …) in mittlerer Lage. Dies ist Ihre Indifferenzlage.

Aus dem Summton »Mhhmm« heraus können Sie nun zählen oder einzelne Worte und ganze Sätze formulieren. Nutzen Sie diese Miniübung als kleines Warming-up, um Ihre Stimme vor einem Auftritt an Ihre Eigentonlage zu gewöhnen.

6. Vortragen eines Redetextes

Wählen Sie zunächst einen Redetext aus. Eine DIN-A4-Seite reicht als Übungstext aus. Lesen Sie zunächst den Text durch und markieren Sie dann mithilfe von Sprechzeichen die Passagen, die Sie betonen, langsamer und schneller sprechen wollen. Kennzeichnen Sie zudem kurze und längere Pausen.

Tragen Sie nun den Text vor und lassen Sie ein Aufzeichnungsgerät mitlaufen. Dabei können Sie je nach Zielsetzung an einem Tisch sitzen oder an einem Rednerpult stehen. Überprüfen Sie anschließend die Aufzeichnung und wiederholen Sie die Übung so oft, bis Sie mit dem Ergebnis zufrieden sind.

Beispiele für Sprechzeichen:
I einfacher Strich = kurze Pause;
II doppelter Strich = längere Pause;
Unterstreichen oder **Fett** = lauter sprechen;
L e e r z e i c h e n = langsam sprechen

Lösungsvorschläge zu den Übungen

Im Folgenden finden Sie Lösungsvorschläge zu den textbegleitenden Übungen. Betrachten Sie sie als Anregungen, denn natürlich gibt es daneben jeweils eine Vielzahl alternativer Lösungen und Formulierungen.

Zu Übung 9: Persönliche Angriffe kontern

1. »Ihnen geht es doch nur um Profit. Ich sehe, wie die Dollar-Zeichen in Ihren Augen leuchten.«

Reaktion

- »Da muss ich Sie enttäuschen (Brückensatz). Für uns sind soziale und ökologische Aspekte ebenso wichtig wie ökonomische Ziele. Im Einzelnen …«
- »Wie kommen Sie zu dieser Einschätzung?«

2. »Selten habe ich so ein dummes Zeug gehört.«

Reaktion

- »Ich denke, auf dieser Ebene kommen wir nicht weiter (Brückensatz). Welche Bedenken haben Sie in der Sache?«
- »Sie bewerten meinen Vorschlag in abschätziger Weise (Brückensatz). Welche sachlichen Einwände haben Sie?«
- »Warum sagen Sie das?«
- »Den unsachlichen Anteil Ihrer Bemerkung kommentiere ich nicht. Was wollen Sie in der Sache sagen?«
- »Persönliche Angriffe bringen uns nicht weiter. Ich möchte über das Sachthema reden. Welchen Einwand haben Sie?«
- »Was stört Sie an meinem Vorschlag?«

3. »Sie haben doch gar nicht die Erfahrung, um das beurteilen zu können.«

Reaktion

- »Mich interessiert brennend, an welchen Punkten Sie das festmachen.«
- »Vielen Dank, ich bewundere Ihre aufbauenden Ratschläge.«
- »Wie sieht Ihre Beurteilung denn aus?«
- »Sie wollen doch wohl nicht sagen, dass mit zunehmendem Lebensalter die Qualität der Argumentation zunimmt. Kennen Sie ›Jugend forscht‹?«

4. »Der Teamgeist in Ihrer Truppe stimmt doch vorn und hinten nicht.«

Reaktion

- »Da muss ich Sie enttäuschen (Brückensatz). Zusammenhalt und Teamfähigkeit sind bei uns exzellent. Das bestätigen alle Kollegen.«
- »Mich interessiert, wie Sie zu Ihrer Einschätzung kommen.«

5. »Sie sind doch gar nicht in der Lage, sich bei Ihrem Vorgesetzten Gehör zu verschaffen.«

Reaktion

- »Ich weiß wirklich nicht, wie Sie zu einer solchen Einschätzung kommen (Brückensatz). Bei wichtigen Themen ist das offene Gespräch zwischen uns eine Selbstverständlichkeit. Denken Sie etwa an Umstrukturierungen oder Budgetfragen.«
- »Hier kann ich Sie beruhigen. Mir ist die Überzeugungsarbeit nach oben außerordentlich wichtig. Was genau befürchten Sie?«

6. »Das stimmt einfach nicht. Warum sagen Sie die Unwahrheit?«

Reaktion

- »Ihre Frage erstaunt mich sehr (Brückensatz). Offenbar sind die Fakten noch nicht rübergekommen. Die Untersuchung basiert auf xy …«
- »Ich weiß wirklich nicht, wie Sie zu dieser Einschätzung kommen (Brückensatz). Die Beweismittel meiner Argumentation stehen mit den Fakten im Einklang. Bitte begründen Sie Ihre Aussage.«
- »Ich finde es nicht fair, wenn Sie mir solche Vorhaltungen machen (Brückensatz). Wir haben seriöses und nachprüfbares Zahlenmaterial zugrunde gelegt. Im Einzelnen …«
- »Was veranlasst Sie zu dieser Aussage?«

7. »Wie wollen Sie das in Ihrem jungen Alter beurteilen können.«

Reaktion

- »Mein Alter ist doch kein Bewertungskriterium für die Qualität meiner Argumente. Mir ist nicht klar geworden, welche Kritik Sie in der Sache haben.«
- »Was hat das mit der Sache selbst zu tun? Mein Vorschlag lautet …«
- »Gerade weil ich jung bin, gehe ich ohne Betriebsblindheit an derartige Themen heran. Mein Vorschlag lautet …«

8. »Wie wollen Sie es eigentlich schaffen, ohne jede Fachkenntnis diese Abteilung zu leiten?«

Reaktion

- »Das mag Ihre Ansicht sein (Brückensatz). Ich bin sicher, die besten Voraussetzungen für die Führungsaufgabe mitzubringen.« (Gegendarstellung)
- »Ich weiß nicht, wie Sie zu dieser Einschätzung kommen (Brückensatz). Ich bin sicher, dass mein Qualifikationsprofil und die Führungsaufgabe optimal zueinander passen.« (Gegendarstellung)

9. »Das glauben Sie doch selbst nicht, was Sie da sagen.«

Reaktion

- »Da muss ich Sie enttäuschen (Brückensatz). Ich bin voll und ganz von diesem Lösungsvorschlag überzeugt. Im Einzelnen …«
- »Ihre Aussage zeigt mir, dass Ihnen mein Vorschlag nicht zusagt (Brückensatz). Was konkret haben Sie einzuwenden?«
- »Da kann ich Sie beruhigen. Ich stehe ohne Wenn und Aber hinter diesem Konzept …«
- »Unterstellungen bringen uns in der Sache nicht weiter. Ich bin davon überzeugt, dass dieses Konzept das Beste ist …«

10. »Sie gehören auch zu den Irren und Analphabeten, von denen ich hier umgeben bin.« (Persönliche Attacke eines cholerisch veranlagten Kollegen)

Reaktion

- »Ich merke, dass Sie sehr erregt sind. Greifen Sie mich persönlich an oder reden Sie über die Sache?«
- »Bitte haben Sie Verständnis, dass ich auf den unsachlichen Teil Ihrer Bemerkung nicht eingehe. An welchem Punkt genau haben Sie Bedenken?«

- »Wenn Sie emotional abgerüstet haben, können wir gern unser Gespräch fortsetzen.«
- »Haben Sie gerade eigentlich etwas gesagt?«

11. »Ihre Werkstatt ist ein Saftladen. Sie haben mein Auto dreimal repariert – und trotzdem bin ich wieder liegen geblieben.« (wütender Kunde am Telefon)

Reaktion

- »Damit ich Ihnen sofort weiterhelfen kann, benötige ich einige Details. Was ist wann repariert worden?«
- »Ich kann Ihren Ärger verstehen, Herr S. Schildern Sie bitte konkret, warum Sie liegen geblieben sind …«

Wenn der Kunde mit Brüllattacken fortfährt:
- »Entschuldigung. Geht es auch eine Phonstärke leiser? Ich habe Schwierigkeiten, mich auf die Sache zu konzentrieren.«
- »Bei dieser Lautstärke habe ich Probleme, nach Lösungen zu suchen. Ich schlage vor, wir machen hier Schluss. Sie können mich jederzeit anrufen, wenn Sie zu einem normalen Gespräch bereit sind.«
- »Mit Beleidigungen kommen wir hier nicht weiter. Unter diesen Umständen bin ich nicht bereit, das Gespräch mit Ihnen fortzusetzen.«

12. »Es ist eine Unverschämtheit, dass Sie trotz mehrfacher Zusagen das Konzept immer noch nicht fertiggestellt haben. In Ihrem Team sind wohl nur Blinde am Werk.« (wütender Kollege)

Reaktion

- »Sie müssen sich in einer schwachen Position befinden, wenn Sie zu solchen Redewendungen greifen. Was erwarten Sie konkret?«
- »Nun mal langsam, Herr M. Ich bin bereit, das Thema mit Ihnen zu besprechen. Aber ich bin nicht bereit, mich beleidigen zu lassen.«
- »Beleidigungen bringen uns nicht weiter. Lassen Sie uns über das Konzept sprechen.«
- »Ihren polemischen Angriff auf mich weise ich zurück. Die Fakten sehen folgendermaßen aus …«

Zu Übung 10: Abwehr von Killerphrasen

1. »Ihr Vorschlag passt nicht zur Gesamtstrategie.«

Reaktion

a) »Diese Aussage erstaunt mich (Brückensatz). Können Sie Ihre Einschätzung bitte konkretisieren?«

b) »An welchen Aspekt der Gesamtstrategie denken Sie dabei?«

c) »Das sehe ich anders (Brückensatz). Mein Vorschlag passt sehr gut zur Gesamtstrategie. Im Einzelnen …«

d) »Selbstverständlich haben wir bei der Erarbeitung des Vorschlags darauf geachtet, dass er in Einklang steht mit der Gesamtstrategie …«

Kommentar: Die unmittelbare Rückfrage ist mit oder ohne Brückensatz in der Regel die beste Reaktion (Reaktion a und b). Die Varianten c) und d) haben den Vorteil, dass Sie das Wort behalten und selbst Hintergrundinformationen bringen können.

2. »Ihr Konzept ist nicht praktikabel. Das sagt mir meine langjährige Erfahrung.«

Reaktion

a) »Herr S., Sie haben offenbar Bedenken hinsichtlich der Umsetzung des Konzepts (Brückensatz). Können Sie das bitte konkretisieren?«

b) »Was verstehen Sie unter ›nicht praktikabel‹?«

c) »Was müsste getan werden, damit Sie das Konzept unterstützen?«

d) »Ich kann Sie hier beruhigen (Brückensatz). Ich gebe Ihnen gern ein Referenzbeispiel/die Einschätzung des Fraunhofer-Instituts zur Umsetzbarkeit …«

Kommentar: Die unmittelbare Rückfrage mit oder ohne Brückensatz ist die beste Variante. Die Variante c) zielt darauf, die Energie des Angreifers in positive konstruktive Bahnen zu lenken. Wenn Sie eine fachliche Autorität mit hoher Reputation zitieren (Variante d), können Sie in vielen Fällen Unsicherheiten abbauen.

3. »Seit 15 Jahren sind wir mit der jetzigen Software ausgekommen, und zwar mit sehr gutem Erfolg.«

Reaktion

a) »Das ist richtig, Herr M. (Brückensatz). Jetzt kommt es aber darauf an, den Erfolg auch in Zukunft zu sichern. Und das verlangt eine zukunftsfähige Software. Im Einzelnen …«

b) »Damit wir auch in Zukunft Erfolg haben, müssen wir mit den neuen Entwicklungen Schritt halten. Es kommt jetzt darauf an, dass …«

c) »In den letzten Jahren hat sich sehr viel im Bereiche der Softwareentwicklung getan. Wenn wir nicht handeln, sind die Konsequenzen für uns alle dramatisch.«

d) »Wir haben sicherlich Konsens, dass wir auch in Zukunft wettbewerbsfähig bleiben müssen. Auf welche Softwarelösung sollten wir Ihrer Meinung nach in den nächsten Jahren setzen?«

e) »Eine vergangenheitsorientierte Haltung bringt uns nicht weiter. Es muss jetzt darauf ankommen, mit den neuen Entwicklungen Schritt zu halten …«

Kommentar: Varianten a) und b) sind darauf gerichtet, die Bedenken aufzunehmen und dann die eigene Argumentation weiterzuführen. Spielart c) zielt darauf, die Konsequenzen bei Nichthandeln (dramatisch) aufzuzeigen. Diese Option setzt den Angreifer unter Druck. Auch bei Reaktion d) muss der Angreifer Farbe bekennen. Mit der Variante e) senden Sie ein klares Signal an den Angreifer, dass Sie sich nicht verunsichern lassen.

4. »Die tatsächlichen Fakten und Zahlen sehen anders aus.« (fingierte Behauptung)

Reaktion

a) »Auf welche Informationsquellen stützen Sie sich? (Brückensatz). In meinem Zahlenwerk stützen wir uns auf den Sachverständigenrat und die aktuelle Marktanalyse der Abteilung xyz …«

b) »Ihre kritische Bemerkung erstaunt mich (Brückensatz). Denn ich habe die herrschende Meinung aller Fachleute auf meiner Seite …«

c) »Ihre Zahlen stehen im Widerspruch zur herrschenden Meinung (Brückensatz). In meinem Zahlenwerk stütze ich mich auf …«

Kommentar: Springen Sie niemals auf pure Behauptungen an. In der Regel ist es ratsam, zur Bewertung der vorgeschobenen Zahlen/Fakten diplomatisch Nein zu sagen und die eigene Argumentation fortzusetzen.

5. »Dazu gibt es keine gesicherten Erkenntnisse.«

Reaktion

a) »Warum sind gesicherte Erkenntnisse für Sie so wichtig?«

b) »Welche Argumente benötigen Sie, um dem Vorschlag zustimmen zu können?«

c) »Absolut sichere Erkenntnisse gibt es wohl kaum. Wichtig ist, dass wir die Alternativen anhand von relevanten Kriterien bewerten und dann zu einer Entscheidung kommen. Nun geht es darum …«

d) »Erst wenn wir Erfahrungen gesammelt haben, werden gesicherte Erkenntnisse vorliegen. Ich bin davon überzeugt, dass dieses Konzept erfolgreich sein wird. Und zwar aus drei Gründen ...«

Kommentar: Lassen Sie sich nicht verunsichern. Bei den Varianten a) und b) fordern Sie konkrete Details. Bei den Reaktionen können Sie das Wort dadurch behalten, dass Sie selbst den Begriff »gesicherte Erkenntnisse« relativieren (c) oder über eine Ich-Botschaft (Ich bin davon überzeugt ...) die eigene Persönlichkeit (d) zur Verstärkung der Argumentation einsetzen.

6. »Ich habe da ganz andere Erfahrungen gemacht.«

Reaktion

a) »Das mag so sein, Herr M. (Brückensatz). Die große Mehrheit der Bevölkerung ist jedoch anderer Meinung. Es gibt eine repräsentative Untersuchung, die ...«

b) »Natürlich gibt es unterschiedliche Erfahrungen. Der Trend in der Gesellschaft geht allerdings in die Richtung xyz. Das belegen die empirischen Zahlen eindeutig.«

c) »Glauben Sie, dass man Ihre Erfahrungen verallgemeinern kann?«

Kommentar: Wenn Sie den Dialog befördern wollen, ist es ratsam, nach einem Brückensatz auf die rationale Ebene zu wechseln. Die Rückfrage zielt darauf, dem Angreifer den Wind aus den Segeln zu nehmen. Allerdings besteht hier das Risiko, dass der andere weitere Angriffe startet.

7. »In Ihrer Argumentation geht es doch nur um Gewinnmaximierung. Ethik und Moral finden in Ihrem Unternehmen doch gar nicht statt.«

Reaktion

a) »Da muss ich Sie enttäuschen, Herr M. (Brückensatz). Wir verfolgen neben dem wirtschaftlichen Ziel auch soziale und ökologische Ziele. Im Einzelnen ...«

b) »Das sehe ich anders. Wir haben nämlich drei Schlüsselziele, die gleichgewichtig nebeneinanderstehen, nämlich wirtschaftliche, soziale und ökologische. Anhand von zwei Beispielen möchte ich dies erläutern ...«

c) »Ihre Bemerkung zeigt, dass Sie unser Unternehmen noch nicht genau kennen (Brückensatz). Wir verfolgen nämlich seit Jahren eine Zielsetzung mit ökonomischen, sozialen und ökologischen Zielen ...«

Kommentar: Sie kontern die pauschale Aussage mit einem klaren Statement, das den Vorwurf neutralisiert. Bei heftiger Polemik können Sie auch eine Retourkutsche integrieren.

8. »Mir fehlt bei der Standortverlagerung die Verantwortung für die heimischen Mitarbeiter.«

Reaktion

a) »Genau das Gegenteil ist richtig (Brückensatz). Durch unser Engagement in Indien sichern wir 60 Prozent der Arbeitsplätze hier am Standort ...«

b) »Auf den ersten Blick mag das so aussehen (Brückensatz). Bitte bedenken Sie aber, dass wir erst durch den zweiten Standort die 4 500 Arbeitsplätze in Deutschland haben sichern können ...«

c) »Das muss ich klar zurückweisen (Brückensatz). Denn ohne die Standortverlagerung wären alle Arbeitsplätze in Gefahr gewesen.«

Kommentar: Sie kontern mit einem Brückensatz und erläutern dann den Hintergrund der Entscheidung. In der Variante c) punkten Sie dadurch, dass Sie die dramatischen Konsequenzen bei Nichthandeln hervorheben.

Zu Übung 11: Umgang mit Nörglern

Ein nerviger Zeitgenosse nörgelt in einer informellen Runde an Ihrem neuen Internetauftritt herum: »Die Menüführung ist dilettantisch. Da fühlt man sich wie in einem Labyrinth.«

Reaktion

a) mit einer Rückfrage
   - »Deine Bemerkung erstaunt mich (Brückensatz). Was konkret gefällt dir nicht an der Menüführung?«
   - »Schade, dass du diesen Eindruck hast (Brückensatz). Was findest du denn an meiner Homepage positiv?«
b) mit einem kurzen Statement
   - »Das höre ich zum ersten Mal (Brückensatz). Alle Fachleute bestätigen die Ergebnisse unserer Probeläufe, dass die Menüführung sehr kundenfreundlich ist. Wir haben zum Beispiel großen Wert darauf gelegt, dass ...«

Zu Übung 13: Manipulierende Fragen souverän kontern

1. »Professor Malik aus St. Gallen vertritt eine entgegengesetzte Position zu Ihrer Markteinschätzung. Macht Sie das nicht nachdenklich?« (Behauptung ist fingiert)

Reaktion

- »Professor Malik hat sicherlich seine Verdienste. Aber mir ist nicht bekannt, dass er sich zu dieser speziellen Thematik geäußert hat.«
- »Was genau hat Professor Malik zu der Markteinschätzung gesagt und in welchem Zusammenhang?«
- »Die Einschätzung von Professor Malik kenne ich nicht. Wir stützen uns in unserer Markteinschätzung auf den Sachverständigenrat und die eigenen Analysen. Im Einzelnen…«

2. »Sie wollen doch wohl nicht im Ernst behaupten, dass Ihre Strategie wettbewerbsfähig ist.« (Suggestivfrage)

Reaktion

- »Da muss ich Sie enttäuschen (Brückensatz). Ich bin voll und ganz davon überzeugt, dass wir mit dieser Strategie erfolgreich sein werden. Im Einzelnen …«
- »Schade, dass ich Sie noch nicht überzeugen konnte (Brückensatz). Wo konkret liegen Ihre Bedenken?«

3. »Es steht doch ganz außer Frage, dass …«, »Der gesunde Menschenverstand muss uns doch sagen …«, »Es besteht doch kein Zweifel, dass …« (Behauptungen ohne Beweismittel)

Reaktion

- »Herr M., wie kommen Sie zu dieser Einschätzung?«
- »Was heißt hier gesunder Menschenverstand?«
- »Auf welche Argumente stützen Sie sich in der Sache/im Einzelnen?«

4. »Können Sie uns den Erfolg dieser Change-Maßnahme zu 100 Prozent garantieren?« (verunsichern und anzweifeln)

Reaktion

- »Es gebietet die Seriosität, solche Zusagen nicht zu machen. Ich kann Ihnen aber versichern, dass diese Maßnahme im Vergleich zu Alternativen mit Abstand die beste Lösung ist. Im Einzelnen …«

- »Bei Zukunftsentscheidungen kann Ihnen niemand eine 100-prozentige Garantie geben. Ich bin jedoch überzeugt, dass diese Change-Maßnahme erfolgreich sein wird. Und zwar aus drei Gründen …«
- »Herr S., Sie fragen zu Recht nach der Erfolgsaussicht dieser Maßnahme. Aus drei Gründen bin ich überzeugt, dass dies die beste Entscheidung ist …«

5. »Sollen wir die Abteilung nun auflösen oder nicht?«
   (verunsichernde geschlossene Frage)

   Reaktion

   - »Das sind zwei Optionen, die Sie ansprechen. Was genau wollen Sie wissen?«
   - »Was halten Sie davon, zunächst alle denkbaren Optionen zusammenzustellen und daran anschließend eine Entscheidung zu treffen. Ich hätte noch zwei Ideen …«
   - »Meiner Einschätzung nach muss es nicht eine Entweder-oder-Entscheidung sein. Ich denke an einen gangbaren mittleren Weg. Konkret würde das so aussehen …«

6. »Die Wissenschaft bescheinigt uns, dass die Wirkung von Kommunikationstrainings nach einigen Tagen verpufft.« (unbewiesene Behauptungen)

   Reaktion

   - »Mit der Wirkung von Trainings sprechen Sie einen ganz entscheidenden Punkt an (Brückensatz). Ich erläutere gern, welche Transferhilfen dazu beitragen, dass Kommunikationstrainings nachhaltig sind.«
   - »Ich weiß nicht, auf welche wissenschaftlichen Einschätzungen Sie sich berufen (Brückensatz). Der entscheidende Erfolgsfaktor liegt bei xyz …«
   - »Das ist eine sehr pauschale Aussage, Herr S. (Brückensatz). Was meinen Sie genau, wenn Sie von *der* Wissenschaft sprechen?«

7. »Sie stehen doch selbst nicht hinter dem Vorstandsbeschluss, ein Drittel der Arbeitsplätze abzubauen. Muss bei der Arbeitsmarktlage nicht alles getan werden, um die Jobs zu erhalten?« (Angriff auf die Glaubwürdigkeit)

   Reaktion

   - »Da muss ich Sie enttäuschen (Brückensatz). Ich bin voll und ganz der Überzeugung, dass dieser Lösungsvorschlag der beste ist. Im Einzelnen …«
   - »Ihre Aussage zeigt mir, dass Ihnen mein Vorschlag nicht zusagt (Brückensatz). Was haben Sie konkret einzuwenden?«

- »Da kann ich Sie beruhigen. Ich stehe ohne Wenn und Aber hinter dem Konzept …«
- »Unterstellungen bringen uns in der Sache nicht weiter. Ich bin davon überzeugt, dass dieses Konzept das beste ist …«

8. »Das Servicekonzept in Ihren Fliegern hält keinem Vergleich stand mit arabischen und ostasiatischen Airlines. Es ist ein schlechter Witz, wenn Sie Ihre Kunden zu Fans machen wollen.« (pauschale Unterstellung mit Folgefrage)

Reaktion

- »Ich weiß nicht, wie Sie zu Ihrer Einschätzung kommen (Brückensatz). Richtig ist, dass unser Servicekonzept den Kunden in den Mittelpunkt stellt. Zwei Beispiele mögen dies veranschaulichen …«
- »Ihre Aussage überrascht mich (Brückensatz). Denn unsere Kundenzufriedenheitsanalysen gehen zum Glück in eine ganz andere Richtung. Über 95 Prozent bewerten die Hotline mit dem Prädikat ›sehr gut‹.«
- »Das höre ich zum ersten Mal (Brückensatz). Welche Erfahrungen haben Sie konkret gemacht?«

9. »In Ihrer Unternehmenspräsentation sprechen Sie hauptsächlich von ökonomischen Herausforderungen. Was mich nachdenklich macht: Sie haben nicht einmal von Umweltschutz und der Recyclingfähigkeit Ihrer Produkte gesprochen.« (Fangfrage zu Nichtgesagtem)

Reaktion

- »Ich nehme Ihre Frage gern auf, um die ökologischen und gesellschaftlichen Herausforderungen zu erläutern.«
- »Schade, dass dieser Eindruck bei Ihnen entstanden ist. Für mein Unternehmen ist die Verbindung von wirtschaftlichen, ökologischen und sozialen Zielen ganz entscheidend. Im Einzelnen …«
- »Die gesellschaftlichen und ökologischen Herausforderungen stehen in meinem Unternehmen ganz oben auf der Agenda. Ich gebe Ihnen hierzu zwei Beispiele …«

Zu Übung 14: Diplomatisch Nein sagen

Szenario 1: Umzug eines Freundes

»Wir ziehen am kommenden Wochenende um. Kannst du mir einen halben Tag beim Transport der Kisten und Möbel helfen? Abends gibt es dann im nahen Restaurant Essen und Trinken für alle Beteiligten.«

Reaktion

— »Tut mir leid. Ich habe mein Wochenende bereits verplant. Ich könnte aber einen befreundeten Studenten ansprechen, ob der kurzfristig helfen kann.«
— »Beim nächsten Mal gern. Am kommenden Wochenende habe ich unaufschiebbare Verpflichtungen; ich kann dir aber die Nummer eines befreundeten Dienstleisters geben.«

Szenario 2: Im Kasino des Unternehmens

Sie führen zum Ende der Mittagspause gerade ein wichtiges Gespräch mit einer Praktikantin. Ein Kollege möchte sich dazusetzen, den Sie aber nicht dabeihaben möchten.

Reaktion

— »Entschuldigung, Herr M. Im Moment passt es nicht so gut. Wir besprechen gerade ein persönliches Thema.«
— »Herr M., Sie sind ansonsten jederzeit willkommen. Nur jetzt besprechen wir gerade ein persönliches Thema. Könnten Sie sich ein paar Minuten gedulden?«

Szenario 3: Nach einer Präsentation

Sie haben bei einer Fachtagung viel Applaus für Ihre Präsentation geerntet. Während sich der Saal leert, kommt ein Teilnehmer mit dieser Bitte zu Ihnen: »Mir hat Ihr Vortrag sehr gefallen. Könnten Sie mir Ihre PowerPoint-Datei und die beiden Videoclips zur Verfügung stellen – ich habe einen Stick dabei. So kann ich mir die Inhalte noch einmal in Ruhe anschauen.«

Reaktion

— »Freut mich, dass Ihnen die Präsentation gefallen hat. Ihren Wunsch kann ich leider nicht erfüllen. Wir geben über die Tischvorlage hinaus keine weiteren Informationen an das Publikum.«

- »Ich freue mich, dass Ihnen mein Vortrag zugesagt hat. Leider kann ich Ihren Wunsch nicht erfüllen. Das Handout wird mit dem Veranstalter vorab durchgesprochen. Es ist nicht vorgesehen, zusätzliche Schaubilder oder Videos zur Verfügung zu stellen. Tut mir leid.«
- Bei einem freundlichen Teilnehmer: »... Gern können Sie mir eine E-Mail schicken, wenn Sie Fragen haben oder einen ergänzenden Literaturhinweis benötigen.«

Zu Übung 16: Brückensätze bei Rechthaberei

a) Brückensätze, um auf eine allgemeinere Ebene zu lenken (Chunking-up)
   - »Ich kann gut damit leben, dass wir zu diesem Thema unterschiedliche Meinungen haben ...«
   - »Ich respektiere Ihre Meinung, auch wenn ich eine andere Sicht der Dinge habe ...«
   - »Unser Gedankenaustausch zeigt, wie schwierig das Thema ist und dass es verschiedene Einschätzungen gibt ...« Nach diesem deeskalierenden Satz lenken Sie auf ein anderes (neutrales) Thema.
b) Brückensätze, um eine Denkpause vorzuschlagen
   - »Schade, dass wir nicht unabhängige Wissenschaftler fragen können, was es mit xyz auf sich hat ...«
   - »Ich habe den Eindruck, dass wir das Problem xyz heute nicht lösen können. Vorschlag: Wir klären die Fragen xyz und nehmen demnächst den Gesprächsfaden wieder auf ...«
   - »Ich würde gern mit Experten von xyz sprechen, um zusätzliche Informationen für meine Meinungsbildung zu bekommen. Bei passender Gelegenheit können wir das Gespräch gern fortsetzen.« Danach lenken Sie auf ein anderes Thema oder beenden das Gespräch.
c) Brückensätze, um auf das Gespräch zu verzichten
   - »Ich habe Ihren Standpunkt verstanden und werde darüber nachdenken.«
   - »Ich verstehe, dass Sie aufgrund Ihrer Daten und Fakten zu einer anderen Bewertung kommen.«
   - »Ich kann nachvollziehen, dass Ihre Argumentation aus Ihrer Sicht schlüssig und plausibel ist.«
   - »Ich sage Ihnen ganz offen, dass ich beim Thema xyz noch im Prozess der Meinungsbildung bin.« Danach beenden Sie das Gespräch.

Zu Übung 17: Umgang mit Moralaposteln

Moralisierender Angriff: »Es ist ethisch nicht in Ordnung, dass in Afrika täglich Tausende von Kindern elendig krepieren, weil das Geld fehlt, während Sie als Manager dieses teure Auto fahren, ein exklusives Haus in bester Lage besitzen und die hochpreisige First Class bei Langstreckenflügen nutzen. Ist es nicht höchste Zeit, die materiellen Ansprüche zugunsten der Ärmsten der Armen zu reduzieren?«

Mögliche Reaktion

a) »Sie haben vollkommen Recht damit, dass global gesehen der Unterschied zwischen Arm und Reich eine schreiende Ungerechtigkeit ist (gemeinsames Interesse). Ich bezweifle aber, dass die Wahl einer Autoklasse dies beeinflussen kann. Vielmehr muss sich jeder fragen, ob er sich in konkreten Hilfsprojekten engagiert (auf das eigene Thema lenken). Wie stehen Sie denn dazu?«

b) »Auch mir ist die soziale Verantwortung der Dritten Welt gegenüber sehr wichtig (gemeinsames Interesse). Mein Unternehmen setzt auf die Unterstützung konkreter Projekte in den Dürregebieten Kenias. Ich hoffe, dass sich auch andere private Initiativen diesem Beispiel anschließen (auf das eigene Thema lenken). Ich möchte Ihnen abschließend sagen, dass ich andere Werthaltungen respektiere, selbst wenn ich sie nicht teile. Vielen Dank für den Gedankenaustausch.«

Kommentar: Sie starten mit einem gemeinsamen Interesse. Dann lenken Sie über eine Ich-Botschaft auf Ihr Thema. Dazu stellen Sie dem Gegenüber eine Frage (a) oder beenden mit einem höflichen Dank das Gespräch (b).

Zu Übung 18: Abwehr indiskreter Fragen

1. »Was verdienen Sie eigentlich?« (ein neugieriger Kollege)

Mögliche Reaktion

a) »Ich spreche nur mit ganz wenigen Leuten über mein Gehalt. Sie gehören leider nicht dazu.«

b) »Sie scheinen in dieser Hinsicht Probleme zu haben. Wo hakt es denn?«

c) »Zu wenig!«

2. »Ärgern Sie sich nicht, dass man Ihnen den jungen Quereinsteiger vor die Nase gesetzt hat?« (ein Kollege, der Sie als Konkurrenten sieht)

Mögliche Reaktion

a) »Ich weiß nicht, wie Sie zu Ihrer Bewertung kommen (Brückensatz). Jeder Neu-einsteiger hat eine faire Chance verdient, und das gilt auch für Herrn S.«

b) »Ich denke, Herr S. hat eine faire Chance verdient. Ich werde ihn jedenfalls nach Kräften unterstützen.«

Kommentar: Sie kontern mit einem knappen Statement und gehen nicht auf den provokativen Aspekt der Frage ein. Der Brückensatz bei Variante a) holt den Gesprächspartner wertschätzend ab.

Literatur

Anton, K.-H.: *Mit List und Tücke argumentieren. Techniken der boshaften Rhetorik.* Wiesbaden 2000.

Berckhan, B.: *Die etwas intelligentere Art, sich gegen dumme Sprüche zu wehren.* München 2006.

Berckhan, B.: *Judo mit Worten. Wie Sie gelassen Kontra geben.* München 2010.

Birkenbihl, Vera F.: *Rhetorik. Redetraining für jeden Anlass: Besser reden, verhandeln, diskutieren.* München 2010.

Bohne, M.: *Klopfen gegen Lampenfieber.* Reinbek bei Hamburg 2008.

Bosbach, G. J.-J.: *Lügen mit Zahlen: Wie wir mit Statistiken manipuliert werden.* München 2011.

Cialdini, R. B.: *Die Psychologie des Überzeugens.* Mannheim 2010.

Dyckhoff, K.; Westerhausen, T.: *Stimme: Das Geheimnis von Charisma.* Trainingsbuch mit Audio-CD. Regensburg 2010.

Edmüller, A.; Wilhelm, T.: *Argumentieren: sicher, treffend, überzeugend.* Planegg/München 2005.

Edmüller, A.; Wilhelm, T.: *Manipulationstechniken. Best of Edition.* Freiburg 2009.

Elkin, A.: *Stressmanagement für Dummies.* Bonn 2011.

Fey, G.: *Gelassenheit siegt! Mit Fragen, Vorwürfen, Angriffen souverän umgehen.* Düsseldorf 2010.

Fisher, R. u. a.: *Das Harvard-Konzept. Sachgerecht verhandeln – erfolgreich verhandeln.* Frankfurt a. M. 2009.

Geißner, H.: *Rhetorik und politische Bildung.* Frankfurt a. M. 1993.

Gericke, C.: *Rhetorik. Die Kunst zu überzeugen und sich durchzusetzen.* Berlin 2009.

Goessler, S.: *Manipulative Rhetorik – Verführende Rhetorik: Sie begeistern, Sie überzeugen, Sie verführen.* Audio-CD. Wien 2010.

Goleman, D.: *EQ. Emotionale Intelligenz.* München 2011.

Härter, G.: *Nerv nicht! Über den Umgang mit Nervensägen, Rechthabern, Langweilern & Co.* Hörbuch. Offenbach 2011.

Grasberger, D.: *Autogenes Training* (mit Audio-CD). München 2011.

Groth, A.: *Führungsstark in alle Richtungen. 360-Grad-Leadership für das mittlere Management.* Frankfurt a. M. 2010.

Herrmann, M. u. a.: *Schlüsselkompetenz Argumentation.* Paderborn 2011.

Hölker, R. M.: *Wege in die Entspannung und gesunder Schlaf.* Audio-CD. Köln 2007.

Hüther, G.: *Bedienungsanleitung für ein menschliches Gehirn.* Göttingen 2008.

Hüther, G.: *Was wir sind und was wir sein könnten. Ein neurobiologischer Muntermacher.* Frankfurt a. M. 2011.

Illner, M. (Hrsg.): *Frauen an der Macht. 21 einflussreiche Frauen berichten aus der Wirklichkeit.* München 2005.

Kerkeling, H.: *Ich bin dann mal weg. Meine Reise auf dem Jakobsweg.* München 2009.

Lay, R.: *Dialektik für Manager: Methoden des erfolgreichen Angriffs und der Abwehr.* München 2003.

Liebermeister, B.: *Effizientes Networking. Wie Sie aus einem Kontakt eine werthaltige Geschäftsbeziehung entwickeln.* Frankfurt a. M. 2012.

Mausfeld, R. u. a.: *Belästigung durch periodischen Schattenwurf von Windenergieanlagen – Laborpilotstudie.* Hrsg.: Staatliches Umweltamt Schleswig. Kiel 2000.

Molcho, S.: *Körpersprache im Beruf.* München 2001.

Molcho, S.: *Alles über Körpersprache.* München 2002.

Müller, M.: *Lizenz zum Kontern. Rhetorische Selbstverteidigung im Job.* Frankfurt a. M. 2008.

Nöllke, M.: *Schlagfertigkeit.* Freiburg 2009.

Nöllke, M.: *Machtspiele. Die Kunst, sich durchzusetzen.* München 2009.

O'Connor, J.; Seymour, J.: *Neurolinguistisches Programmieren: Gelungene Kommunikation und persönliche Entfaltung.* Kirchzarten 2010.

Pöhm, M.: *Das NonPlusUltra der Schlagfertigkeit.* München 2002.

Püttjer, C.; Schnierda, U.: *Die heimlichen Spielregeln der Verhandlung: So trainieren Sie Ihre Überzeugungskraft.* Frankfurt a. M. 2002.

Rechtien, W.: *Angewandte Gruppendynamik: Ein Lehrbuch für Studierende und Praktiker.* Weinheim/Basel 2007.

Reiter, M.: *Klardeutsch. Neuro-Rhetorik nicht nur für Manager.* München 2010.

Reusch, F.: *Der kleine Hey. Die Kunst des Sprechens.* Mainz 2003.

Rizk-Antonious, R.: *Qualitätswahrnehmung aus Kundensicht.* Wiesbaden 2002.

Rossie, M.: *Sprechertraining. Texte präsentieren in Radio, Fernsehen und vor Publikum.* Berlin 2009.

Saalburg, K.; Seebrink B. : *Der Manipulations-Bestseller: Manipulationstechniken erkennen und anwenden.* Norderstedt 2010.

Saul, S.: *Führen durch Kommunikation.* Weinheim/Basel 2012.

Scherer, H.: *Wie man Bill Clinton nach Deutschland holt. Networking für Fortgeschrittene.* Frankfurt/New York 2006.

Schranner, M.: *Der Verhandlungsführer. Strategien und Taktiken, die zum Erfolg führen.* München 2010.

Schulz von Thun, F.: *Miteinander reden 1: Störungen und Klärungen. Allgemeine Psychologie der Kommunikation.* Hamburg 2010.

Schulz-Bruhdoel, N.; Bechtel, M.: *Medienarbeit 2.0. Cross-Media-Lösungen. Das Praxisbuch für PR und Journalismus von morgen.* Frankfurt a. M. 2009.

Senger, H. von: *36 Strategeme für Manager.* München 2006.

Spies, S.: *Der Gedanke lenkt den Körper.* Hamburg 2010.

Spitzer, M.: *Spiegelneuronen.* RealVideo aus der BR-alpha-Reihe »Geist und Gehirn«. Folge 54. 2008.

Textor, A. M.: *Sag es treffender.* Essen 2002.

Thiele, A.: *Wie Manager überzeugen. Ein Coaching für Ihre externe Kommunikation.* Frankfurt a. M. 2005.

Thiele, A.: *Argumentieren unter Stress.* Frankfurt a. M. 2006.

Thiele, A.: *Präsentieren ohne Stress. Wie Sie Lampenfieber in Auftrittsfreude verwandeln.* Frankfurt a. M. 2010.

Thiele, A.: *Argumentieren unter Stress.* Audio-CD. Frankfurt a. M. 2012.

Wachtel, S.: *Sprechen und Moderieren in Hörfunk und Fernsehen.* Mit CD. Konstanz 2009.

Weidner, J.: *Die Peperoni-Strategie: So nutzen Sie Ihr Aggressionspotenzial konstruktiv.* Frankfurt a. M. 2011.

Zittlau, D.: *Schlagfertig kontern. Ein Übungsbuch.* München 2011.

Register

Albert Thiele
Sag es stärker!
Wie man unfaire Angriffe
erfolgreich abwehrt

2012. 2 CDs, 140 Min.
EAN 978-3-593-39709-2

Der schwarze Gürtel in Rhetorik

Provokationen, Beleidigungen, oder Schwarze-Peter-Spiele – gerade in
wirtschaftlich harten Zeiten haben unfaire Angriffe Konjunktur. Wer
gewappnet ist und solche Verbalattacken sicher und souverän abwehren
kann, der gewinnt. Jetzt gibt es den Klassiker der Stressrhetorik erstmals
im Hörbuch. Entdecken Sie professionelle Techniken, konstruktive
Strategien und viele wert-volle Tipps für eine gelassene, schlagfertige
und erfolgreiche Kommunikation. Damit kein unfairer Anfgriff Sie mehr
auf die Matte wirft!

www.campus.de

Frankfurt. New York